A Revolução Digital

Os 12 segredos para prosperar na era da tecnologia

O que é o pensamento *Jerk* e como ele está moldando o futuro

CHRISTOPHER SURDAK

São Paulo, 2018
www.dvseditora.com.br

A REVOLUÇÃO DIGITAL
Os 12 segredos para prosperar na era da tecnologia

DVS Editora 2018 - todos os direitos para a língua portuguesa reservados pela editora.

Jerk - Twelve Steps to Rule the World
Original Edition Copyright © 2016 by Chistopher Surdak. All rights reserved.
Portuguese Edition Copyright © 2018 by DVS Editora Ltda. All rights reserved.

Nenhuma parte deste livro poderá ser reproduzida, armazenada em sistema de recuperação, ou transmitida por qualquer meio, seja na forma eletrônica, mecânica, fotocopiada, gravada ou qualquer outra, sem a autorização por escrito da DVS Editora.

Tradução: Leonardo Abramowicz
Diagramação: Schäffer Editorial

```
        Dados Internacionais de Catalogação na Publicação (CIP)
               (Câmara Brasileira do Livro, SP, Brasil)

    Surdak, Christopher
       A revolução digital : os 12 segredos para
    prosperar na era da tecnologia : o que é o pensamento
    Jerk e como ele está moldando o futuro / Christopher
    Surdak ; tradução Leonardo Abramowicz. -- São Paulo :
    DVS Editora, 2018.

       Título original: Jerk : twelve steps to rule the
    world.
       ISBN 978-85-8289-179-7

       1. Efetividade organizacional 2. Inovação
    tecnológica 3. Marketing digital 4. Sucesso nos
    negócios 5. Tecnologias digitais I. Título.

18-19802                                        CDD-658.8
               Índices para catálogo sistemático:

       1. Marketing na Internet : Mídia social :
              Administração    658.8

    Iolanda Rodrigues Biode - Bibliotecária - CRB-8/10014
```

Dedicatória

Dedico este livro a tia Margaret Ann e ao meu tio George Mitchell, sem cujo amor e apoio essa obra jamais teria existido. Vocês representaram todo o apoio que eu tive no momento mais difícil de minha vida e meu agradecimento nunca será suficiente.

A Revolução Digital (Jerk) também é dedicado a meus pais Cynthia e Walter Surdak Jr., que me ensinaram que se você quiser muito alguma coisa e trabalhar bastante e com afinco, você ainda pode acabar conseguindo. ;-)

E para minha esposa Jeanne e nossa filha Ryleigh. Quando você realmente se preocupa com alguém, o sono é opcional.

Christopher Surdak, junho de 2016

Folhas caem em abundância,
A grama adormecida espera por "likes"
Oh! A primavera jerk[1] para a vida!

---

[1] NT (nota do tradutora): O termo "*jerk*" em inglês pode ter o seu significado dividido em três grandes subgrupos: a) arremesso, puxão, empurrão, explosão, arranque, arrancada, impulso, impulsão, arrojo; b) em física, na teoria do movimento, trata-se da derivada de terceira ordem da posição com relação ao tempo, ou seja, a taxa de variação da aceleração (por exemplo, a brusca arrancada de um automóvel ou de um elevador); c) pessoa estúpida, idiota, tanto no sentido de falta de inteligência ou capacidade quanto no sentido de uma pessoa que não respeita nada. Christopher Surdak utiliza os três significados no texto, algumas vezes com duplo sentido, outras com sentido explícito. No Capítulo 1 o autor explica detalhadamente a sua intenção ao utilizar o termo *jerk*. Pelo fato de não existir uma palavra em português que abranja todos esses sentidos, manteremos o original em inglês.

Prefácio

Na década de 1990 eu pertencia a uma nova raça de consultores ajudando as organizações a desenvolver um novo tipo de estrutura de dados denominado *data warehouse* ou banco de dados centralizado. Integrar as informações dos confins de uma organização e estruturá-las especificamente para gerar ideias anteriormente não previstas deu origem a um desejo empresarial insaciável por informações cada vez mais amplas, rápidas e detalhadas. Juntamente com a capacidade ilimitada da Internet de criar e transferir informações terminava a Idade das Trevas dos Dados e tinha início a corrida armamentista das informações.

Na virada do século, surgiu uma nova percepção sobre o poder e valor da informação.

Esta tendência conhecida como *big data* ou megadados começou a se firmar. Mas apesar do que nos diziam todos os fornecedores, os desafios e oportunidades dos megadados não se referiam apenas ao tamanho dos bancos de dados. Na verdade, eles eram multifacetados. Em 2001, caracterizei os megadados como tendo três dimensões de magnitude: **volume**, **velocidade** e **variedade**. A capacidade de resolver esse enigma tridimensional criou uma separação competitiva em todos os setores, que ainda hoje persiste.

Por volta dessa mesma época, pessoas más lançaram grandes aviões contra grandes edifícios. O ataque terrorista de 11/09/2001 nos Estados Unidos da América (EUA) não foi apenas um grito de alerta para a segurança nacional; foi também um grito de alerta para a segurança dos dados. Além da terrível perda de vidas, muitas empresas perderam ainda a força vital de seus negócios: suas informações. Fiquei imaginando como essa perda afetou seus balanços patrimoniais e como os pedidos de seguros para esse patrimônio de informações perdidas estavam sendo tratados. Depois de abrir meus livros de contabilidade amarelados da faculdade e folhear os balanços patrimoniais de empresas de produtos de informação como Experian, TransUnion e ACNielsen, para minha grande surpresa percebi que a informação não é um ativo que consta do balanço, embora claramente atenda aos critérios. Para complicar ainda mais, o setor de seguros dos EUA imediatamente atualizou a norma de política comercial de responsabilidade geral excluindo as informações dessas políticas. E para não ficar atrás, a aristocracia dos padrões de contabilidade atualizou um padrão fundamental visando não permitir a capitalização de dados eletrônicos. Eu erroneamente acreditava que a informação era um ativo reconhecido. Isto alimentou o meu desejo de desenvolver ainda mais e defender o conceito de "*infonomics*", que eu havia concebido alguns anos antes. Embora tivesse sido negado à informação o *status* de classe de ativos, era imperativo que as organizações medissem, gerenciassem e monetizassem a informação como se ela fosse um ativo real.

Durante a década e meia seguinte, vimos a introdução de modelos de negócios, produtos e serviços para capitalizar o valor da informação. Não é preciso ir além do *smartphone*, Google, Facebook, LinkedIn, Uber, Airbnb e a multiplicidade de empresas que vendem ou negociam com ativos de informação, enquanto tiram sarro de contadores e cobradores de impostos que estão impregnados por noções antiquadas sobre a informação. As empresas que se posicionam coletando e analisando grandes quantidades de dados obtêm poder e riqueza à custa daqueles que não valorizam os dados da mesma forma.

Hoje, os megadados parecem agora quase ultrapassados. Passaram a ser, como eles dizem, "o novo normal". Falamos sobre aprendizagem de máquinas, máquinas inteligentes, empresas inteligentes, negócios digitais e dispositivos autônomos ("Internet das Coisas") quase que em uma linguagem comum. Esses disruptores promovem o *jerk* (arremesso, impulsão) no setor que escolheram através do uso inteligente de um novo conjunto de conceitos geradores de riqueza, ou seja, ao que Gartner se refere como o "nexo das forças": móvel, social, nuvem e informação.

Em *A Revolução Digital (Jerk),* Chris Surdak descreve como e por que essa nova raça de empresas é capaz de causar a disruptura, como efetivamente ocorre. Ele explica por que o sucesso delas não é apenas uma certeza, é inevitável. E descreve como as empresas existentes centradas no capital podem mudar sua estratégia e táticas, adotar nosso novo mundo centrado na informação e vencer os "*jerks*" em seu próprio jogo. Se o seu negócio está ficando retrógrado por não tratar a informação como um ativo, este livro pode simplesmente *jerk* (arremessar, impulsionar, lançar,) você para o século XXI.

A Revolução Digital (Jerk) é uma viagem arrebatadora para o novo mundo em que vivemos. O livro explica como chegamos até aqui, para onde provavelmente iremos e por que esta mudança está acontecendo. O texto fornece uma estrutura para a compreensão deste mundo, e aponta para novas inovações, desafios e escolhas que enfrentaremos no futuro próximo.

Espero que você considere *A Revolução Digital (Jerk)* divertido, esclarecedor e apenas um pouco assustador. Eu com certeza achei!

Douglas Laney
Vice-presidente & analista renomado,
executivo principal de pesquisa de dados e
aconselhamento da Gartner Group.

Índice

Dedicatória 3
Prefácio. 5

SEÇÃO I: Recuar para avançar. 11
Capítulo 1: Por que *Jerk*?. 13
Capítulo 2: Uma introdução a nós 27
Capítulo 3: Os seis "novos normais". 43
Capítulo 4: Poder e as quatro trindades. 65

SEÇÃO II: As "doze práticas sujas de ser um *jerk*" 89
Capítulo 5: *Jerks* usam o capital de outras pessoas 91
Capítulo 6: *Jerks* substituem capital por informação 101
Capítulo 7: *Jerks* monetizam o contexto não o conteúdo. 113
Capítulo 8: *Jerks* eliminam o atrito 125
Capítulo 9: *Jerks* substituem cadeias por *Webs*. 137
Capítulo 10: *Jerks* invertem economias de escala e escopo 155
Capítulo 11: *Jerks* vendem com e através de, não para 169
Capítulo 12: *Jerks* imprimem seu próprio dinheiro 183
Capítulo 13: *Jerks* desrespeitam as regras 199

Capítulo 14: *Jerks* buscam a cauda longa 213

Capítulo 15: *Jerks* fazem e depois aprendem, não aprendem,
e depois fazem 229

Capítulo 16: *Jerks* olham para frente e não para trás 251

SEÇÃO III: Os seis "amortecedores digitais" 265

Capítulo 17: Use o capital para DIE 267

Capítulo 18: Reescreva seus livros 275

Capítulo 19: Quebre suas Regras 285

Capítulo 20: Aniquile seus processos .301

Capítulo 21: Fracasse rapidamente 315

Capítulo 22: Busque o desconforto 327

Capítulo 23: Conclusão 341

SEÇÃO IV: O mundo *jerk*, 2025 353

Capítulo 24: Sábado, 15 de fevereiro de 2015. 355

Agradecimentos 365

Programação da redação 367

Notas finais 369

SEÇÃO I
Recuar para avançar

"Quanto mais para trás você puder olhar, mais adiante você provavelmente verá."
Winston Churchill

"Estude o passado se quiser definir o futuro."
Confúcio

"História é a ficção que inventamos para nos convencermos de que os eventos são reconhecíveis e que a vida tem ordem e direção."
Bill Watterson como Calvin em *"Calvin & Haroldo"*

A primeira seção é sobre o passado, o presente e o nosso futuro. Eu acredito firmemente que para entender para onde está indo, você deve entender de onde começou. E para entender o mundo atual, devemos primeiro entender como chegamos aqui, ao mundo que todos conhecemos hoje.

Você pode ou não ser um fã de história, mas para que as últimas seções deste livro tenham sentido eu peço que você se junte a mim em uma pequena exploração do passado.

Capítulo 1
Por que *Jerk*?

> *"Uma pessoa com uma ideia nova é um excêntrico até que a ideia seja bem-sucedida"*
>
> **Mark Twain**

> *"Em minha opinião, estamos longe de fazer pesquisa científica suficiente para encontrar a cura para os jerks."*
>
> **Bill Watterson como Calvin em "Calvin & Haroldo"**

Eu sempre soube que queria ser um autor em série; para mim, parecia ser uma maneira idílica de ganhar a vida. Escreva um livro, consiga que venda bem, viaje por aí falando sobre ele, e os livros seguintes praticamente se escrevem sozinhos. Muitas das pessoas que eu admiro parecem ter feito o mesmo. Steven Covey, Tom Peters e Peter Drucker saltam imediatamente à mente. Para um observador casual, parece fácil. **Por que será que todo mundo não faz isso?**

Às vezes, a realidade pode ser dura. E neste caso, a realidade não foi nada parecida com o que eu havia pensado.

Mesmo assim, quando terminei o manuscrito de meu primeiro livro, *Data Crush*, comecei imediatamente a planejar o segundo. Quando procurei a minha editora para falar sobre o livro dois, ela demonstrou inicialmente pouco entusiasmo. Ela reforçou que eu precisaria fazer mais para promover o *Crush* antes de passar para o próximo (ela ainda não estava muito familiarizada com a minha natureza multitarefas). Ela perguntou se o conteúdo seria "novo" e "relevante" (eu vim a descobrir que isso, em linguagem dos editores, quer dizer "Do que diabos você está falando?").

Mas a primeira coisa com o que ela se preocupou foi o título. Do mesmo modo que no meu primeiro livro, que não começou como *Data Crush*, chegar a um bom título parece ser a parte mais importante da publicação. E na cabeça dela, *Jerk* não era muito atraente.

Às vezes, posso deixar as coisas correrem, e geralmente estou aberto às opiniões de outras pessoas. Se todos nós sempre concordássemos a respeito de tudo, ninguém jamais aprenderia nada. Mas quanto ao título deste livro, eu estava inflexível de que deveria ser *Jerk*. Nenhum outro título realmente se encaixaria. Se você está lendo isso agora, é porque apresentei alguns argumentos muito bons sobre por que *Jerk* deveria se chamar *Jerk* e não outra coisa. Obrigado por seu apoio!

Não, sério, por que *Jerk*?

Como acontece com muitas palavras na língua inglesa, "jerk" tem vários significados. Além de seus usos conhecidos e comuns, *jerk* é uma palavra utilizada pelos físicos. *Jerk* é a terceira derivada da equação do movimento; é uma mudança na aceleração ao longo do tempo. Se a velocidade é uma mudança na posição ao longo do tempo, e a aceleração é uma mudança na velocidade ao longo do tempo, *jerk* é uma mudança na aceleração ao longo do tempo. É a sensação que você sente no momento em que pisa no acelerador de um carro potente. É o que você sente no instante em que aperta os freios logo depois. É aquele solavanco nauseante que às vezes você sente quando um velho elevador parte ou para repentinamente, e é a sensação que você tem quando algo o golpeia na cabeça – de surpresa. Em física, *jerk* representa uma mudança extremamente rápida de condição – violenta, sem controle e difícil de conter.

$$\vec{j} = \frac{\delta \vec{A}}{\delta t} = \frac{\delta^2 \vec{V}}{\delta t^2} = \frac{\delta^3 \vec{S}}{\delta t^3}$$

Taxa de variação da aceleração
Segunda derivada da velocidade
Terceira derivada da posição

Figura 1.1: A equação matemática para *jerk*.

Como aquele primo, colega de trabalho ou amigo seu que "simplesmente não bate bem", *jerk* pode ser poderoso, irritante e destrutivo. *Jerk* pode arrancar os dentes da engrenagem de um maquinário, queimar circuitos na eletrônica e fazer um reator nuclear sair do controle. *Jerk* pode destruir os sistemas mais bem construídos, os mais cuidadosamente projetados que a nossa sociedade consegue criar.

O mesmo pode ser dito da nova onda de empresas que estão entrando em cada segmento de nossa sociedade. Essas empresas buscam desestabilizar os negócios e sistemas existentes. Elas procuram empresas que acreditam ser grandes demais para falir, e depois as vencem por causa de sua grandeza. Elas caçam vacas sagradas e as matam. Elas mergulham direto nos mares de regulamentações e burocracia e simplesmente negam que sua existência. Elas utilizam dados e informações para causar *jerk* em setores econômicos existentes e estáveis. Assim, o título *Jerk* parece pertinente.

Jerk é o bis do meu primeiro livro, *Data Crush*, que foi a culminação de seis anos de esforço na tentativa de entender as mudanças que as novas tecnologias estão trazendo ao nosso mundo. No final dos anos 1980 houve uma tempestade perfeita de novas tecnologias que mudaram nossa vida diária. *Smartphones*, computação na nuvem, mídias sociais e comunicação em banda larga foram cada um deles revolucionários por si só. Mas tomados coletivamente, afetam todos os aspectos de como trabalhamos, brincamos e interagimos uns com os outros.

Data Crush tentou dar sentido a essas forças tecnológicas. Fico feliz em informar que o *feedback* tem sido extremamente positivo. Ao escrever *Data Crush* estava um pouco preocupado com o fato de que o material, conselhos e orientação que forneci pudessem ficar obsoletos rapidamente.

Em função disso, esforcei-me para entender as forças sociais, técnicas e empresariais em jogo para que o conselho resultante fosse fundamental.

Mais importante do que os comentários positivos é que, três anos depois de escrever *Data Crush*, praticamente todas as minhas previsões e prognósticos se mostraram corretos. Eu não acho que haja alguma mágica nisso; trata-se apenas de engenharia sólida e princípios científicos aplicados às coisas acontecendo ao nosso redor. Utilizei a mesma abordagem para escrever *Jerk*. Espero que este livro também sobreviva ao teste do tempo.

Já basta! E o que dizer de *Jerk*?

Tive a ideia do título *Jerk* baseado em minha própria experiência com as empresas *startups* (iniciantes) da Internet do final dos anos 1990. Durante a bolha da Internet 1.0, quase todo mundo estava entrando no jogo das *startups*. Após o ciclo de *boom* econômico posterior ao final da Guerra Fria, as pessoas tinham muito mais dinheiro do que bom senso. Isso, mais o potencial ascendente proveniente da descoberta e infiltração nesta nova fronteira (mais sobre isso depois) significou que era muito fácil conseguir capital de investimento. De fato, em dezembro de 1999, durante minha primeira reunião com investidores-anjo reais, bem intencionados, percebi quão fácil era conseguir capital de investimento no auge da bolha. Sentei-me durante o jantar com dois irmãos que ficaram ricos com comissões de Wall Street ansiosos por se tornarem bilionários e fiz a esses dois estranhos uma "rápida apresentação" de minhas ideias. Depois de 20 minutos, os dois irmãos pediram licença e foram juntos ao banheiro. Passados cinco minutos, retornaram à mesa, me entregaram um cheque de US$ 250.000,00 e disseram: "Estamos dentro".

Rapaz, eu sinto falta daqueles dias.

Infelizmente, minha *startup* naquela época foi vítima do mesmo estouro da bolha que praticamente acabou com toda uma geração dos que trabalhavam com alta tecnologia. Nove meses depois de receber aquele cheque, lá estava eu retirando móveis de escritório ridiculamente caros, carregando-os em um caminhão de mudança, levando-os até

Lower Manhattan, subindo cinco lances de escada e descarregando-os nos escritórios de outra *startup* que tinha comprado os móveis de nós por cinco centavos para cada dólar. Para mim, o ano de 2000 foi um passeio de montanha-russa e aprendi a assumir a minha cota de humildade acompanhada por um pouco de vergonha.

Resgate de fantoches

Da mesma forma que toda *startup* na história, nós tínhamos um plano de negócios. Nós não tínhamos apenas um plano de negócios, nós tínhamos um lindo, atraente e bem pensado plano de negócios. Ele era infalível, ou assim pensávamos. Ter um plano de negócios totalmente ridículo era fundamental durante a **bolha 1.0**. Ele tinha que mostrar o que naquela época era chamado de "bastão de hóquei". O bastão de hóquei era um modelo (em Excel, naturalmente) que mostrava a curva de receita com o formato igual a de um bastão de hóquei. Após um crescimento inicialmente lento, a receita da empresa de repente decolava quase que verticalmente, à medida que mais e mais usuários consumiam mais e mais de nossa oferta.

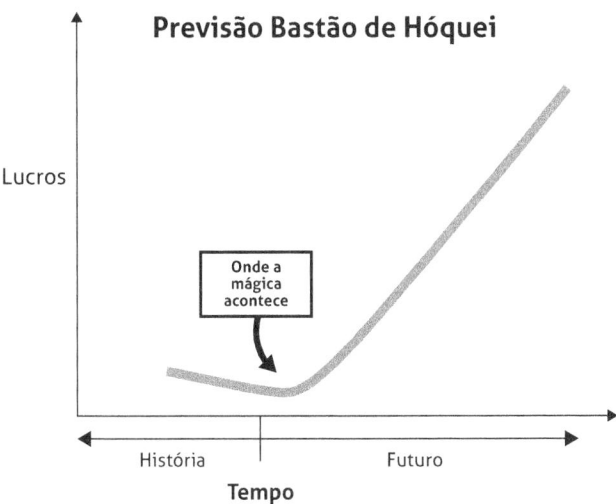

Figura 1.2: O financiamento de uma *startup* na década de 1990 exigia um plano de negócios "bastão de hóquei"

Naquela época, ninguém se importava com o fato de o modelo e seus pressupostos serem ou não patentemente absurdos. Não, bastava ter um gráfico de receita com o formato de um bastão de hóquei e as pessoas jogavam dinheiro como se você fosse um pedinte em um comício de Bernie Sanders. Talvez um dos exemplos mais famosos (na época) disso foi a Pets.com, a empresa que ficou famosa por sua mascote-fantoche em forma de cão. A Pets.com era uma varejista de entrega domiciliar para rações de animais, seguindo o modelo da Amazon.com. Eles prometiam entrega rápida, comodidade e preços baixos, tudo ao mesmo tempo.

Veja bem, em meus velhos tempos de cientista espacial, tínhamos um ditado muito utilizado pelo pessoal da NASA (National Aeronautics and Space Administration): **rápido**, **bom**, **barato** – escolha apenas dois. Assim, quando vi a Pets.com decolar e se tornar da noite para o dia uma sensação multibilionária, percebi que algo estava errado. Ela despencou logo após o estouro da bolha, apesar de ter, e apresentar por um tempo, um fluxo de receita com o formato de um bastão de hóquei. O que as pessoas perceberam logo depois é que, segundo o próprio modelo da Pets.com, teria sido necessário obter algo como 110% do mercado total de ração animal nos EUA para atingir o ponto de equilíbrio.

Figura 1.3: O fantoche da Pets.com, a única parte valiosa da empresa.

Ah, um tolo e seu dinheiro...

Mas como ficou agora?

Se uma curva com o formato de bastão de hóquei para receitas e conquista de clientes era estranho naquela época, é diferente agora? Há dois motivos para a resposta ser um enfático **"Sim"**.

Em primeiro lugar, quase dois bilhões de pessoas têm acesso à Internet hoje. Elas vivem nela e dependem dela. Muitas são viciadas nela. Assim, caso tenha uma boa ideia, você pode vendê-la para um quarto da humanidade, instantaneamente!

Em segundo lugar, como eu discuti em *Data Crush*, agora vivemos em um mundo em que praticamente toda e qualquer coisa que você precisa para tocar um negócio está disponível instantaneamente, na nuvem, pagando pela utilização, com pouca ou nenhuma complicação. Qualquer pessoa pode iniciar uma nova empresa com quase nenhum custo e, em seguida, facilmente ampliar para atender às mudanças na demanda. De fato, nos dias de hoje é difícil uma empresa *startup* receber financiamento, caso já não tenha criado um fluxo de receitas, pois simplesmente não há desculpa para não chegar lá por conta própria.

Isso significa que efetivamente não existem mais barreiras à entrada no mundo dos negócios para quem tiver uma boa ideia. Hoje, além de não precisar jantar com pessoas ricas tentando obter acesso ao capital delas, você sequer necessita realmente de capital. Você pode apenas testar sua nova ideia, por quase nenhum custo, e se as pessoas gostarem, você é um sucesso instantâneo.

Assim, no mundo das "tensões", as novas empresas não crescem, ou se expandem, ou aceleram – elas *jerk*. Elas decolam. Elas percorrem todo o bastão de hóquei e explodem, exatamente como prevíamos na Internet 1.0, só que 20 anos antes do tempo. Empresas como Uber, Airbnb, Lyft e Doctor On Demand *jerk* porque evaporaram as barreiras sociais e econômicas para a conquista de usuários e o crescimento. Agora, se uma empresa tem uma boa ideia e as pessoas ficam sabendo, essa empresa acaba preenchendo um vácuo de necessidade e desejo tão rápido quanto a velocidade da Internet. Por isso que elas causam disruptura. Por isso que elas são extremamente bem-sucedidas. Por isso que elas são *Jerk*.

E este é apenas o começo. Em 2015 havia mais de um bilhão de pessoas conectadas à internet principalmente através de *smartphones*. Nós os usamos 24 horas por dia, 365 dias por ano e a maioria das pessoas ficaria perdida sem eles. Os usuários de *smartphones* dobrarão em quantidade até 2020, enquanto os usuários da Internet totalizarão mais de quatro bilhões. Outros cinco anos a mais e esses números quase dobrarão novamente e quase toda a humanidade estará interconectada digitalmente, com os *smartphones* sendo o principal portal para a nossa existência digital.

Em meados de 2015, os usuários de *smartphone* haviam baixado mais de 150 bilhões de aplicativos. Esses aplicativos fornecem todo tipo de ferramentas, distrações e recursos quase que instantaneamente e com custo perto de zero para o usuário. Hoje, se a sua organização fizer um aplicativo legal e o liberar para o mundo, você terá acesso instantâneo a mais de um bilhão de novos clientes. Isso corresponde a uma loteria digital em que toda e qualquer pessoa é incentivada a jogar, pois os custos são muito baixos e as recompensas astronomicamente altas.

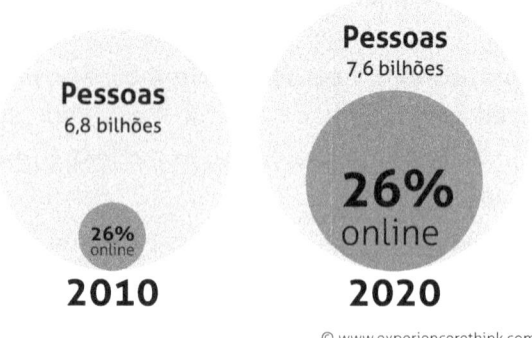

Figura 1.4: Crescimento previsto de usuários da Internet até 2020.

Neo, Isso... É... Inevitável

Aplausos para o filme *Matrix*. De fato, *Jerk* é o resultado inevitável do desaparecimento das barreiras à entrada e da capacidade de ter acesso a bilhões de clientes, instantaneamente. Com isso, uma ideia nova e bem-sucedida não apenas cresce ou acelera, ela *jerk*. Ela decola e se torna extremamente bem-sucedida porque já não existem mais quaisquer restrições a esse crescimento explosivo. Ao contrário, o crescimento rápido se alimenta de si mesmo, exatamente como uma bola de neve rolando por uma montanha ou o último tuíte de gosto duvidoso da Kardashian. Neste ambiente, organizações pequenas e ágeis aparecem do nada, criam produtos ou serviços inteiramente novos atendendo mercados completamente inexplorados, e ficam bilionárias. Ou podem assumir o controle de mercados maduros existentes, praticamente da noite para o dia.

Jerk explica como essas novas empresas alcançam essas vitórias espetaculares. Essas empresas, esses *Jerks*, buscam setores econômicos maduros com mentes fechadas, Mercados fechados e executivos excessivamente confiantes. Elas então aplicam a **trindade digital da mobilidade**, **mídias sociais** e **análise preditiva** para romper, rasgar e queimar velhos paradigmas. Mais sobre isso depois.

Neste livro, você verá como as mudanças rápidas e inesperadas estão destruindo os modelos de negócios existentes. Corporações anteriormente poderosas estão sendo eclipsadas por essas novas empresas iniciantes, esses *jerks*. Setores econômicos inteiros estão sendo abalados, aparentemente da noite para o dia. Uma dúzia de pessoas morando em um contêiner marítimo em Lagos, Cairo ou Mumbai, pode criar um negócio como o Uber em questão de meses ou até mesmo semanas. O negócio que criam pode ser tecnicamente ilegal em muitas jurisdições, quebrar todas as tradições estabelecidas por dois séculos de capitalismo, e fazer o que as corporações existentes não farão, e é por isso que vencem. Quando ganham, ganham para valer, e muitas dessas empresas novas geram bilhões de dólares em valor de mercado em poucos meses. Empresas como o Uber não são isoladas. Elas não são especiais, únicas ou incomuns. Elas são o **novo normal** em um mundo reorientado em torno da informação, em vez de capital.

Negação: Não Apenas um rio no Egito[2]

Ao longo dos últimos três anos, eu tenho trabalhado com milhares de executivos, legisladores, juízes e outros líderes. A grande maioria deles me diz: "Isso não se aplica a mim." Ou: "Nosso negócio ou setor de atividade é diferente." Ou ainda: "Somos grandes demais para sermos afetados por essas mudanças". Um par de anos atrás eu tentaria argumentar que essas pessoas não estão protegidas das mudanças ao seu redor. Elas não eram especiais, elas não eram únicas. Elas não eram inatingíveis. Mas agora cheguei a um ponto em que se me deparo com este tipo de negação, costumo apenas dizer adeus à pessoa e esperar que ela não fique sem soma[3].

Acreditar que você é invulnerável **é** uma grande parte de sua vulnerabilidade! Ao acreditar que isso seja verdade para o seu negócio, você ajuda a selar o seu próprio destino. Os Ubers do mundo estão vindo para lhe pegar, e ninguém está a salvo. Esses novos participantes do mercado seguem uma fórmula e se existir uma fórmula para ser seguida, **qualquer pessoa** pode fazê-lo em **qualquer** setor de atividade.

Choque	Paralisia inicial ao ouvir más notícias
Negação	Tentativa de evitar o inevitável
Raiva	Frustração e manifestação de emoção
Barganha	Tentativa de negociar um resultado diferente
Depressão	Percepção da inevitabilidade
Testes	Busca de soluções aceitáveis
Aceitação	Seguir adiante com uma nova realidade

Figura 1.5: Os sete estágios do luto, ou lidando com más notícias.

---

2   NT: Jogo de palavras que só faz sentido em inglês. Negação é "*denial*", que foneticamente se assemelha a "*The Nile*", ou seja, "o Nilo", em português.

3   **NT**: Soma é a droga que as pessoas no livro de ficção *Admirável Mundo Novo*, de Aldous Huxley, tomavam para nunca ficar tristes.

Como este livro está organizado

Jerk tem quatro partes. Na primeira delas eu forneço um pequeno contexto histórico. Como nós chegamos onde estamos hoje e como é possível que toda essa mudança fosse previsível, até mesmo inevitável? A segunda parte descreve o que eu chamo de as "doze práticas sujas de ser um *jerk*", ou as 12 coisas que os *jerks* fazem para gerar, bem, *jerk*. Essas 12 coisas representam a fórmula para promover o *jerk* sobre uma empresa existente, setor econômico, meme, política e assim por diante. Siga esses 12 passos e você poderá fazer algo semelhante ao Uber com qualquer organização em qualquer setor de atividade, com facilidade e velocidade surpreendentes.

A segunda parte mostrará que os *jerks* seguem um padrão discernível. Há consistências na forma como eles fazem as coisas e onde escolhem fazê-lo. Como e por que eles têm sucesso pode ser identificado e pode ser replicado a qualquer hora, em qualquer lugar e por qualquer pessoa. Isso representa tanto a ameaça para qualquer empresa existente em qualquer mercado, quanto a oportunidade para qualquer um tentando ser um *jerk* com seu novo produto ou serviço. Na verdade, é um pouco assustador que essas mudanças possam ocorrer de forma tão rápida e fácil e, no entanto, isso é o que determina as realidades do nosso **novo normal**.

A segunda parte apresenta exemplos de empresas que causam *jerk* em diferentes setores econômicos. Mais de uma vez tenho ouvido que um determinado setor de atividade ou negócio estaria de algum modo a salvo dessas mudanças. A amplitude de meus exemplos deve dissipar essa ilusão. Você verá que nenhuma organização existente está a salvo do *jerk*. Nenhuma empresa é grande demais, nenhum mercado está suficientemente protegido, nenhuma estrutura regulatória é forte demais para evitar ser abalada. As forças que criam *jerk* são estruturais e atingem todos os aspectos possíveis de nossa sociedade. É inevitável que isso aconteça com sua organização. Trata-se apenas de uma questão de tempo, e uma questão de como o **seu** uso da **trindade digital** altera as **suas** expectativas e comportamentos em nosso **novo normal**.

Para que você não se desespere quanto ao futuro de seu negócio depois destas duas primeiras seções. A terceira parte de *jerk* apresenta o antídoto para o *jerk*. O que uma organização existente deve fazer para sobreviver em face deste ataque, e como você poderia colocar essas mesmas forças para trabalhar a seu favor? As seis respostas que eu chamo de **"amortecedores digitais"** podem ajudar as empresas existentes a abrandar o ataque dos *jerks*, e ganhar um pouco de tempo. Confie em mim, as mudanças não serão fáceis, forçosamente, mas para ter uma chance de lutar, você precisa contar mais com a luta e menos com a chance.

Finalmente, na quarta parte eu apresento uma história sobre o que poderia ser viver em um mundo *jerk* em 2025. A parte final de *Data Crush* trouxe também um conjunto semelhante de previsões para o ano de 2020, e o *feedback* foi que esse esforço foi muito útil em fazer essas mudanças parecerem reais.

Em resumo, *Jerk* é uma análise dos novos normais nos negócios: disruptura constante, interminável e ilimitada. O livro apresenta uma abordagem sobre as causas da disruptura, "a fórmula", e apresenta como quase qualquer pessoa pode usar a fórmula para abalar quase qualquer setor de atividade. *Jerk* analisa como os jovens Davis derrotam seus Golias escolhidos apesar das probabilidades aparentemente impossíveis. O livro também explica por que muitos dos Golias contribuem para a sua própria queda. Eu espero que todo este material mostre que se existe uma fórmula para abalar com sucesso uma empresa existente em um mercado maduro, então nenhuma empresa em qualquer mercado está a salvo do *jerk*.

Vale a pena observar que grande parte deste livro foi construída sobre as bases estabelecidas em *Data Crush*. Caso não tenha lido esse livro, você pode achá-lo útil para fornecer o contexto em torno de conceitos que vou discutir, tais como gameficação, contextualização etc. Trata-se de uma leitura rápida e pode ajudar a usar melhor aquilo que você encontrará em *Jerk*.

Abandonais toda a esperança, vós que entrais aqui?

Até agora pode parecer que eu esteja pintando um quadro bastante sombrio para as empresas existentes. Mas este definitivamente não é o caso. Em vez de retratar um inferno de Dante digital, em que as empresas existentes simplesmente esperam por sua danação, eu acredito ser possível que as grandes organizações contra-ataquem esses pequenos *jerks*. A extinção não é inevitável. As empresas existentes podem sobreviver, mas somente se agirem de forma **rápida**, **corajosa** e **inovadora**. Isso não é fácil, mas é possível.

As organizações que fizerem isso irão colher recompensas ainda maiores do que a nova concorrência, pois, mesmo hoje, o tamanho **pode** ser importante. Afinal, muitos de nós sabemos das antigas reuniões de amigos durante as férias que a única coisa mais perturbadora do que um pequeno *jerk*[4] é um *jerk* realmente muito grande. *Jerk* fornece aos Golias o *Guia de Sobrevivência do Filisteu*, e exemplos de como utilizá-lo. Tendo dito isso, passemos direto para *Jerk*.

Resumo do capítulo:

1. Organizações em todo o mundo passam por grandes mudanças. Essas mudanças podem parecer que sejam devido à tecnologia, mas não são. As mudanças ao nosso redor são mudanças sociais e afetam tudo.

2. A sociedade reorienta-se no sentido de um novo conjunto de regras e um novo conjunto de expectativas baseadas em recentes avanços tecnológicos. Isso não seria possível sem a tecnologia, mas a tecnologia é apenas um facilitador.

3. Essas mudanças permitem que um novo tipo de empresa entre no mercado e aproveite essas novas regras e expectativas para rapidamente dominar as empresas existentes.

4. Essas novas regras e expectativas são conhecidas e mensuráveis, o que significa que se pode agir em relação a elas.

---

4 NT: Neste caso, o autor brinca com o duplo sentido de *jerk* em inglês, utilizando o sentido de "idiota" na frase.

Capítulo 2
Uma introdução a nós

> *"Ser poderoso é como ser uma dama. Caso precise dizer às pessoas que você é... você não é."*
> **Margaret Thatcher**

> *"Se o mundo era perfeito, não deveria ser."*
> **Yogi Berra**

A mudança fundamental que acontece hoje é a mudança de um mundo dominado pelo capital (ou dinheiro) para um dominado pela informação. Tenho sido acusado de exagerar ao fazer essa afirmação, mas não é verdade. Esta mudança é a principal causa de disruptura, conflito e desconforto no mundo de hoje. É também a principal fonte de novas oportunidades.

Este capítulo analisa como a informação está substituindo o capital como base de riqueza e poder. Caso não tenha tempo para isso, ou realmente não se importe com o contexto, você pode pular esta seção. Mas considerando que um dos principais conceitos deste livro todo é que o contexto agora é quem manda, talvez você queira dedicar um pouco de tempo aqui.

Dos ducados para dólares e para dígitos

Para entender por que esta mudança é tão fundamental, precisamos analisar a história da sociedade humana. Segundo os historiadores, nossa noção de sociedade humana moderna começou por volta de 3.500 a.C., ou quase

5.500 anos atrás. Naquela época, os humanos haviam se transformado de caçadores-coletores errantes, baseados em clãs, para agricultores comunais de fauna e flora situados em um lugar fixo. Isso mudou a nossa economia de ter como base aquilo que você encontra, captura ou apanha para basear-se naquilo que você planta, colhe ou extrai do subsolo. Ao nos fixarmos em um lugar, nossa riqueza ficou menos dependente da sorte e mais dependente da localização.

Todos esses recursos vinham da terra e, portanto, a terra assumiu uma importância cada vez maior. Ao controlar a terra, você controlava a capacidade das pessoas de gerar riqueza. Isso lhe dava poder. Nós criamos a noção de propriedade da terra. Nós criamos os conceitos de senhor e arrendatário, de rei e escudeiro, de xerife e servo. Nos primeiros cinco milênios da sociedade humana, a terra era a base da riqueza e do poder no mundo.

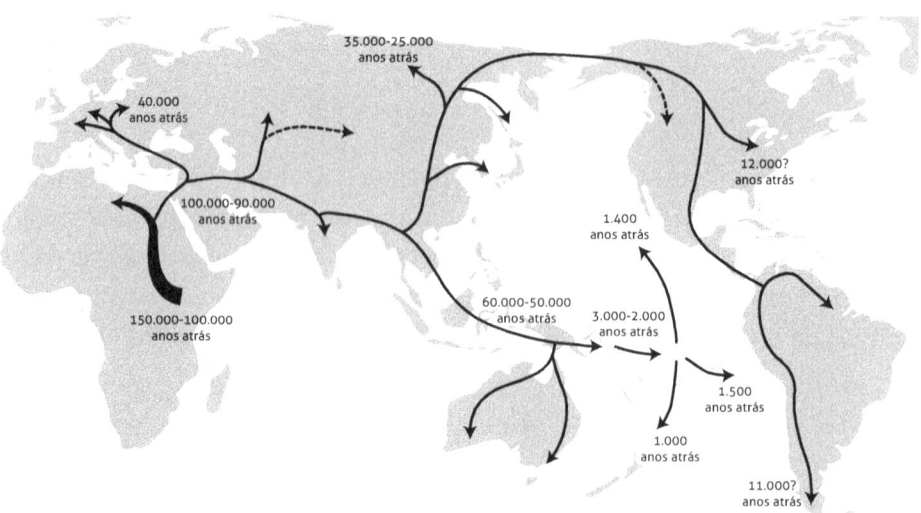

Figura 2.1: Visão científica atual sobre a migração humana pelo mundo.

Esse sistema político e econômico nos conduziu relativamente intactos durante a Idade das Trevas, e forneceu as primeiras sementes dos sistemas legais e sociais de hoje. Não era de modo algum um sistema ideal, pois a terra não é exatamente transportável, fungível ou fácil de mudar (ei cara, você pode separar para mim um quarto de hectare?), mas na época era o melhor que podíamos fazer.

Então, na Itália do século XVI, os ocidentais começaram a despertar da Idade das Trevas, estimulados por inovações e tecnologias vindas da China e outros pontos do Oriente. A Europa entrou na Renascença, e com essa transição vieram os primórdios do capitalismo, o comércio internacional de bens e ideias gerou duas grandes rupturas: novas fontes de pensamento e novas fontes de riqueza. Demorou um tempo para essas rupturas se estabelecerem. Mas quando o fizeram, nasceu uma revolução.

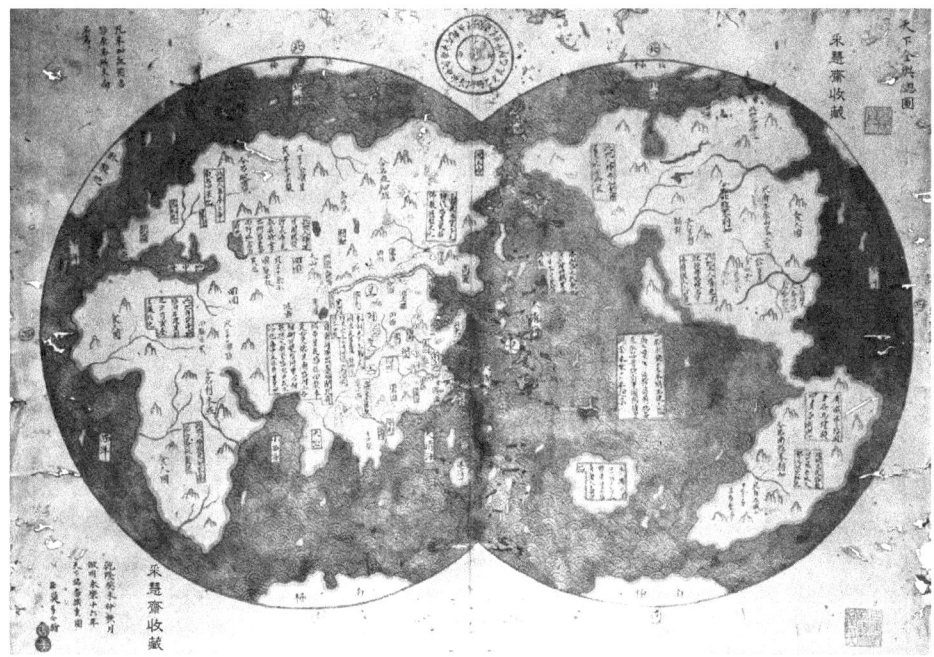

Figura 2.2: Poderia este mapa chinês supostamente de 1418, claramente mostrando o hemisfério ocidental, alterar o modo como vemos a viagem de Colombo?

A Revolução Industrial: Uma revolução do capital

No século XVIII as mudanças desencadeadas pela Renascença começaram a se espraiar pelo mundo em geral. Comerciantes que controlavam frotas, corporações de comércio e dinheiro logo se tornaram mais ricos e mais poderosos do que os proprietários de terras. Naturalmente, os proprietários de terras não ficaram muito satisfeitos com isso, e fizeram uma série de esforços para conter a perda de poder. Esses esforços são conhecidos como a Revolução Norte-Americana, a Revolução Francesa, a Guerra Franco-Prussiana, a Primeira Guerra Mundial, a Segunda Guerra Mundial e assim por diante. O abalo causado pela inovação não é nada novo.

Os detentores de terras, na forma de reis, imperadores e assim por diante, travaram uma batalha nobre. Entretanto, com o avanço da tecnologia, aqueles que detinham o controle da nova fonte de riqueza e poder no mundo (capital) apresentavam uma grande vantagem sobre aqueles que controlavam as antigas fontes. A democracia e o socialismo (novas formas de sistemas políticos), alimentados pelo capitalismo e pelo comunismo (novas formas de sistemas de poder) se impuseram sobre o feudalismo e o imperialismo.

Essa mudança foi extremamente disruptiva. Além das guerras, esta mudança da terra para o capital causou a migração global de milhões de pessoas, levando à mistura de raças e credos atualmente conhecida como os EUA. Isso conduziu à exploração do recém-descoberto hemisfério ocidental. Também levou à explosão do comércio global, inicialmente desencadeada pelo intercâmbio colombiano e pelo comércio global de prata, açúcar e ópio. A evolução da tecnologia continuou a estimular essa transição.

Para ver o grau de ruptura causado por uma mudança na riqueza e no poder, basta prestar um pouco de atenção na história do ensino médio e manter a mente aberta.

Capitalismo contemporâneo

Então, como isso ajuda a entender o mundo de hoje? Por mais de 200 anos temos nos orientado por essa sociedade centrada no capital. Nossas leis, nossos costumes, nosso sistema educacional, nosso comércio e nossas políticas estão todos alinhados com a noção de que o capital era quem mandava.

Nos negócios, todos os nossos processos, regras, cargos e medições são concebidos para controlar o fluxo e refluxo de capital. Nas leis, protegemos a propriedade de capital, cumprimos os contratos, tributamos o comércio igualmente, se não mais, do que tributamos a propriedade de terras. Formamos e treinamos contadores, consultores financeiros, empresários, auditores e advogados. Criamos meios cada vez mais sofisticados de usar o capital para gerar mais capital.

Nossas tecnologias e inovações foram continuamente estimuladas por essa orientação para o capital. Inventamos a publicidade e o *marketing*. Inventamos os mercados de ações. Produzimos ou extraímos novos materiais e inventamos novas tecnologias como aço, petróleo, ferrovias e eletricidade. Todas essas inovações intensivas em capital é que desencadearam a Revolução Industrial, gerando ainda mais capital. Isso acelerou a mudança da centralização na terra para a centralização no capital.

Figura 2.3: Contadores escriturando livros no início do século XX.

Ao longo do caminho descobrimos que para gerenciar melhor o capital precisávamos fazer uma grande quantidade de registros. Manter o controle sobre a propriedade de terra era relativamente fácil. Afinal, ela não iria para lugar algum. Mas o capital era bem mais móvel do que a terra, e saber o que você tinha e onde ele estava tornou-se fundamental para o processo todo do capital. Com o tempo, inovamos o processo de gestão do capital com bancos, dinheiro, ações, contabilidade e assim por diante. Essas inovações para gerenciar o capital foram as sementes para mais uma revolução – **a Revolução da Informação**.

O nascimento de nossa sociedade centrada em dados

Em meados do século XX, a escala e o escopo crescentes do capital começaram a sobrecarregar a nossa capacidade de documentá-lo e gerenciá-lo. Bombardeiros, navios de guerra e batalhões exigiam quantidades enormes de insumos de capital e a antiga abordagem de contabilidade de dupla entrada criada pelos comerciantes muçulmanos 13 séculos antes não conseguia acompanhar tudo isso. Um navio de guerra da Segunda Guerra Mundial tinha milhões de componentes, cada um deles projetado, fabricado e entregue de forma precisa no momento certo. Mesmo se você quisesse contratar um exército de contadores para acompanhar isso tudo, simplesmente não haveria lapiseiras e protetores de bolso suficientes para dar conta.

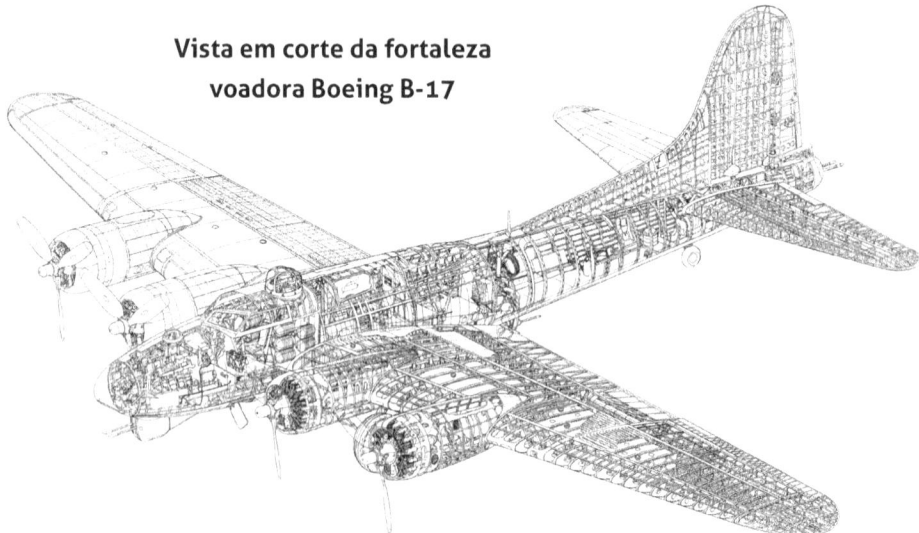

Figura 2.4: Desenho esquemático de um bombardeiro B-17 da Segunda Guerra Mundial.

As demandas por mecanismos melhores para controle e gestão de capital durante a Segunda Guerra Mundial levaram ao desenvolvimento do computador. Os computadores eram inicialmente primitivos, caros e enormes. Eles eram simplistas, desajeitados e do tamanho de edifícios inteiros. Nos primeiros dias dos computadores, "*bugs*" literalmente eram *bugs* – insetos que rastejavam pelas entranhas de um computador e que causavam curtos-circuitos.

Apesar de suas limitações, os computadores eram revolucionários. Os primeiros computadores podiam realizar centenas, milhares ou até mesmo milhões de cálculos durante a noite, de forma consistente e precisa. Um único desses primeiros computadores podia fazer o trabalho de centenas ou milhares de contadores. De uma só vez, as sementes da próxima revolução no poder social e econômico foram semeadas como um substituto para exércitos de *geeks* portadores de réguas de cálculo.

Figura 2.5: O primeiro computador ENIAC em minha faculdade, na Universidade da Pensilvânia.

Na década de 1980, os avanços na tecnologia permitiram que os computadores ficassem nas mesas das pessoas. O PC (*personal computer*) não era apenas uma máquina de escrever avançada, como muitos naquela época sugeriram. Os PCs permitiram que cada vez mais pessoas gerenciassem a alocação de capital de modo cada vez mais detalhado. As planilhas eletrônicas foram a verdadeira revolução aqui, pois permitiram a todos os funcionários de uma organização formular, prever e administrar melhor o uso do capital.

Na década de 1990, a maioria das pessoas no setor de tecnologia da informação (TI) estava concentrada em implantar uma série de novas ferramentas de gestão de capital. Nós utilizávamos planejamento de recursos empresariais (ERP), gestão de relacionamento com o cliente (CRM), gestão de cadeia de suprimentos (SCM) e outras ferramentas de *software*, cada um deles concebido para ajudar as organizações a administrar melhor o fluxo e refluxo de capital. Durante os anos 1990, centenas de bilhões de dólares foram gastos mundialmente para implantar sistemas de gestão de capital. Essa tendência continua até hoje.

O PC encontra Indiana Jones

À medida que implantávamos cada um desses sistemas empresariais, passamos a notar uma coisa curiosa: as informações começaram a se acumular. Nos anos 1990 isso era um problema. Memória de computador era cara e a capacidade de armazenamento limitada. Nossas redes de computadores eram primitivas e ninguém tinha certeza se o ICP/IP ou o *Token Ring* seria a tecnologia preferida.

Lembro-me de quando atualizei minha versão do Microsoft Office ao trabalhar na Lockheed Martin Astro Space em 1992. Abri a caixa e encontrei algo como 30 disquetes de 3,5 polegadas dentro, que coletivamente guardavam cerca de 40 megabytes de dados. Isto era uma grande quantidade de informação naquele tempo e nós brincávamos na época que a Microsoft tinha criado outra versão de "perda de espaço livre" com esta última versão do Office. Eu me acomodei em minha mesa e passei os dois dias seguintes trabalhando na instalação deste *software* em meu PC da IBM, equipado com o mais recente microprocessador da Intel, o 386.

Figura 2.6: Instalar o *Microsoft Office 1995* levava realmente muito tempo.

Nossos sistemas empresariais criavam duas ou três vezes esta quantidade de dados todos os dias, o que era difícil até mesmo de imaginar naquela época. Armazenar dados antigos tornou-se um problema real, pois os disquetes eram caros e passíveis de falhas. Assim, a maioria das organizações colocava os velhos dados inativos em fitas cassete. As fitas eram relativamente baratas e compactas e podiam armazenar os dados com segurança por um longo tempo. O problema com as fitas era que quando a informação estava em uma delas era difícil de recuperar. Você tinha que encontrar a fita, carregá-la e, então, lê-la possivelmente por muitas horas para encontrar aquilo que estava procurando. Da mesma forma que na cena final do filme *Caçadores da Arca Perdida*, muitos tesouros eram perdidos para sempre em uma fita magnética guardada em algum lugar de um armazém.

Tomada de decisão baseada em dados

Por volta dessa mesma época ocorria a revolução da qualidade nos EUA. Esta teve como base o trabalho de W. Edwards Deming da década de 1950. As empresas começaram a implantar sistemas de informação para gestão de capital. A análise estatística era uma grande parte da revolução da qualidade, e a quantificação do desempenho do processo foi considerada essencial para melhorar a qualidade do processo. Não demorou muito para os estatísticos perceberem que os novos sistemas de informação estavam carregados com dados de processo, e os dados antigos passaram a ter um valor renovado para as organizações.

No final dos anos 1990, as organizações estavam construindo sistemas que poderiam armazenar dados antigos em um formato que ainda permitia a análise. Esses sistemas eram chamados de armazéns de dados, e a análise de dados antigos em busca de caminhos para melhorar a gestão de capital ficou conhecida como **inteligência de negócios** (*business intelligence*). A ideia era que por meio de análise dos dados antigos de negócios seria possível encontrar ineficiências e inconsistências nos processos, o que permitiria que o uso mais eficiente e eficaz do capital. E quanto mais rápido e com maior eficiência você administrasse o capital, mais você poderia gerar e acumular. O crescimento acelerado da economia mundial durante as décadas de 1980 e 1990 foi resultado direto da TI aumentando nossa capacidade de administrar cada vez mais capital, mais rápido.

E-mail: O fim do memorando

Os sistemas de gestão de capital exigiam que os gerentes, contadores e outros participantes do processo tivessem realmente acesso aos processos automatizados. Inicialmente, isso foi conseguido com os denominados terminais burros, os *chromebooks* e *netbooks* daqueles dias. Como os preços dos PCs caíram, as pessoas podiam ter um deles em sua mesa. Isso aumentou muito a capacidade de criação e consumo de informações por parte dessas pessoas. Os terminais e os PCs eram interligados em rede para que as pessoas pudessem participar de processos informatizados de gestão de capital. As pessoas também descobriram que, uma vez conectadas, era mais fácil compartilhar arquivos, modelos e outros conteúdos.

Meu pai passou sua carreira inteira em TI, desde cartões perfurados até *iPads*. Lembro-me no início dos anos 1980, quando eu estava na escola, meu pai voltando um dia muito animado do trabalho. Ele havia acabado de implantar algo chamado "*e-mail*" no escritório. Ele disse que isso iria mudar o mundo. Eu lhe respondi com a típica reação adolescente: "Tá pai, quem se importa", e continuei jogando meu Atari 800.

Figura 2.7: Os fundadores da Compaq Computer com o primeiro "computador portátil".

Acontece que meu pai estava certo; o *e-mail* mudou tudo. De repente, os computadores não significavam apenas criar e gerenciar informação sobre capital. Com o *e-mail* começamos a criar informações sobre as informações. Passamos a enviar planilhas, anotações, documentos e outras informações para lá e para cá, melhorando assim a nossa produtividade coletiva. Inventamos o fluxo de trabalho, que deu às pessoas a capacidade de revisar e aprovar o que outros estavam fazendo ou dizendo sobre o capital. E começamos a nos conectar uns com os outros, globalmente, de maneiras inteiramente novas.

O *e-mail* substituiu o memorando como meio padrão de comunicação empresarial, quase da noite para o dia. Exércitos de estenógrafas, datilógrafas e secretárias (Oh!, como isso tudo é politicamente incorreto!) **perderam seus empregos**, enquanto os executivos lutavam para digitar em seus novos PCs da IBM e computadores Macintosh. Durante as décadas de 1980 e 1990, centenas de milhares de funcionários de escritório desempregados tiveram contato com a disruptura causada pela Revolução da Informação.

Em 1998 trabalhei no Citibank, auxiliando-os a implantar o PeopleSoft como seu novo sistema de gestão de recursos humanos (HRMS). Lembro-me dos executivos seniores "lamentando" a quantidade de *e-mails* que recebiam todos os dias, pois esse era o novo indicador de poder e influência. Um reclamava que recebia 80 *e-mails* por dia. Sua colega respondia que ela recebia mais de cem por dia, e o desafio estava lançado! Enquanto ainda era uma novidade para os professores universitários no final dos anos 1990, o *e-mail* já havia se tornado o principal meio de comunicação entre escritórios.

Obrigado Al Gore

Por volta de 1990, uma obscura agência governamental americana conhecida como Advanced Research Projects Administration (ARPA) decidiu privatizar uma de suas inovações: ARPANet. Tratava-se de um projeto do governo dos EUA para construir uma rede de comunicação que fosse suficientemente resistente para sobreviver a um ataque nuclear total. A ideia era que se os EUA tivessem uma rede de computadores adequadamente robusta, nós ainda poderíamos destruir o outro lado do planeta após os soviéticos terem destruído o nosso lado. Afinal, a virada de jogo faz parte das regras.

Após a privatização, a ARPANet tornou-se a Internet e, de repente, pessoas de todos os lugares podiam se comunicar facilmente. Houve uma ressonância positiva entre a adoção do PC e a adoção da Internet. Quanto mais havia para fazer na Internet, mais você queria ficar lá. Além disso, o objetivo original do computador, a melhor gestão do capital, começou a dar lugar a uma nova finalidade: **a criação e gestão de conteúdo**.

A Internet varreu o mundo, mudando o modo como as pessoas interagiam com a informação. Quando comecei a cursar a faculdade, a biblioteca era a única opção se você quisesse pesquisar algo. Quando terminei meu curso de graduação havia uma maneira inteiramente nova de pesquisar coisas. Você se conectava a um computador, ligava algo chamado navegador da *Web* e ia para um lugar chamado *site*, talvez com o nome

Yahoo!, e lá realmente poderia encontrar respostas para suas perguntas sem nunca sair de sua mesa.

Figura 2.8: A página do dispositivo de busca do Yahoo!; coisa radical em 1994.

Isso era radicalmente novo! Quando o PC surgiu, as pessoas se perguntavam por que alguém iria querer um desses computadores. Com os sistemas ERP para gerenciar capital, *e-mail* para conversar sobre a gestão de capital e a Internet para procurar informações sempre que você quisesse, nossa Revolução da Informação havia começado. Por volta do ano 2000, tantas pessoas possuíam e se sentiam confortáveis com os PCs que outra revolução estava a caminho. Estávamos entrando na **revolução do conteúdo**, na qual as organizações que auxiliavam na criação e entrega de conteúdo cresceram em importância.

Pesquisando, postando e conversando

Na virada do século as pessoas estavam passando cada vez mais tempo *online*. Nós não queríamos mais apenas trabalhar na Internet, nós queríamos brincar, fazer compras e nos divertir. O nosso uso da Internet cresceu além da mera gestão de capital. Começamos a criar informação pela informação. Caso quiséssemos saber algo, consultávamos *online*. Caso quiséssemos comprar algo, cada vez mais pessoas compravam *online* e se quiséssemos conhecer alguém, começamos a interagir uns com os outros *online*. A natureza da Internet mudou fundamentalmente de uma ferramenta de negócios para uma ferramenta de conexão e conteúdo.

Muitas empresas tentaram aproveitar as nossas novas demandas, e várias se tornaram protagonistas no mundo de hoje. Google, Amazon, Facebook, eBay e outras surfaram na onda do conteúdo e da conectividade e se tornaram gigantes digitais. Essas empresas monetizaram o conteúdo, pois foram as primeiras a perceber que a informação tinha valor inerente, não baseado em sua relação com o capital.

Isso também era uma ideia radical. Por 50 anos as empresas investiram em TI para gerenciar melhor o capital. De repente, passou a valer a pena possuir e gerenciar a informação por si só, pois a **informação tinha valor**. Na verdade, milhares de investidores se perguntavam por que alguém investiria no Google, uma empresa que **não fazia** nada. Ou investir na Amazon, uma empresa que não gerava e que não poderia gerar lucro sobre seu capital. Quem investiria no Facebook, uma empresa que simplesmente permitia que outros criassem conteúdo? A onda de empresas de conteúdo ignorou essa descrença e concentrou-se naquilo que eles sabiam que seria valioso algum dia: facilitar e monetizar a criação de conteúdo, ao invés do capital.

A próxima revolução social e política

Fica cada vez mais evidente hoje que o capital está perdendo para a informação como base de riqueza e poder. Recentemente, governos nacionais e bancos centrais adotaram taxas de juros **negativas** em um esforço para continuar usando o capital como meio de controle. Ao mesmo tempo, empresas baseadas em informações como a Apple, Google, Microsoft e Facebook acumulam bilhões de dólares em capital, sem saber exatamente o que fazer com isso.

Taxas de juros negativas era uma ficção impensável em data tão recente quanto o colapso fiscal global de 2008 e a **grande recessão** que se seguiu. No entanto, elas estão se tornando uma realidade na gestão de capital porque as antigas estruturas sociais centradas no capital não têm outras respostas às mudanças provocadas pela Revolução da Informação. Antigos proprietários de terras construíram armadas de navios de guerra, enormes exércitos permanentes e todo tipo de burocracias centradas em terras para manter o controle de suas terras diante dos capitalistas. Reis, imperadores e czares tomaram medidas extremas para manter o poder durante a Revolução Industrial. Os capitalistas de hoje são forçados a fazer o impensável para tentar evitar sua inevitável perda de riqueza e poder. A irracionalidade das taxas de juros negativas simplesmente ressalta o grau com que o capital se tornou irrelevante em um mundo que logo será dominado totalmente pela informação.

Pessoas e organizações cujo poder advinha do controle do capital estão perdendo esse poder. Estão sendo substituídas rapidamente por aqueles cujo poder advém do controle da informação. Quando eu vejo disruptura nas normas capitalistas, na forma de políticas fiscais anteriormente impossíveis, impressão industrializada de moeda fiduciária ou redistribuição em massa da riqueza de capital através de políticas liberalizantes, eu não vejo um mundo em transição; eu vejo um mundo em meio a uma revolução. Estamos cercados por evidências desta mudança que se aproxima, e os paralelos históricos são óbvios.

Por 5.000 anos da história da humanidade, o controle da terra foi a base de riqueza e poder no mundo. Com a Revolução Industrial, o capital assumiu o lugar da terra, e essa transição levou 200 anos para evoluir totalmente. Estamos passando por outra revolução sobre como a riqueza e o poder são criados na sociedade humana. Logo, o controle da informação substituirá o controle do capital como base da riqueza e poder em nosso mundo. E dessa vez, a transição não levará 200 anos, levará 20. E agora, em 2016, estamos com aproximadamente 5 anos de transição.

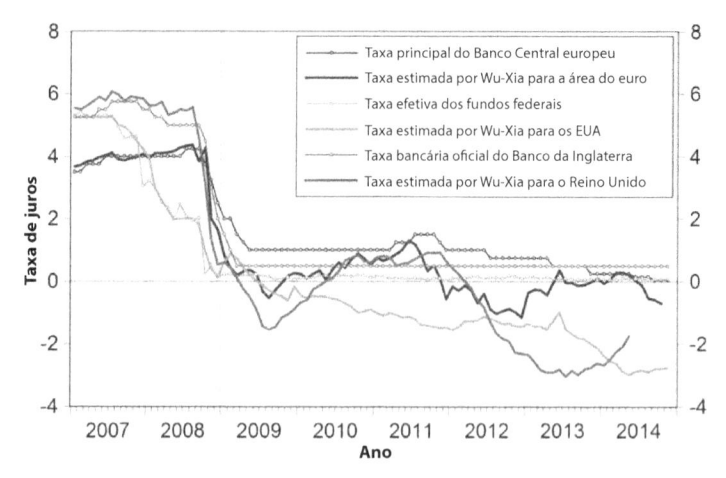

Figura 2.9: Taxas de juros negativas; ficção torna-se realidade em 2009.

As empresas que adotam essa mudança serão a próxima Standard Oil, U.S. Steel, General Electric ou AT&T. As que não adotarem se tornarão empresas alinhadas a uma visão da sociedade centrada na terra, que se perderam nas areias do tempo.

Resumo do capítulo:

5. Nos últimos 200 anos a sociedade humana tem se orientado na direção de uma economia centrada no capital. Antes disso, a sociedade foi centrada na terra, e antes ainda centrada em ferramentas.

6. A sociedade está agora se reorientando na direção de uma nova base de riqueza e poder: a informação.

7. As empresas que atualmente crescem em importância, influência, riqueza e poder são centradas na informação, em vez de no capital.

8. Esta reorientação na direção da informação não é apenas crescer ou acelerar, é dar um salto como *jerk*.

Capítulo 3
Os seis "novos normais"

"Para criaturas como nós, a vastidão do universo é suportável apenas através do amor."
Carl Sagan

"A felicidade não é boa o suficiente para mim! Eu exijo euforia!"
Bill Watterson como Calvin em *"Calvin & Haroldo"*

Seis forças impulsionam comportamentos, expectativas e escolhas do cliente em nosso mundo cada vez mais centrado na informação. Essas seis forças, ou **seis novos normais** são fundamentais. Elas afetam todos os aspectos da sociedade, influenciando cada compra que você ou seus clientes fazem e determinam quem serão os vencedores e os perdedores à medida que passamos do **capitalismo** para o **informacionismo**.

Os *jerks* seguem essas regras para obter vantagem indiscutível sobre os concorrentes tradicionais, e estão vencendo por que entendem esses fatores e vivem com base neles. Caso queira competir nas próximas décadas, você precisa compreender esses novos normais e torná-los centrais em suas estratégias e táticas.

Um aviso: este é um capítulo de peso. Ele abrange muitos aspectos, variando em grau considerável no tempo, espaço e em sua própria rotina diária. Reserve um pouco de tempo para este capítulo, pois você deve lê-lo e digeri-lo. Como você verá, vale a pena o esforço.

Encontrado na tradução

Logo depois do lançamento do livro, os direitos de publicação de *Data Crush* foram vendidos para a China. Porém, certos negócios e assuntos técnicos são bem traduzidos entre países e idiomas, outros não. Após os tradutores concluírem o seu trabalho (em um tempo incrivelmente curto), *Data Crush* recebeu um novo título: *The New Normal* (*O Novo Mormal*, em tradução livre). Foi possível traduzir relativamente bem as ideias e conceitos de *Data Crush*, mas o título não sobreviveu à reedição (notou uma tendência com editores e títulos aqui?).

O interessante a respeito desse novo título é que eu vinha trabalhando com algum material em torno da ideia do nosso novo normal. Sempre fico impressionado com a rapidez com que novas ideias e tecnologias são adotadas pelas sociedades e como absolutamente não nos perturbamos quando o fazemos. Esta aceitação fácil da mudança não é típica dos seres humanos.

Na maioria dos países desenvolvidos, se você caminhar pelas ruas provavelmente notará várias pessoas olhando atentamente para um *smartphone*. Elas estão ligeiramente curvadas, com os braços semierguidos à frente, olhando fixamente em suas mãos como um esquilo contemplando uma noz. E estão hipnotizadas. Enfeitiçadas. Completa e totalmente absorvidas pelo mundo nas palmas das mãos. Lembro-me de que não muito tempo atrás, costumávamos chamar esta postura de "Blackberry Prayer" ("Prece no Blackberry", em tradução livre), e isso não era um elogio. Quando surgiu o Blackberry (o primeiro telefone celular moderadamente inteligente), os primeiros entusiastas a usá-lo antecipavam o nosso vício em *smartphones* e aplicativos quando rezavam à sua nova deidade digital. Eu me lembro de trabalhar com um executivo que foi um dos primeiros a adotar o Blackberry. Tive várias horas de conversa com esse gestor sem que por um minuto ele tirasse os olhos da tela de seu Blackberry. Ele falava comigo na maior parte usando grunhidos, comentários guturais e meias frases, como se tivesse acabado de sair depois de várias horas em um antro de ópio.

Figura 3.1: "A Prece no Blackberry", que mais tarde tornou-se "Fixação no *Smartphone*".

Quando apenas um ou dois por cento das pessoas faziam a reza ela era irritante, até ofensiva. Passados quinze anos, bilhões de pessoas substituíram a "Prece no Blackberry" pelo "Fixação no *Smartphone*", reforçando nossas dietas com doses cavalares de radiação LED, ao longo do processo. Hoje quase todos nós apresentamos esta "fixação" e muitos ficam irritados quando alguém os incomoda pedindo para que parem de olhar seus *smartphones*. Afinal, é importante que eu veja esse último vídeo postado no Facebook pelo meu namorado da escola ou ainda: "Desculpe-me por quase atropelar você e seu cachorro enquanto dirigia e enviava mensagens pelo Face, OMG, LOL[5]."

A humanidade vem criando novas ferramentas por centenas de milhares de anos. Toda vez que o fazemos, demoramos um tempo para nos acostumarmos com as mudanças que elas trazem. Inicialmente, apenas alguns poucos estão dispostos a se abrir às possibilidades das novas tecnologias, e muitas vezes os resultados são inquietantes, desagradáveis ou ambos. A primeira pessoa a descobrir o fogo provavelmente fugiu no início quando inadvertidamente queimou algumas choupanas.

---

5 NT: OMG é a abreviação em inglês para "*Oh My God*" (em português, "Oh Meu Deus"). LOL é a abreviação em inglês para "*Laughing Out Loud*", que, em português, poderia ser traduzido para "rindo muito" ou "rolando de rir".

À medida que se estabelece, a nova tecnologia altera a forma como interagimos com o mundo. A humanidade vem fazendo isso há muito tempo. Só que agora estamos passando pelo processo de um modo incrivelmente – quase irracionalmente – rápido.

Não são as mudanças técnicas que são poderosas e disruptivas, e sim as mudanças sociais e comportamentais que elas catalisam. Esses avanços tecnológicos atingem quase todos nós de forma muito profunda e pessoal, e afetam a maneira como interagimos com os outros.

As seis tendências deste "novo normal" são:

1. **Qualidade**: As pessoas esperam perfeição. Entregue menos e elas irão abandoná-lo.
2. **Ubiquidade**: Globalização significa tudo, em todos os lugares. Qualquer coisa menos é inaceitável.
3. **Imediatismo**: Gratificação imediata. "Há um aplicativo para isso". De forma instantânea, ou ainda melhor: prevendo antecipadamente.
4. **Desengajamento**: Não configuro, não rodo, não terceirizo, não me importo. Eu apenas compro um resultado.
5. **Intimidade**: Pessoas famintas por outras formas de conexão. Sentir-se parte de uma comunidade será ainda mais importante à medida que nossas necessidades forem atendidas mais anonimamente.
6. **Propósito**: Pessoas famintas e necessitando de um sentido de propósito.

Para que sua organização tenha sucesso, esses seis fatores precisam estar por trás de todas as decisões que você toma.

Qualidade

Novo normal nº 1: A qualidade não é mais um diferencial; ela simplesmente é esperada. Entregue menos do que a perfeição e você perderá seus clientes.

A qualidade não importa tanto, ou seja, oferecer qualidade não o torna especial. Os clientes simplesmente esperam por qualidade. Essas afirmações são incendiárias, pois vão diretamente de encontro a dois séculos de dogma capitalista. Além disso, se for verdade, trata-se de um enorme problema. Agora o que preocupa a todos nós é a forma como você lida com as coisas quando a perfeição é perdida. A rapidez com que uma empresa reage para corrigir o inesperado e o imperfeito é a forma como nós agora medimos o valor.

A maioria das pessoas é rápida em perceber quando algo não funciona. Um dispositivo que não liga, um *e-mail* que não chega ao seu amigo, o *tablet* que não se conecta com o WiFi da cafeteria, você não consegue descobrir como imprimir algo do *Windows 8* (**ainda** estou tentando descobrir isso), e assim por diante. Sempre que algo não funciona, tendemos a ficar agitados muito rapidamente. Afinal, estamos extremamente ocupados e não temos tempo para solucionar as coisas quando elas não funcionam corretamente.

O incrível não é que notamos facilmente quando as coisas não funcionam, é que não prestamos nenhuma atenção a todas as coisas que funcionam. Ao longo de seu dia, centenas de milhares de coisas ocorrem de forma perfeita e você não presta nenhuma atenção a elas. Como alguém que passou um quarto de século tentando tornar tudo isso uma realidade, é um pouco desalentador saber que nós engenheiros fizemos tanta coisa certa e ninguém parece notar.

Por mais de meio século as organizações têm se concentrado em melhorar a qualidade. A revolução da qualidade, iniciada por W. Edward Deming na década de 1950, surfou na onda do consumo em massa que se seguiu à Segunda Guerra Mundial. A população mundial tinha finalmente superado uma década de depressão e uma guerra que custou milhões de vidas. Com a paz veio uma nova prosperidade e um novo nível de produção que ficou ocioso com o término da guerra. Pessoas que haviam vivido anos de racionamento de repente tinham dinheiro para gastar e casas para encher de produtos. E as pessoas foram boas nisso.

Infelizmente, a qualidade dos produtos deixou muito a desejar. Muitos produtos eram de má qualidade e pouco confiáveis. Para atender a demanda imediata, os produtores cortavam caminho para colocar seus produtos no mercado. Isso foi especialmente verdadeiro na Europa e no Japão. Eles tiveram suas economias arrasadas durante a guerra. Nesse ambiente qualquer coisa era melhor do que nada e todo tipo de produto abaixo do padrão era despejado no mercado.

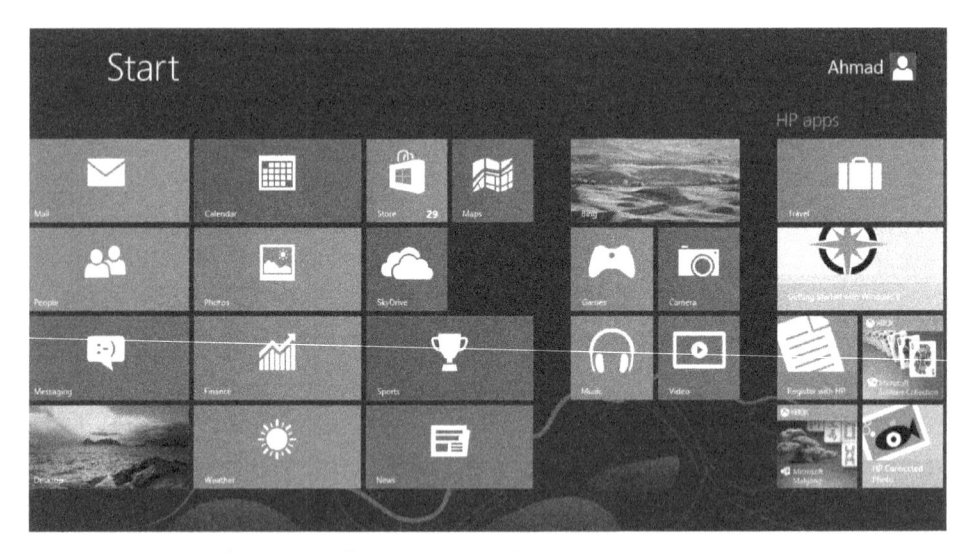

Figura 3.2: *Windows 8*, onde raios está o botão para imprimir?

Isso incomodou o economista e estatístico Deming por ser altamente ineficiente. Durante a década de 1950 ele guiou o Japão no uso de princípios de qualidade, como o **controle estatístico de processos**, para melhorar enormemente a qualidade da produção. No final dos anos 1970 os produtos japoneses não eram mais considerados porcarias, e sim como alguns dos melhores do mundo. Isso tudo devido aos esforços de um economista norte-americano *nerd* rejeitado pelos executivos de seu próprio país.

Na década de 1980 as empresas norte-americanas acordaram. A economia japonesa vivia um crescimento extraordinário à medida que aumentava a demanda por seus produtos. Os produtos japoneses eram melhores e mais baratos. No momento em que os EUA saltaram para dentro do trem da qualidade, havia muito terreno para recuperar.

Toda esta revolução da qualidade nos EUA começou no início de minha carreira no final dos anos 1980 e continua até hoje. Ao longo desses anos obtive dezenas de diplomas em processos, técnicas, regras, ferramentas e procedimentos de qualidade. Passei muitas horas trabalhando com equipes de pessoas dedicadas a melhorar a qualidade a fim de cortar custos e manter a competitividade. Isto tem sido uma maratona de 25 anos, a um ritmo de velocista.

Figura 3.3: W. Edwards Deming, pai da revolução da qualidade.

Para executivos de empresas consagradas, melhorar a qualidade era a estratégia a ser escolhida. Caso melhorasse a qualidade ou reduzisse custos por um ou dois pontos percentuais a cada ano, você tinha assegurado um bônus e talvez uma promoção. Batalhar por essas melhorias a cada ano tornou-se mais difícil, pois primeiro colhia-se os frutos mais fáceis da árvore, depois os que estavam a uma altura mediana e, por último, os mais altos. Por um longo tempo, a maioria de nós não precisou ser muito criativa ao desenvolver nosso plano de negócios para o ano seguinte.

Isso agora mudou. Acabamos sendo treinados para esperar a perfeição. Uma vez que você tenha alcançado a qualidade **Seis Sigma**, eu realmente não tolerarei mais nenhum erro, nunca. E é assim que a maioria de nós funciona atualmente. Como resultado, o caminho da diferenciação dos últimos 50 anos chegou ao fim. Praticamente todas as regras e processos em quase todas as organizações são concebidos para criar os melhores produtos possíveis e para fazer isso o tempo todo. Nós nos esforçamos para chegar a essa perfeição. Nós a medimos, ficamos obcecados por ela e pagamos ao nosso pessoal com base nela. Mas desde que a qualidade esteja presente, os clientes não mais a valorizam!

Isso requer necessariamente uma completa reorientação na maioria das medições, regras, organizações e, pior de tudo, processos de uma empresa. Se você fizer isso direito, será uma transição extraordinariamente dolorosa. Se você fizer isso errado, provavelmente não importará mais o que você fizer. A qualidade não é mais onde você precisa concentrar o foco; o foco agora é o que você faz quando necessariamente algo dá errado. Este é um **novo normal**.

Ubiquidade

Novo Normal nº 2: Ubiquidade. O que eu quero, onde eu quero, não importando o quão irracional isso possa ser.

Do mesmo modo que a qualidade, a **ubiquidade** é o resultado de meio século de um foco concentrado em um resultado do negócio. As organizações vêm trabalhando para otimizar a logística global há muito tempo. Conseguimos enormes ganhos na eficiência, rapidez e flexibilidade das cadeias de suprimento do mundo ao longo das últimas décadas. De *shopkins* a *smartphones*, de antiácidos a automóveis, você pode obter praticamente tudo o que quiser, praticamente em qualquer lugar que você quiser.

Por causa disso, acabamos nos treinando a ter expectativas completamente ridículas de conseguir o que quisermos, onde quer que queiramos. Bananas na Islândia em janeiro? Sem problemas. Folhas de chá chinesas em Dubai? É claro. Sushi fresco a mil quilômetros do oceano mais perto? Naturalmente. Morangos recém-colhidos seis meses fora de época? O que é época? Caso passasse apenas um pouco de tempo pensando a respeito de qualquer um desses exemplos, você logo se daria conta que cada uma dessas coisas deveria ser considerada praticamente impossível. E, no entanto, nós simplesmente esperamos esse tipo de coisa. Você provavelmente já esteve em pelo menos um desses cenários sem sequer pensar nisso.

Figura 3.4: O contêiner marítimo de 20 pés, fundamental para a revolução na logística global.

O resultado final do mundo com Seis Sigma enxuto, uma enormidade de contêineres, multimodal, despachado por drones, rastreado por GPS, com mega armazéns e com embarques previstos antecipadamente que passamos décadas construindo é este: **ubiquidade**. Eu quero o que eu quero, onde eu quero; e é melhor você entregar, ou alguém o fará. E se eu quiser um *croissant* amanteigado, de grão antigo, sem transgênicos, orgânico, regado com água de fontes de montanhas francesas, com manteiga batida à mão, recém-cozido em fogo à lenha em um forno de alvenaria italiano, em Moose Jaw, no Saskatchewan (Canadá), às duas horas da manhã, alguém me entregará. E uma vez que isso aconteça, eu não vou mais aceitar qualquer coisa menos do que isso.

Ubiquidade é como educar seus filhos para não ser mimado dando-lhes tudo o que eles querem, na esperança de que vão ficar satisfeitos. Infelizmente, muitos humanos não funcionam desta maneira. Pelo fato de termos criado uma rede global de logística eficiente, eficaz, e abrangente, a ubiquidade é agora um novo normal.

Imediatismo

Novo normal nº 3: Imediatismo. Quando você absolutamente, positivamente, tem que obter aquilo, se possível prevendo anteriormente!

Naturalmente, o **imediatismo** está ligado à ubiquidade. Não basta obter o que eu quero; **eu quero agora!** O imediatismo é a logística global hiperotimizada, casada com o uso de *smartphones* e aplicativos. Eu descrevi o nosso vício de gratificação instantânea em *Data Crush*. Eu chamo essa condição de **appificação** (*appification*) e quase todos nós que utilizamos aplicativos (*apps*) ficamos "appificados". Os *smartphones* nos permitem encontrar, baixar e possuir a resposta para quase qualquer pergunta ou qualquer necessidade, instantaneamente.

Quase todos nós que usamos *smartphones* vivenciamos esse fenômeno. Você tem algum tipo de necessidade. Você faz uma pesquisa e encontra um ou dois ou 50 aplicativos, cada um deles afirmando ser a resposta para o seu problema. Você escolhe um, faz o *download*, instala e, em seguida, faz o *login*. Se esse aplicativo não resolver o seu problema, em poucos instantes e com quase nenhum esforço, você logo se desconecta e procura outro. O problema é que quase sempre existe outro para baixar.

Até 2015, os usuários de *smartphone* haviam baixado mais de 150 bilhões de aplicativos ao longo dos 10 anos em que existe tal dispositivo. Destes, aproximadamente 98% dos aplicativos são baixados, abertos uma única vez e nunca mais abertos novamente. Os outros 2% aparentemente atendem nossas expectativas de appificados, e não podemos e não iremos viver sem eles. Esta deve ser uma notícia preocupante para qualquer empresa que ainda esteja pensando em construir e implantar um aplicativo. Faça o que fizer, você tem apenas 2% de possibilidade de fazer direito e uma possibilidade de 98% de fazer tudo errado, compreensivelmente. Em um mundo appificado, o imediatismo é quem manda, e se você não conseguir atender minhas expectativas instantaneamente, eu vou deixá-lo e nunca mais volto.

O imediatismo é o impulsionador do enorme interesse pela análise preditiva. O interesse pela análise preditiva é um resultado inevitável de nossa demanda por imediatismo; atualmente, o *"just in time"*[6] já não é mais. Quando a Federal Express (FedEx) foi fundada no final dos anos 1970, a maioria das pessoas acreditava que a empresa nunca teria êxito; as pessoas nunca pagariam um preço enorme para o transporte expresso. Quem em seu juízo perfeito precisaria que algo fosse entregue da noite para o dia, não é mesmo!?! É fácil ter uma visão pessimista diante da inovação.

Número de *downloads* de aplicativos para dispositivos móveis em todo o mundo de 2007 a 2017 (em milhões)

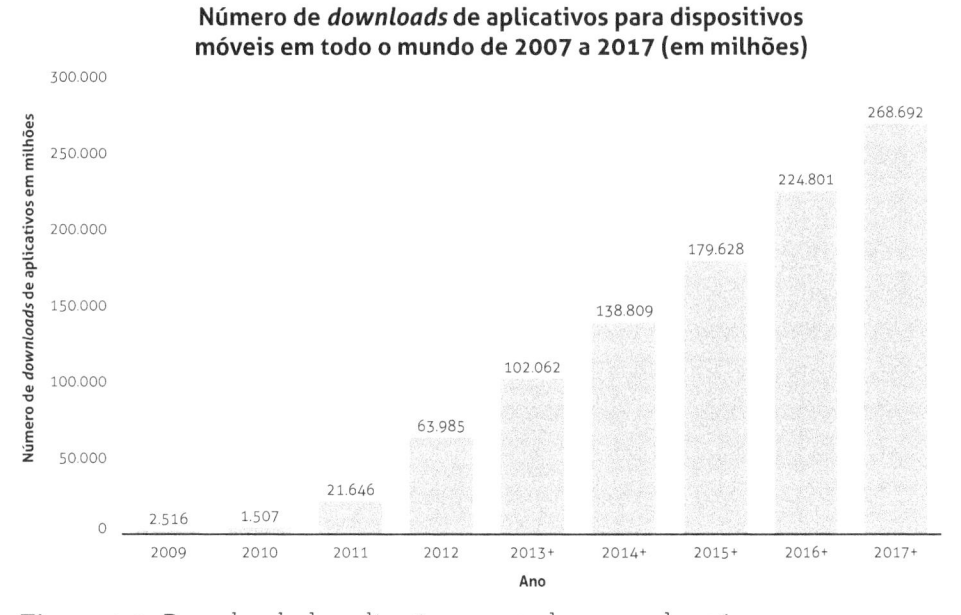

Ano	Número de downloads (em milhões)
2009	2.516
2010	1.507
2011	21.646
2012	63.985
2013+	102.062
2014+	138.809
2015+	179.628
2016+	224.801
2017+	268.692

Figura 3.5: *Downloads* de aplicativos em todo o mundo até 2015.

Até a década de 1980, a FedEx cresceu rapidamente, adotando o *slogan*: **"Quando absolutamente, positivamente, tem de estar lá de um dia para o outro."** Quanto mais a empresa crescia, mais eles conseguiam crescer, o que aumentava sua eficiência e as expectativas de seus clientes de rapidez. A appificação acabara de nascer!

Avançando para hoje, o *slogan* da FedEx deveria ser: **"Quando absolutamente, positivamente já deveria estar lá, prevendo antecipadamente."** O imediatismo nos levou exatamente para esta situação. Para permanecer relevante aos nossos clientes, é **melhor** você entregar na

---

6 NT: sistema de produção sincronizada em que os insumos são entregues no momento certo em uma linha de montagem, com estoques mínimos de peças e componentes.

velocidade da expectativa deles, que rapidamente se tornou negativa; você deveria ter entregado antes que eu soubesse que iria colocar um pedido! E como continuamos a eliminar cada vez mais custos de nossa cadeia de valor, manter disponível um estoque exagerado simplesmente não é uma opção. Portanto, conforme demonstrado pelo enorme aumento de interesse na análise preditiva, o imediatismo é um novo normal.

Desengajamento

Novo normal nº 4: Desengajamento. Apenas faça. Não me importa como.

Não importa quantos episódios de *Mad Men* você possa ter visto. Não importa quantos minutos de televisão você possa ter assistido este mês, se é que assistiu, parece que a era do *marketing* de massa está rapidamente chegando ao fim. Eu acho isso uma pena, mesmo. Vou sentir falta de todos os *jingles* cativantes que desfrutávamos durante algo que costumávamos chamar de "horário nobre".

Dos seis novos normais, o **desengajamento** é a maior ameaça às empresas estabelecidas. O Desengajamento é um resultado direto dos três novos normais anteriores, e funciona contra qualquer organização que investiu muito tempo e dinheiro em tornar possíveis os três primeiros novos normais.

As principais empresas do mundo têm trabalhado incansavelmente para tornar perfeito tudo o que queremos ou necessitamos. Elas têm imaginado como chegar até nós onde quer que estejamos e onde quer que elas estejam. E têm trabalhado para chegar até nós o mais rapidamente possível, se não antes. Por todo o seu esforço, como nós mostramos o nosso apreço? Como nós demonstramos que reconhecemos todo esse investimento em tempo, energia e valor para satisfazer nossas necessidades? **Nós não reconhecemos!**

Desengajamento significa que os clientes não se importam mais com o que é preciso para as organizações lhes darem o que eles querem, eles apenas querem. Eles só se preocupam com o resultado. Na verdade, eu uso a expressão **Resultados como um Serviço** para descrever esse fenômeno, pois isso é exatamente o que os clientes esperam agora. Eu não quero configurá-lo, eu não quero comprá-lo, eu não quero alugá-lo, eu só quero um resultado, e quero já... ou antes.

Eu não quero que me incomodem com detalhes aborrecidos como preços, complexidade, regras, regulamentos, logística, licenças e assim por diante. Eu estou muito mimado em um mundo de **qualidade**, **ubiquidade** e **imediatismo** para ser incomodado com tais detalhes. Apenas me leve ao meu resultado desejado, magicamente, e vou recompensá-lo com os meus negócios, pelo menos até a próxima vez. Então, novamente, estarei totalmente desvinculado de você e você precisará começar tudo de novo.

Isso contradiz diretamente um século de *marketing* e pensamento publicitário. As empresas investiram em suas marcas para construir a lealdade e uma percepção de valor nas mentes dos clientes. Infelizmente, parece que a maioria de nós não pensa mais em marca. Quando todos entregam qualidade, ubiquidade e imediatismo, nenhuma dessas coisas importa mais.

O preço é importante, mas somente em um mundo em que os consumidores ainda aceitam o preço que você pede. Esses dias estão quase mortos, pois qualquer pessoa pode entrar online e instantaneamente encontrar alguém que lhe vende o que ela quer, apenas um pouco mais barato. Se, mesmo que apenas cinco anos atrás, você dissesse à maioria das pessoas que elas poderiam entrar nos maiores varejistas e **lhes dizer** que preço você pagaria por um produto ou serviço, elas provavelmente teriam considerado você talvez um pouco perturbado. Agora é **anormal** pagar um preço de varejo, e caso faça isso, você deveria ter sido "mais esperto".

O desengajamento começa a ficar realmente preocupante quando você o mistura com a maré crescente de *jerks* no mundo. As empresas minúsculas, brotando por todo o mundo, não possuem quase nenhuma despesa fixa, restrição, supervisão e, sobretudo, nada a perder. As empresas centradas em capital possuem exércitos de pessoas que trabalham em fortalezas gigantescas de capital, operando imensos processos do tipo de Rube Goldberg[7], todos concebidos para maximizar o controle do capital

---

7 NT: Uma máquina de Rube Goldberg realiza uma tarefa simples de uma forma extremamente complicada, utilizando uma reação em cadeia. Rube Goldberg foi um cartunista norte-americano que desenhou diversas dessas máquinas.

necessário para entregar produtos e serviços aos seus clientes. Analisando as empresas centradas no capital é um prodígio que qualquer uma delas consiga até mesmo colocar seus produtos no mercado.

Os *jerks* não têm nada disso. Na verdade, é por isso que você e eu os recompensamos com nossos negócios. Não nos importa como eles nos entregam aquilo que queremos, contanto que o façam melhor. É extremamente injusto, e nenhum de nós realmente se importa, não é mesmo?

O interessante é que a maioria de nós **realmente** se preocupa com a forma como as empresas nos dão o que nós queremos. Só que nenhuma das medições antigas importa mais porque as empresas tornaram irrelevantes as medições tradicionais de qualidade, rapidez e preço, até mesmo para o pessoal da NASA. Se você for uma empresa existente, o seu sucesso no cumprimento das minhas expectativas significa que eu posso agora considerar aquilo que você fez como algo já garantido, e esperar algo mais de você. E tudo o que você fez para atender minhas expectativas anteriores funciona, em grande parte, contra você mesmo, na medida em que você tenta mudar a sua entrega tão rapidamente quanto eu mudo minhas exigências.

Não importa o quanto você acha que esteja tornando ágeis os 20.000 funcionários de sua subsidiária norte-americana da Agilidade de Mercado Ltda. Eles nunca conseguirão montar suas equipes de especialistas e planilhas de retorno sobre o investimento tão rápido quanto eu e você vagarmos pelos nossos mais recentes caprichos appificados. Para os *jerks*, o desengajamento é **a** oportunidade para desmontar a intermediação das organizações existentes. Os clientes estão forçando que essa mudança aconteça.

Intimidade

Novo normal nº 5: Ajude-me a sentir que eu pertenço.

Observando as pessoas durante o dia, profundamente envolvidos em sua "Fixação no *Smartphone*", continuamente batendo papo e tuitando e enviando textos e comentando OMG, você pensaria que todos se sentem mais conectados e mais do que nunca fazendo parte de uma comuna global. Você pensaria isso, mas eu diria que você está errado. Apesar de toda a nossa conectividade, a maioria se sente mais solitária do que nunca.

Um estudo recente da Organização Mundial da Saúde (OMS) constatou que o principal problema de saúde para a população global não é doença cardíaca, câncer ou HIV. Não é a obesidade, o aquecimento global, os cardumes de atum fatais aos golfinhos ou as cenouras Frankenstein geneticamente modificadas. Não é glúten, xarope de milho de alta frutose ou água fluorada. Segundo a OMS, o principal problema de saúde afetando a humanidade hoje é a **doença mental**. Se todos os 7,4 bilhões de habitantes do planeta passassem uma hora com um psicólogo, um em cada cinco seria diagnosticado com alguma deficiência mental. Isso corresponde a 1,48 bilhões de pessoas doentes por aí, e eu tenho certeza que cada uma delas está no Facebook!

Distúrbios mentais atingem todo o globo
Segundo pesquisas de 14 países, os EUA têm a maior taxa de doenças mentais.

Incidência de distúrbios mentais
(ansiedade, distúrbios do humor, controle de impulsos e abuso/dependência de substâncias)

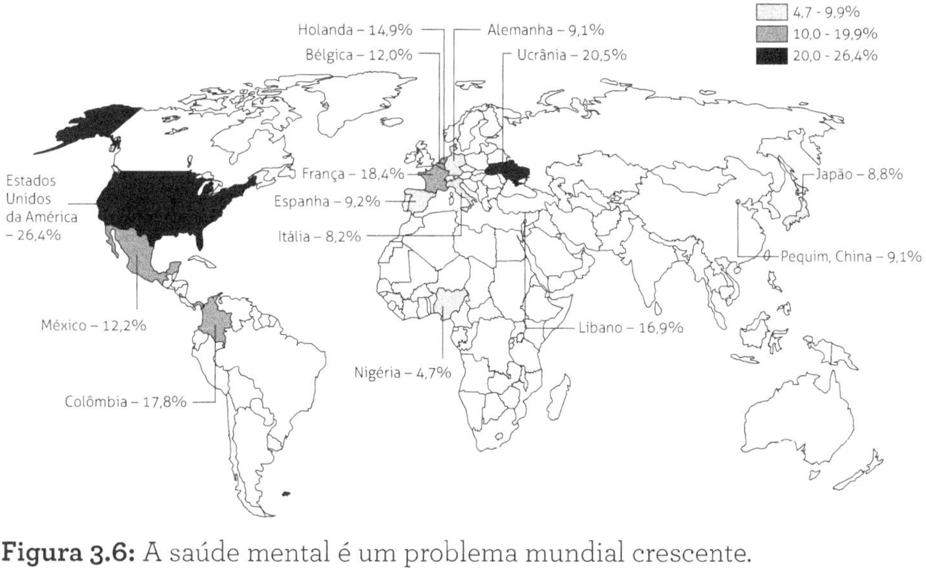

- 4,7 - 9,9%
- 10,0 - 19,9%
- 20,0 - 26,4%

- Holanda – 14,9%
- Bélgica – 12,0%
- Alemanha – 9,1%
- Ucrânia – 20,5%
- França – 18,4%
- Espanha – 9,2%
- Itália – 8,2%
- Japão – 8,8%
- Pequim, China – 9,1%
- Estados Unidos da América – 26,4%
- México – 12,2%
- Líbano – 16,9%
- Nigéria – 4,7%
- Colômbia – 17,8%

Figura 3.6: A saúde mental é um problema mundial crescente.

É verdade, estamos continuamente conectados um ao outro praticamente o tempo todo. Medimos a nossa autoestima pelo número de amigos que temos no Facebook ou seguidores no Twitter. Podemos afogar nossas tristezas em um bilhão de horas de vídeos de gatos felpudos no YouTube ou realizar nossas fantasias em qualquer um dos muitos mundos virtuais *online*. Você pensaria que com toda essa conexão e estímulo, todos nós seríamos mais felizes do que nunca.

Mas eu diria que esse excesso de oferta de estímulo e conectividade pode ser exatamente o que está nos deixando loucos. Todas essas conexões são incrivelmente superficiais e nós ansiamos por algo mais. Publicamos as melhores fotos de nós mesmos, nos lugares mais legais, com os sorrisos mais amplos e as legendas mais espirituosos que poderíamos imaginar, tudo isso em um esforço para sermos compreendidos. Se a maioria de nós tivesse vidas algo remotamente parecido com a forma como nos retratamos *online*, **todos** nós seríamos as pessoas mais magníficas do mundo, e Kanye West estaria desempregado.

Gostemos ou não, somos **criaturas sociais**. Ansiamos por fazer parte de um clã, tribo, equipe ou família. Queremos ser compreendidos e aceitos. E em um mundo em que muitos de nós temos os níveis mais baixos da nossa hierarquia de necessidades de Maslow entregues por *drones* da Amazon Prime, esta necessidade não atendida de conexão é que nos deixa absolutamente loucos.

O que tudo isso significa para você? Bem, como consumidor você vai **adorar** qualquer experiência ou produto que o ajude a se sentir compreendido e conectado. As organizações que o compreendem, ainda que só um pouco, começam a lhe satisfazer, e isso é viciante. Se você for uma empresa, isto significa que você **deve** encontrar uma maneira de conhecer melhor os seus clientes. E não estou dizendo "clientes" no agregado. São clientes tipo "18 a 24 anos de idade, formação superior, hispânico, do sexo masculino, que gosta de *poodles* e de sushi". Significa que você precisa conhecer cada um de seus clientes como um indivíduo único. Qualquer coisa menos do que isso parece ser, e de fato é, um pouco desonesto.

Este tipo de compreensão íntima dos clientes costumava ser normal. Antes da Revolução Industrial, os clientes iam ao seu vizinho que era alfaiate, ferreiro, sapateiro, costureira ou açougueiro e essas pessoas davam aos seus clientes exatamente o que cada um desejava. Essas pessoas não apenas conheciam de vista os seus clientes, elas os conheciam de verdade – suas esperanças, sonhos, fraquezas, preferências e assim por diante. O ato de comprar cumpria uma necessidade social além da material, e ir ao mercado significava conectar-se com vizinhos e amigos.

Em nosso mundo moderno, a maior parte (se não toda) desta conexão se perdeu em nome da eficiência. Em nossos esforços para atender às expectativas dos clientes em relação aos três primeiros novos mormais, criamos neles o quarto: **desconexão**. Quando as empresas fizeram isso, a única coisa que os clientes querem de volta, a coisa que desesperadamente querem encontrar, e pagariam muito para obter, é a **conexão**. Pode parecer estranho que agora queiramos das empresas aquilo mesmo que anteriormente as recompensamos por abandonar, em nome de nossas outras necessidades. É estranho, mas lembre-se de que pelo menos **20% das pessoas são um pouco loucas!**

Esse anseio por conexão, por pertencer, por intimidade, é agora um novo mormal em nosso mundo. As organizações que conseguirem alcançar isso nos conquistarão em um piscar de olhos, principalmente quando estamos desconectados do que é preciso para atender às nossas menores necessidades. Por isso que fundamentalmente esse novo normal é, ao mesmo tempo, uma oportunidade de ouro para os *jerks* e um desafio enorme para as organizações tradicionais que ainda estão tentando maximizar os retornos sobre o capital.

Propósito

Novo normal nº 6: O que estou fazendo aqui?

O último novo normal é **propósito**, ou a compreensão de nosso lugar no universo. Apesar de tudo o que fazemos, tudo o que consumimos e tudo o que pensamos e acreditamos, as pessoas estão famintas por propósito.

Todos nós nos perguntamos:

"Por que estamos aqui?"
"Isso é tudo o que sou?"
"Isso é tudo o que serei?"

Isso é a consequência natural de viver em um mundo em que muitas coisas vêm até nós com relativa facilidade. Poucos estão correndo de leões, tigres ou ursos em seu cotidiano. Conseguir comida é muito mais fácil do que há apenas um século. Em geral, nossa saúde nunca esteve melhor. Vivemos mais tempo e a maioria teve melhorias substanciais na qualidade de vida ao longo dos últimos cem anos. Eu não pretendo minimizar a situação dos bilhões de pessoas empobrecidas que ainda lutam para sobreviver todos os dias, mas em média estamos melhores do que nunca.

Uma vez atendidas nossas necessidades básicas, tendemos a ansiar por algo mais. A intimidade é uma dessas necessidades de ordem superior, e é como nos conectamos com os outros. O propósito é como nos conectamos com nós mesmos, e com o universo. Quando nos sentamos em um lugar calmo (quando ainda conseguimos encontrar um) e temos uma conversa com nós mesmos em nossas mentes, estamos tentando nos conectar com nosso sentido de propósito. Cada um de nós tem essa voz interior com quem conversamos bem mais do que com qualquer outra pessoa. Quando buscamos por um sentido de propósito, estamos tentando nos conectar com esta voz interior e fazer ela nos dizer: **"Você está bem."**

Trata-se de uma coisa muito profunda, e ao ler isso você pode pensar que nada mais é do que uma ladainha pós-moderna. Acredite, eu costumava pensar assim também. Eu tenho uma tonelada de cursos formais em ciência, tecnologia e direito e essa é uma formação em que as coisas são o que elas são, e em que as evidências falam por si só. Se há apenas cinco anos você me dissesse que se conectar com a necessidade interna de propósito das pessoas era a chave para o futuro sucesso nos negócios, eu quase certamente pensaria que você faz parte daqueles 20% e que estaria precisando de um pouco de tempo no divã com um terapeuta.

Como cientista e engenheiro, aprendi há muito tempo que não é o conhecido e o cognoscível que vai lhe pegar. Na verdade, é aquilo que você não analisou, mediu ou quantificou que vai arruinar seus melhores planos, planilhas e relatórios trimestrais. À medida que as empresas ficam melhores em medir quase tudo, qualquer coisa que fique para trás será a fonte de qualquer imprevisibilidade que possa existir. Tendo compreendido plenamente tudo o que faz sentido para nós, as únicas perguntas que restam são aquelas coisas que não fazem mais sentido. Quanto mais dados gerarmos, e quanto melhor for a nossa análise, mais influente se torna o que não é medido e o que é desconhecido.

Ao passar da qualidade Seis Sigma para a qualidade Nove Sigma, algo que não seja a qualidade é que determinará o meu sucesso. Coisas como intimidade e propósito passarão a ser a única diferença entre você e seu concorrente, e as apostas continuarão ficando mais elevadas.

Que provas que eu tenho disso? Olhe ao seu redor. A resposta pode estar em uma simples xícara de café. Quando foi descoberto, o café era um item de luxo reservado aos poucos que podiam pagar. Então, através da industrialização, o café começou a estimular as massas. Na Segunda Guerra Mundial, o café era praticamente uma arma, pois os soldados norte-americanos venciam batalha após batalha com muita cafeína nas veias.

A GERAÇÃO DO MILÊNIO QUER TER UM IMPACTO
Gerações diferentes têm prioridades de investimentos extremamente diferentes.

PORCENTAGEM DOS PESQUISADOS QUE CONCORDAM

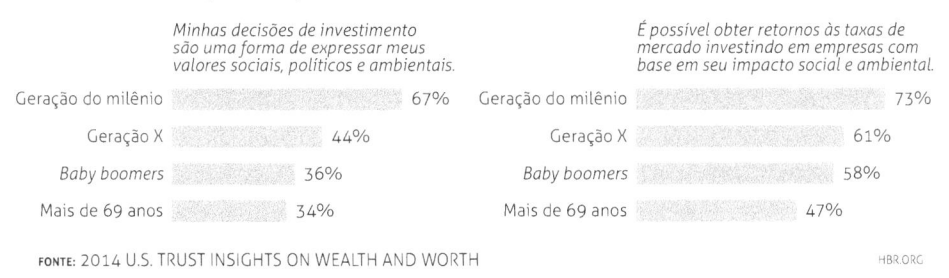

	Minhas decisões de investimento são uma forma de expressar meus valores sociais, políticos e ambientais.		É possível obter retornos às taxas de mercado investindo em empresas com base em seu impacto social e ambiental.
Geração do milênio	67%	Geração do milênio	73%
Geração X	44%	Geração X	61%
Baby boomers	36%	Baby boomers	58%
Mais de 69 anos	34%	Mais de 69 anos	47%

FONTE: 2014 U.S. TRUST INSIGHTS ON WEALTH AND WORTH   HBR.ORG

Figura 3.7: A geração do milênio e a geração Z querem fazer a diferença.

Hoje se você sair para comprar uma xícara de café parece que há dois extremos. Em uma extremidade você pode comprar um copo grande de café em sua padaria local por US$ 1,99. Na outra extremidade da escala está uma xícara "grande" de essência do café arábico de comércio justo (*fair-trade*), fonte única, alimentado por energia solar, sem gordura, baixo teor de sódio, sem glúten, pelo preço de pechincha de US$ 9,99.

Claramente, o primeiro é o jogo da eficiência e da eficácia dos últimos 200 anos. O último é o jogo do propósito e da intimidade insinuando-se e assumindo. Por que eu digo isso? A razão pela qual as pessoas se dispõem a pagar cinco vezes mais por ainda menos café da manhã é porque todos esses rótulos fazem com que elas sintam que estão contribuindo para o universo. É verdade que eu pago o dobro para ter meus grãos de café totalmente orgânicos de um agricultor independente do Quênia, mas estou ajudando esse sujeito a alimentar sua família. Isso faz com que eu me sinta melhor comigo mesmo.

Esta simples distinção, alimentar minha necessidade de propósito, pode fazer com que uma mercadoria valha muitas vezes mais para mim do que outra. De repente, as mercadorias não são mais tão fungíveis e ficamos desesperados por comprar aquelas que nos façam sentir melhor a respeito de nós mesmos. O propósito, o último dos novos normais será um determinante fundamental sobre quem é bem-sucedido e quem vacila na próxima década. As empresas que têm se dedicado à comoditização e à eficiência ainda sobreviverão; afinal, ainda temos necessidades básicas a atender. Mas as organizações que descobrirem como explorar nossa necessidade desesperada por propósito, obterão de nós os nossos bens mais preciosos: o nosso tempo, a nossa atenção, a nossa lealdade e a nossa renda disponível.

Como se tivéssemos sido sempre assim

Eu espero que a lista dos **seis novos normais** esteja em conformidade com sua própria experiência de vida. Se eles lhe parecerem familiares é porque provavelmente você já está pensando, agindo e vivendo dessa maneira. Eles evoluíram no tempo como resultado de milhares de mudanças incrementais ao longo dos últimos séculos. Esses novos normais parecem, bem, **normais**, como se sempre tivéssemos pensado, sentido e agido desta maneira. Se for esse o caso, por isso que os novos normais são tão disruptivos. Esses novos normais debilitam a maioria das estratégias que as empresas têm adotado há décadas. Eles minam o valor do uso eficiente do capital, que logicamente tem sido um princípio fundamental do capitalismo.

Se você misturar essas seis tendências com a mudança global da centralização no capital para a centralização na informação, a disruptura resultante fica enorme. Aceita-se agora que o uso eficiente do capital não importa para a maioria de nós; este jogo já chegou ao fim. Na verdade, há um novo jogo a ser jogado, em que a informação é utilizada para atender minhas expectativas irracionais sem esforço, de forma previsível e facilmente. Esta mesma informação permite que você compreenda intimamente minhas necessidades e desejos e que me ajude a encontrar o meu senso de propósito no universo.

Além de compreender que esta transição está em curso, os *jerks* alimentam ativamente as nossas expectativas a esse respeito. Livres de todo o esforço que nos trouxe até aqui, os *jerks* conseguem usar esses novos normais para suplantar aqueles que tornaram essas seis coisas normais para nós. Isso é totalmente injusto e ninguém se importa.

Resumo do capítulo:

1. O extraordinário sucesso do capitalismo ao longo dos últimos 200 anos minou em grande parte os princípios em torno dos quais a sociedade tem funcionado.

2. Devido ao sucesso do capitalismo, o crescimento contínuo será determinado por um novo conjunto de regras e expectativas.

3. Esses seis novos normais são: qualidade, ubiquidade, imediatismo, desengajamento, intimidade e propósito.

4. Reconhecer esses seis novos normais e orientar suas estratégias e táticas na direção deles será fundamental para o sucesso futuro.

Capítulo 4
Poder e as quatro trindades

"O poder não concede nada sem uma exigência. Nunca o fez e nunca o fará."
Frederick Douglass

"Precisamos de novas versões da história para permitir nossos atuais preconceitos."
Bill Watterson como Calvin em *"Calvin & Haroldo"*

Bem-vindo ao Capítulo 4. Espero que você tenha passado ileso pelos novos normais, ou talvez você tenha pulado esta parte. Espero que tenha lido e não pulado. O motivo é o seguinte: da mesma forma que a mudança do **capital para a informação**, a mudança para os novos normais muda tudo. Essas duas mudanças sociais ocorrem em níveis estruturais profundos, de modo que precisamos questionar alguns de nossos pressupostos básicos sobre como o mundo funciona.

Isso tudo é inquietante e arrebatador. Eu digo às pessoas o tempo todo: "Se isso não o deixa um pouco desconfortável, então você não está entendendo." Questionar suas crenças básicas sobre o mundo não é fácil. Nossos cérebros foram programados por milênios para avaliar o mundo ao nosso redor, formar uma compreensão sobre como funcionam as coisas e, então, **manter** essa crença ou percepção como nossa maneira de entender o mundo. Esta é a habilidade de sobrevivência que chamamos de aprendizagem, e é muito útil para nós.

De vez em quando somos expostos a algo novo que nos obriga a mudar nossas crenças básicas para que possamos lidar melhor. Nossos cérebros não fazem isso com muita frequência e são menos propensos a aceitar a mudança à medida que ficamos mais velhos, mas ainda mantemos algum grau de plasticidade mental quando envelhecemos. O nosso desafio atualmente é que essas mudanças não vêm até nós gota a gota; na verdade, elas nos inundam em uma enxurrada de mudança constante. É por isso que talvez você se sinta como estando de pé em uma prancha surfando em um *tsunami*, e ainda com patins. É muita mudança para aceitar tudo de uma vez.

Não podemos todos simplesmente conviver bem?

A cooperação é um conceito profundamente enraizado na psique humana. Por milênios, os humanos viveram e, em grande parte, prosperaram juntos usando suas habilidades, conhecimentos e forças coletivas para ajudar a garantir a sobrevivência. Não somos a única espécie a perceber que há força na quantidade. De abelhas e formigas, a lobos, leões, ovelhas, búfalos e até pinguins, muitos animais conseguem resultados melhores trabalhando em conjunto.

Por meio de **cooperação**, os indivíduos obtêm mais do que conseguiriam por conta própria. Seja cercando e dominando as presas (leões e lobos), defendendo-se contra predadores (os rebanhos presas de leões e lobos), protegendo-se contra os elementos (pinguins) ou mantendo o conhecimento comunitário (gansos migratórios e elefantes), a cooperação dá a uma grande variedade de animais uma ajuda em sua competição solitária.

O sucesso dos seres humanos como espécie não era uma conclusão lógica. Nós somos muito mais leves, fracos e lentos do que a maioria dos predadores, como leões, tigres, ursos ou grandes tubarões brancos. Nossos sentidos não são tão bem afinados como os desses animais que podem nos caçar ou como daqueles que poderíamos caçar. Individualmente, os humanos são uma visão muito triste do ponto de vista darwiniano.

No entanto, em algum momento do nosso passado começamos a trabalhar em conjunto e isso, juntamente com nossa cada vez maior inteligência e nosso uso de ferramentas e tecnologia, permitiu que acabássemos dominando o planeta. Embora sempre haja variações dentro de qualquer população, a maioria de nós tem um senso muito forte de comunidade e cooperação, ainda que seja apenas porque os rebeldes, trapaceiros e os misantropos rapidamente perceberam que seriam aperitivos de leões.

Siga o líder

A cooperação é ótima, mas como em tudo na vida, você não recebe algo em troca de nada. Para que os animais cooperem de forma eficaz, alguém tem que estar no comando. Esta é, afinal, a base da cooperação. Um indivíduo toma decisões por todos e todos podem então agir como se fossem um. O problema com essa transação é o seguinte: alguém tem que perder um grau de controle para que outra pessoa ganhe algum controle. Para que haja um líder de um grupo, alguém tem que concordar em ser liderado.

Esta é então a política dos seres sociais. Para que os indivíduos ganhem com a cooperação, alguém tem que dar poder a outro para que os benefícios da cooperação possam se acumular. Alguns, como uma interpretação mais liberal da cooperação poderiam sugerir que as pessoas "se revezam na liderança". Mas quem já teve aulas de estatística sabe que esse curso de ação quase sempre leva a piores resultados do que a ação individual. Não, para obter um desempenho melhor do que a média, aqueles com capacidade abaixo da média devem ceder para aqueles com capacidade acima da média. Caso contrário você acabará sendo igual ao Congresso dos EUA.

Para que uma população se beneficie da cooperação, o poder precisa ser transferido das pessoas com habilidades menores para as com habilidades maiores, a fim de que, coletivamente, o grupo possa produzir resultados melhores. E como transferir poder para outro é um assunto altamente pessoal, muito íntimo e extremamente arriscado. Nós humanos colocamos muito esforço e foco na tentativa de fazer isso direito. Quando optamos por dar poder a outra pessoa, e segui-la, literalmente colocamos nossas vidas nas mãos dela. Portanto, tomar boas decisões sobre a quem dar o nosso poder é fundamental para a nossa própria sobrevivência.

Índices de aprovação do trabalho no Congresso: 2001 – 2015

Você aprova ou desaprova a maneira como o Congresso está lidando com o seu trabalho?

% Aprovação

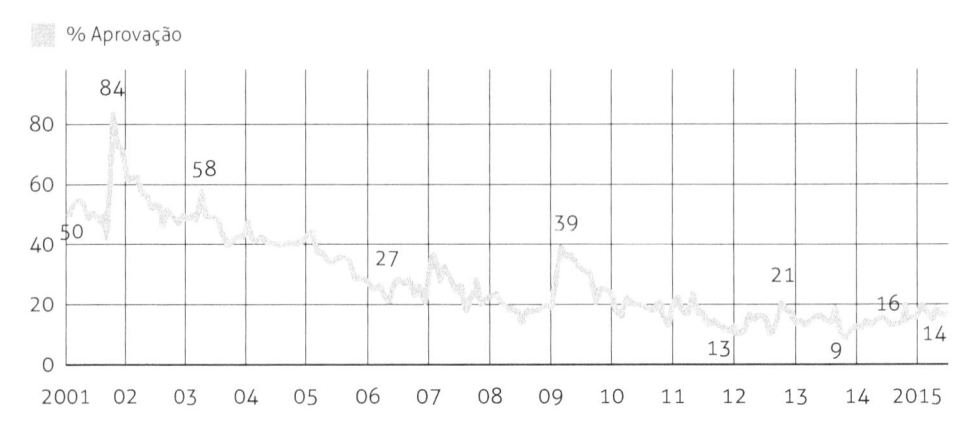

Figura 4.1: Satisfação dos norte-americanos com o Congresso ao longo do tempo.

As trindades do poder

Já faz algum tempo que venho desenvolvendo um modelo dessa transição de poder social e recentemente isso resultou no que eu chamo de **trindades de poder**. Quando entramos em um contrato social cooperativo, o contrato necessita de três coisas para ser eficaz: um meio de distribuição, um meio de aplicação e um meio de controle. O meio de distribuição é o mecanismo utilizado para reunir o poder de um grupo, entregá-lo a um líder e permitir que o líder posteriormente o coloque em uso. O meio de aplicação é como o poder é utilizado para obter o resultado que o coletivo deseja. E, finalmente, deve haver um meio de controlar o poder do grupo. Esse controle é sobre como o poder é aplicado, e que recursos o coletivo possui no caso de alguém renegar o contrato.

Para que o poder em um contrato social seja transferido e usado com eficácia, todos esses três mecanismos devem ser definidos, entendidos e acordados por todas as partes. Se faltar qualquer um desses três elementos ou se alguma das partes do contrato social discordar de um termo, então o contrato não funcionará. Como esses três elementos são interdependentes, e todos são necessários para que os contratos sociais funcionem, eu os chamo de trindade do poder.

Toda vez que um de nós concorda em cooperar com outro há uma trindade em ação no acordo. Caso contrário, o acordo é apenas uma ilusão, ou está condenado a fracassar por falta de estrutura. Se vou concordar em cooperar e seguir outra pessoa, eu quero saber o que estão tirando de mim, como pretendem usar e que benefícios ou possíveis consequências eu terei ao fazer o acordo. Uma vez tendo definido e acordado essas questões, os benefícios podem ocorrer.

As quatro trindades

Embora os elementos da trindade de poder (**distribuição**, **aplicação** e **controle**) tivessem permanecidos os mesmos ao longo da história humana, sua base mudou à medida que nossa sociedade e tecnologia avançaram. Ao elaborar este modelo de como e por que cooperamos, constatei que existiram quatro eras da história humana, cada uma delas com uma trindade diferente em ação. Analisemos uma de cada vez, à medida que a humanidade avançou através dos tempos.

A trindade da ferramenta

Evidências sugerem que os primeiros seres humanos eram nômades caçadores-coletores. Esses grupos moviam-se em torno de um mundo relativamente despovoado e recolhiam o que precisavam conforme se mudavam de um lugar para outro. Sendo nômades, saber quando e onde o clã deveria ir era extremamente importante. Um trecho com frutas ou um pomar selvagem estariam na estação somente por alguns dias a cada ano, de modo que saber que data seria esta, que distância você está do recurso e quanto tempo leva para chegar lá, eram cruciais para a sobrevivência de um clã.

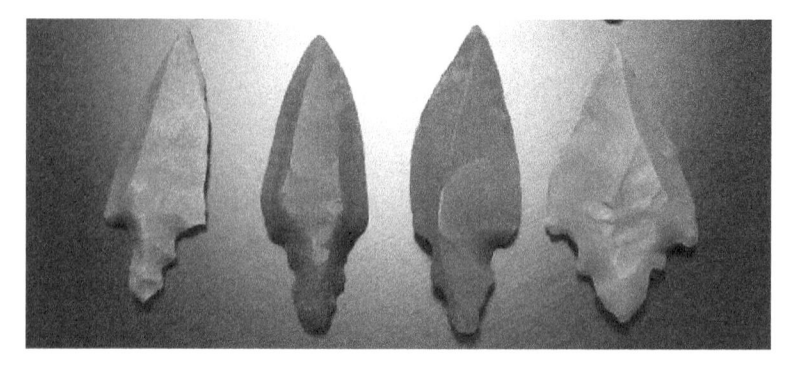

Figura 4.2: O conhecimento das ferramentas determinava quem vivia e quem morria.

Saber para onde ir e quando, e como fazer ferramentas que irão ajudá-lo ao chegar lá era fundamental para a sobrevivência do clã. Se você tivesse este tipo de conhecimento, outros lhe seguiriam de boa vontade para aprender o que você sabia. Portanto, a primeira base de poder na cultura humana foi o **conhecimento**. Se você tivesse conhecimento, você tinha poder.

Os primeiros humanos só conseguiam manter com eles o que podiam carregar e, portanto, espaço e peso eram fundamentais. Se você iria carregar algo junto para todos os lugares, era melhor que fosse um item muito útil. Muitos desses objetos eram ferramentas antigas. Tratava-se de instrumentos que permitiam que essas pessoas colhessem melhor os alimentos e se abastecessem, e para muitos, esses itens eram literalmente a diferença entre a vida e a morte.

Naturalmente, essa base de poder era apoiada por uma trindade e eu chamo essa primeira trindade de **trindade da ferramenta**. O uso de ferramentas deu aos humanos uma das primeiras vantagens em relação aos animais, e o conhecimento sobre como fazer e usar ferramentas assegurava que você fosse o Warren Buffet ou o Bill Gates daquela época.

A trindade da ferramenta consistia dos seguintes três elementos:

- Distribuição – Memórias
- Aplicação – Contar histórias
- Controle – Ensino

Na trindade da ferramenta o poder na forma de conhecimento era transmitido de pessoa para pessoa através de suas **memórias**. Seja saber como fazer uma ponta de seta ou como chegar à próxima depressão com água potável, a memória servia como base para ter e usar o conhecimento. Havia formas primitivas de escrita nessa época, mas isso era tão rudimentar que se tratava basicamente de memória com melhor retenção.

A maneira de aplicar este conhecimento era **contando histórias**. Alguém que detinha um conhecimento o compartilhava com outros por meio de histórias, seja sobre como uma pedra poderia cortar madeira, ou como encontrar uma caverna no próximo vale. O acesso ao conhecimento era controlado pelo **ensino**. Se eu lhe ensinasse como fazer um anzol, você passaria a ter conhecimento e poder; se eu não lhe ensinasse, você não teria nada. A trindade da ferramenta determinava os clãs que prosperariam e os que morreriam, e quem em cada clã seria escolhido para ser xamã. Nesta época, o conhecimento era realmente poder.

A trindade da terra

Com o tempo, os clãs descobriram que nem toda terra foi criada igualmente. Algumas localidades eram claramente melhores para a sobrevivência, e valia a pena ficar parado de vez em quando. Essa compreensão da vantagem do local, quando combinada com a pecuária e agricultura, logo significou que o **lugar** em que você estava era muito importante. Isso iniciou a idade do controle e da propriedade da terra, ecos do que ainda governa o nosso mundo hoje. Na verdade, cada trindade permanece conosco ao longo do tempo, apenas diminuindo de importância à medida que são descobertas novas fontes de poder.

Ao longo de milhares de anos a **terra** tornou-se cada vez mais fundamental para o poder de alguém no mundo. Se você controlava a terra, era poderoso. Caso controlasse terras boas, você era ainda **mais** poderoso. Isso levou à idade dos reis e rainhas, duques e duquesas, barões e baronesas. A aristocracia rural era quem detinha o controle da terra e, portanto, tinha poder sobre aqueles que precisavam ter acesso à terra para ganhar a vida.

Figura 4.3: Hieróglifos egípcios. A agricultura tornou a terra valiosa.

Eu chamo a trindade utilizada para dominar a terra de **trindade da terra**. Os elementos da trindade da terra são:

- Distribuição – Hereditária.
- Aplicação – Edito.
- Controle – Violência.

A terra era distribuída através da **hereditariedade**. Se os seus pais tinham terra, você também teria, após o falecimento deles (pelo menos se você fosse o primogênito). Conforme observado pelo ator Mel Brooks em seu filme intitulado de forma otimista *A História do Mundo – Parte I*: "É bom ser o rei."

A realeza aplicava o seu poder por meio de decretos, ou **editos**. Se um rei queria usar seu poder, ele dizia: "Cumpra-se." Os subordinados obedeciam. Se as pessoas não se submetiam ao poder do rei, o método de controle utilizado nelas era a **violência**. Você era jogado para fora das terras do rei ou era simplesmente morto. A vida era dura para os não membros da realeza na trindade da terra. A trindade da terra reinou suprema sobre a sociedade humana por milênios, e resquícios dela ainda podem ser vistos dentro de alguns tabloides ainda disponíveis nos caixas de supermercados do mundo todo.

Figura 4.4: O ator Mel Brooks como o rei Luís XVI.

A trindade analógica

A Revolução Industrial significou a entrada de uma nova fonte de poder: o **capital**. A terra ainda era importante, mas o capital tomou o lugar da terra como principal determinante de riqueza e poder no mundo. Durante os 200 anos em que temos sido uma sociedade centrada no capital, nosso meio para gerenciar o capital como fonte de poder formou o que eu chamo de trindade analógica. A **trindade analógica** é definida por:

- Distribuição – Burocracia.
- Aplicação – Processos.
- Controle – Regras.

Cada empresa que tem sido bem-sucedida desde a Revolução Industrial descobriu como empregar esses fatores para efetivamente usar o capital para gerar mais riqueza e poder. Como ainda vivemos no fim da cauda da **era do capital**, vamos tomar um pouco mais de tempo para analisar cada um desses três pilares da trindade analógica.

Burocracia – Como o capital é distribuído

Nós conhecemos a **burocracia** pela fila no departamento de Trânsito, ou preenchendo um formulário no hospital. Quando enviamos um formulário em três vias ou aguardamos que nosso gerente aprove nossa requisição de uma caixa de lápis, estamos interagindo com a burocracia.

As burocracias cresceram na **era industrial** porque o capital precisava ser administrado e os livros contábeis eram a única maneira de efetivamente fazê-lo. Durante grande parte da Revolução Industrial, manter livros significava literalmente "manter livros". As organizações registravam cada transação que afetasse o uso de capital em um livro de verdade, real... ou, mais corretamente, dezenas de milhares deles.

Figura 4.5: Ellis Island em Nova York. Esperando na fila: uma tradição norte-americana por mais de 200 anos.

A única maneira de manter o controle de todos esses livros físicos era utilizando os esforços de todo um exército de indivíduos. Pessoas menos graduadas mantinham registros detalhados sobre uma pequena parte do capital de uma empresa. Os resultados de sua escrituração eram enviados para uma pessoa hierarquicamente superior que resumia os resultados em outro livro. Esses resumos eram passados para outra camada de gerência que resumia os resumos, e assim por diante.

Empresas que existiam antes da criação do computador precisavam de amplas hierarquias de burocracia para funcionar. Uma única pessoa conseguia lidar com apenas algumas transações por dia e, portanto, as grandes empresas precisavam de muitas pessoas, tanto para gerenciar as transações individuais como para fazer a supervisão necessária para fornecer uma visão geral do capital da organização.

Sem essas burocracias enormes, as empresas simplesmente não conseguiriam acompanhar todos os materiais que compravam, vendiam e possuíam; ou seja, seu capital. E como a propriedade do capital representava a riqueza, saber o que você tinha e onde tinha era fundamental para o seu sucesso. Embora possamos nos queixar da burocracia, antes da chegada dos computadores ela era o melhor sistema que tínhamos para administrar e gerar riqueza.

Processo – Como o capital é aplicado

As burocracias são grandes, espalhadas (fisicamente) e distribuídas (responsabilidade). Ainda assim, seus resultados tiveram de se harmonizar e se agrupar de maneira a permitir que os executivos seniores tivessem uma visão precisa do capital pelo qual eram responsáveis. Se dezenas ou centenas de departamentos precisavam relatar seus resultados para a gerência, todos tinham que fazê-lo da mesma maneira, ou seria o caos.

Essa necessidade de sincronia, uniformidade e consistência levou a **processos** definidos, que eram o método de gerenciar o capital durante a era do capital. rocessos empresariais definidos foi a única forma com a qual os resultados do trabalho de centenas ou milhares de contadores podiam possivelmente ser consolidados em uma visão única e simples do negócio. Assim, as empresas gastavam enormes quantias de dinheiro definindo como o capital seria obtido, gasto, transformado e consumido, tudo em nome de garantir que a organização continuasse a gerar mais.

A maioria de nós tem experiência com processos centrados em capital. Ao comprar um carro ou uma casa, você provavelmente já passou por esses processos de gestão de capital. Ao solicitar um empréstimo, criar uma carteira de ações ou tentar obter uma licença para fazer algo, você já ficou exposto a tudo isso. Enquanto preenchia os formulários necessários, você fornecia detalhes que a burocracia costumava utilizar para determinar se aquilo que você queria fazer era um bom uso do capital.

Estrutura integrada de gerenciamento do ciclo de vida de aquisições, tecnologia e logística do departamento de Defesa

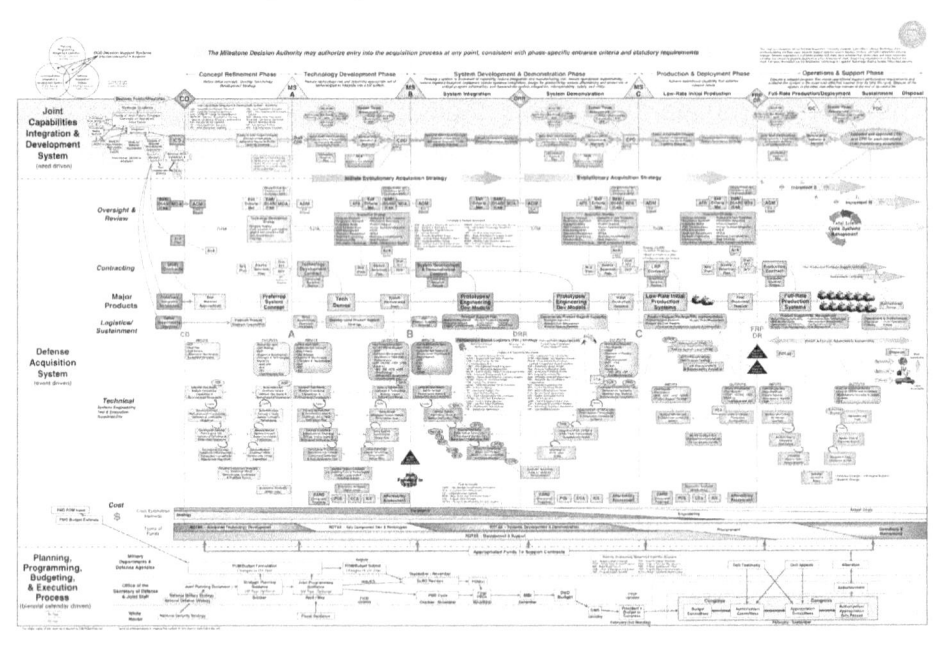

Figura 4.6: Processo de compras do departamento de Defesa dos EUA.

Muitos de nós que atuamos no negócio de processos empresariais passamos nossas carreiras inteiras tentando imaginar como fazer isso de forma mais rápida e eficiente, como um meio de melhorar nosso controle sobre o capital. Reduzimos os tempos do ciclo, simplificamos as aprovações, automatizamos a coleta de informações e assim por diante, mas sempre com o pressuposto de que o processo em si era absolutamente necessário. Por isso que os processos fazem parte desta trindade. Não poderíamos imaginar trabalhar sem eles.

Regras – Como o capital é controlado

Finalmente, as organizações centradas no capital necessitavam de **regras**, de modo que suas burocracias pudessem realmente utilizar os processos de maneira previsível e eficaz. As regras empresariais conduzem quase todos os aspectos de como funcionam as organizações centradas no capital. Elas são as afirmações se/então em nossos processos de negócios. Elas são as guardiãs e as donas das chaves em nossas burocracias, que garantem que nosso capital está sendo gerenciado com sabedoria. Se os processos permitiam que todos os membros de uma burocracia contribuíssem para a organização de forma harmoniosa, as regras asseguravam que eles realmente o fizessem.

Figura 4.7: Uma cópia completa da Lei de Assistência Médica Acessível, ou "Obamacare".

A sociedade capitalista adora, e insisto **adora**, regras. Nossos governos criam cada vez mais agências cuja única finalidade é criar e impor mais e mais regras. Em resposta, as empresas são forçadas a criar cada vez mais funções e departamentos para garantir que essas regras sejam seguidas. Com o tempo, essas regras foram se acumulando e as burocracias cresceram a tal ponto que agora existem em grande parte só para existir. A principal finalidade dessas estruturas é assegurar sua própria sobrevivência, independentemente de seu peso para a nossa sociedade e economia.

Ineficiente, mas mais rápido

Esta trindade analógica tem sido a base da estrutura organizacional por 200 anos. Ela permitiu que uma sociedade centrada no capital se estabelecesse, crescesse e, finalmente, assumisse o controle. Certamente tinha seus defeitos, mas realisticamente, dentro das restrições tecnológicas da época, a trindade analógica nos serviu bem. Foi somente depois que o computador entrou nas empresas nos anos 1960 e 1970 que começamos a ver um espaço para melhorias.

A **automação** foi concebida com o objetivo de fazer as mesmas coisas que sempre fizemos, só que mais rápido. Sistemas informatizados em grande escala foram concebidos para replicar exatamente o que era feito no mundo analógico. Eu passei muitas horas tentando documentar precisamente como o meu empregador utilizava a trindade para gerenciar o capital, para que pudesse ser replicado no *software* do computador. Como os computadores eram muito melhores que as pessoas para fazer tarefas como escrituração, e realizavam essas mesmas tarefas em escala bem maior, muita melhoria foi obtida inicialmente automatizando a trindade analógica.

No entanto, ao acelerar nosso modo de fazer as coisas da mesma maneira antiga, percebemos que essa rapidez era em si mesma disruptiva. Antes de termos computadores era uma tarefa monumental "fechar" os livros de uma empresa a cada trimestre (aliás, por isso que ainda temos relatórios trimestrais). Tendo automatizado o processo, podíamos fazer isso durante o fim de semana. Antes de os computadores serem amplamente utilizados, os gerentes eram considerados altamente produtivos se gerassem um memorando de rascunho final por dia. Antes dos computadores, um almoço regado a três martinis não apenas era possível, como muitas vezes considerado uma força necessária para se conseguir um memorando completo até o final do dia!

Enigma computacional

Na década de 1990, a maioria das empresas tinha implantado sua primeira geração de *software* de automação de processos empresariais. Quando o fizeram, rapidamente ficou claro que muitos aspectos da trindade analógica não se traduziam bem no mundo digital. As burocracias podiam facilmente ser replicadas em hierarquias de bancos de dados, mas o mesmo não ocorria com as políticas e relações que definiam essas burocracias. Os processos empresariais podiam ser definidos e escritos em códigos de software, mas todas as externalidades que faziam os processos realmente funcionar eram muitas vezes perdidas na tradução. E todas as regras empresariais que controlavam o fluxo e refluxo dos dados pela organização podiam ser definidas nesses sistemas informatizados, mas em nenhum lugar era praticável capturar todas as exceções, nuances e alternativas possíveis às regras que eram necessárias para a empresa ser eficaz.

Eu trabalhei em muitos desses projetos naquela época e os desafios que enfrentávamos ao tentar digitalizar a Trindade Analógica podem ser resumidos em uma única frase: reengenharia de processos de negócios (BPR na sigla em inglês). A BPR foi um **enorme** tema de discussão na década de 1990. De fato, minha primeira tentativa de escrever um livro de negócios foi neste período, quando nos esforçávamos par automatizar um conjunto de ferramentas e princípios empresariais que nunca foram concebidos com a intenção de serem automatizados.

Diagrama circular com 8 etapas:
1. Desenvolver visão e objetivos
2. Compreender os processos existentes
3. Identificar processo para reformular
4. Identificar alavancas de mudança
5. Implementar o novo processo
6. Tornar o novo processo operacional
7. Avaliar o novo processo
8. Melhoria contínua em curso

Centro: REENGENHARIA DE PROCESSOS DE NEGÓCIOS

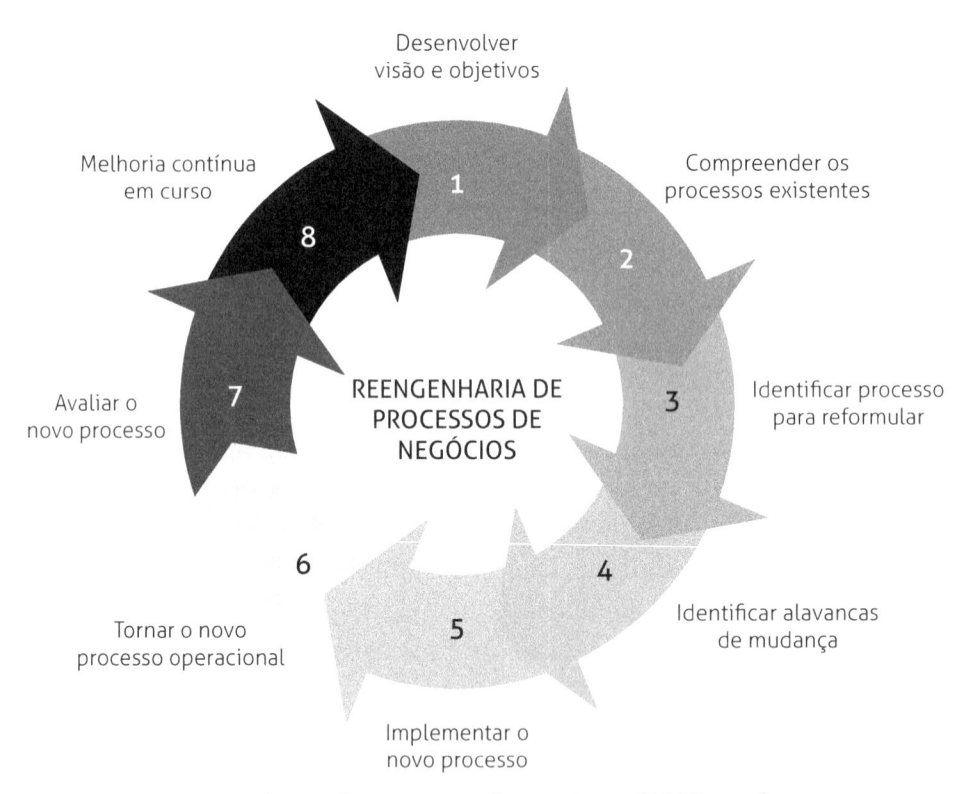

Figura 4.8: Reengenharia de processos de negócios (BPR), moda nas empresas nos anos 1990.

A BPR foi um pesadelo para todos os envolvidos. Para o pessoal de negócios, isso significou desaprender tudo o que você havia aprendido, rejeitando coisas pelas quais você era medido e recompensado, e operando a velocidades que você nunca acreditou ser possível. Para o pessoal técnico, você tinha que tentar replicar o tipo de pensamento condicional, analógico, "bem, isso depende", das organizações como uma coleção de lógica sim ou não definitiva – pois isso é tudo o que os computadores podiam entender. E o pessoal da administração precisava ser convencido que todos esses gastos em novas tecnologias estranhas ajudariam realmente a controlar o capital de forma mais eficaz.

A era da BPR foi lucrativa para muitas consultorias e empresas de *software* que foram suficientemente corajosas para tentar enfrentar esses problemas. Muitos aprenderam bastante nessa tentativa de digitalizar a trindade analógica, mais frequentemente pelos fracassos do que pelos sucessos. Essa tentativa de transição da **trindade analógica** para a **trindade digital** foi inevitavelmente dolorosa, pois o capital e a informação não eram a mesma coisa, e devem ser criados, consumidos e gerenciados de maneiras diferentes.

É verdade que esta tecnologia da informação nos ajudou a administrar melhor o capital no final do século passado. Muitos ganhos foram obtidos e muitos investimentos na automatização da gestão do capital renderam frutos durante esses 25 anos. No entanto, muitos de nós que estávamos trabalhando na digitalização da trindade analógica perdemos completamente a noção do que significava a TI. Ela não era valiosa porque ajudaria a gerenciar melhor o capital. Na verdade, a TI era valiosa porque nos dava algo inteiramente novo para gerenciar.

Dando as boas-vindas à trindade digital

A mistura de PCs, *softwares* empresariais e a Internet fundamentalmente mudou o modo como as empresas funcionavam, ou assim pensávamos. O que antes demorava semanas, agora levava horas. O que costumava exigir uma viagem de campo até uma fábrica podia agora ser visto instantaneamente em um computador de mesa a centenas de quilômetros de distância na sede. O PC conectado nos permitiu automatizar a trindade analógica de forma a melhorar em muito a nossa produtividade e a nossa capacidade de gerenciar o capital. O crescimento geral da produtividade nas décadas de 1980 e 1990 foi um resultado direto.

No entanto, nosso acesso e familiaridade com os PCs e a Internet fizeram algo mais por nós: apresentou-nos um portador totalmente novo de valor econômico – a **informação**. Na década de 2000 havia tantas pessoas passando um tempo razoável de lazer na Internet que começamos a valorizar essa coisa chamada informação de novas maneiras. De repente, as pessoas podiam saber coisas que nunca souberam antes e podiam encontrar coisas que nunca encontraram antes. Além disso, as pessoas podiam criar coisas que nunca criaram antes, e muitas vezes encontrar uma audiência para esses produtos de informação, o que continuava a alimentar todo esse processo.

A Remuneração total aumenta com a produtividade

ÍNDICE LOG

Mudança desde o 1º Trimestre de 1973: Produtividade +100%, Remuneração +77%

Figura 4.9: Produtividade dos EUA ao longo do tempo.

Do bronze aos navegadores aos bilhões

Em algum momento da história humana, algumas pessoas decidiram utilizar o fogo para algo diferente do que cozinhar carne e ficar aquecido. Elas derreteram algumas rochas esverdeadas, transformando-as em um metal alaranjado: cobre. Em seguida, alguém misturou esse material com um pouco de estanho fundido, criando o bronze, e uma nova era da história humana nasceu. Muitos ficaram felizes em continuar com seus cozidos e aquecimento, enquanto outros viram na nova tecnologia do fogo um modo de vida inteiramente novo.

Na virada do século XXI, muitos ainda lutavam para digitalizar a trindade analógica. Todo o fiasco da virada do milênio como que nos mostrou como estávamos longe de fazer as coisas melhores em vez de piores. Mas, em geral, nossos esforços geraram muitas melhorias no modo como a nossa sociedade gerenciava o capital. Ao mesmo tempo, algumas almas corajosas começaram a perceber que esta abordagem passava completamente ao largo do verdadeiro sentido da TI.

Pessoas como Steve Jobs (pelo menos a versão 3.0 de si mesmo), Jeff Bezos, Mark Zuckerberg, Sergey Brin e outros começaram a perceber que a informação tinha valor em si mesmo, independentemente de sua associação com o capital. Este foi um grande *insight*, e aqueles que detectaram primeiro estão entre as pessoas mais ricas do mundo hoje. Essas pessoas perceberam que a digitalização do capital era como colocar rodas em um burro. O burro poderia até ficar mais rápido, mas ele realmente não foi feito para isso, não gostaria desse aparelhamento e havia maneiras mais eficazes de utilizar as rodas.

Esses primeiros capitães da informação perceberam que uma trindade diferente era essencial para gerenciar informações e implementaram uma nova trindade digital com zelo. A **trindade digital** inclui:

- Distribuição – Mobilidade
- Aplicação – Mídias Sociais
- Controle – Análise

A trindade digital gerenciava as informações da mesma forma que a trindade analógica nos permitia gerenciar o capital. O novo meio demandava novos mecanismos. As velhas formas de fazer as coisas eram pinos quadrados para furos redondos. Aquelas pessoas pararam de tentar automatizar o passado e, em vez disso, abraçaram o futuro, criando novas riquezas a partir de novas fontes, de novas maneiras. Veja como.

Mobilidade – Como a informação é distribuída

A mobilidade é essencial para a trindade digital. Pois queremos produzir, consumir e gerenciar informações o tempo todo. De fato, o contexto, ou nosso lugar no espaço e no tempo, é talvez a parte mais valiosa da informação que todos nós usamos. A mobilidade começou com o telefone celular, aquele antigo dispositivo que costumava ser do tamanho de sua cabeça e que realmente usava o seu crânio como antena. Quando nos acostumamos com a ideia da conversa móvel, ficamos expostos à ideia de redes sem fio, ou WiFi, e as coisas nunca mais foram as mesmas.

Além de nos permitir acessar informações em qualquer lugar, a mobilidade nos fez também **querer** acessar informações em qualquer lugar. Pense em como você usa o seu *smartphone* hoje. Ao ter dúvida a respeito de algo (o significado de determinada palavra, que time venceu o campeonato de 1963, qual o peso atômico do polônio em todas as suas formas, e assim por diante), você simplesmente puxa o seu telefone e procura. O Google agora responde bilhões dessas perguntas todos os dias. O que fizemos com todas essas perguntas antes de existir um Google? Esta é uma excelente pergunta. Alguns dizem que a atual geração de vinte e poucos anos é a mais burra de todos os tempos! Eu diria que o volume de perguntas que agora são feitas e respondidas, em vez de perguntar e ficar sem resposta, sugere o contrário.

Ano	Quantidade anual de pesquisas no Google	Quantidade de pesquisa por dia
2013	2.161.530.000.000	5.922.000.000
2012	1.187.910.000.000	5.134.000.000
2011	1.722.071.000.000	4.717.000.000
2010	1.324.670.000.000	3.627.000.000
2009	953.700.000.00	2.610.000.000
2008	637.200.000.000	1.745.000.000
2007	438..000.000.000	1.200.000.000
2000	22.000.000.000	60.000.000
1998	3.600.000 *Primeiro ano oficial do Google	9.800

Figura 4.10: Estatísticas de pesquisas no Google.

A mobilidade também nos permitiu participar constantemente da economia da informação. Antes de 2000, as pessoas iam ao trabalho, em seguida curtiam algum tempo de lazer e depois passavam algum tempo dormindo. Agora essas distinções estão completamente indefinidas. Em uma pesquisa de 2014 de pessoas com menos de 30 anos de idade nos EUA, mais de 80% afirmaram que dormiam com seus *smartphones* ao seu lado. Eu sou culpado também, e desejaria que não fosse. Nossa conectividade perpétua com a economia da informação nos compele a participar perpetuamente, seja como produtor, consumidor ou gestor de informações. Essa conectividade cumpre o mesmo propósito que as burocracias na economia do capital. Nossa conectividade mantém as coisas em movimento, mantém a criação de matéria-prima e continua gerando produtos acabados no mundo da informação.

Mídias sociais – Como a informação é aplicada

As **mídias sociais** representam o próximo elemento da trindade digital. Enquanto a mobilidade proporciona o mecanismo para conectar e contribuir para a economia da informação, as mídias sociais representam como o fazemos. Eu uso a expressão mídias sociais pensando em algo muito mais amplo do que apenas Facebook, Twitter e Instagram. Em minha definição refiro-me ao reforço da informação através da contribuição social. Nossas comunicações na Internet são a matéria-prima da economia da informação. O que dizemos e fazemos com essas comunicações são os processos de valor agregado que transformam a matéria-prima em produtos acabados de maior valor.

Nós criamos valor na informação através de nossa contribuição coletiva. Não basta que você ou eu façamos uma postagem no Facebook. Isso é apenas matéria-prima e como a maioria de nós sabe, tem um valor mínimo. Meu *post* começa realmente a ficar valioso quando outros adicionam a ele através de seus comentários, reposts ou retuítes, emojis e assim por diante. As pessoas vêm contribuindo com conteúdo para a Internet há quase 30 anos. Mas o poder da **economia da informação** realmente surgiu assim que permitimos que cada um contribuísse para o conteúdo do outro, criando novo valor em consequência.

Análise – Como a informação é controlada

Por fim, a análise representa o mecanismo para controlar como a informação ganha, retém e multiplica em valor. Utilizamos análise avançada para pesquisar, identificar e utilizar novos *insights*, a fim de criar mais informações novas. Em um oceano de ruído aparentemente sem sentido que é a Internet contemporânea, a análise nos permite encontrar a informação que tem valor ou que **poderia** ter valor e, então, fazer algo útil com ela.

É por isso que se presta tanta atenção aos megadados, análise preditiva, aprendizagem automática, inteligência artificial e assim por diante. Através da análise é possível explorar o vasto deserto de fotos de gatos felpudos, falsos perfis de namoro e ofertas imperdíveis de um príncipe nigeriano privado de seus direitos civis para encontrar e criar riqueza através deste novo meio de informação. As empresas que fazem a análise direito se qualificam para praticamente herdar o planeta. Aquelas que não o fazem, provavelmente manterão estoques gigantescos de dados, e ainda assim não perceberão que todos esses dados são puramente um custo de capital **até que você faça algo com eles.** Ter dados sem analisá-los é como carregar rochas auríferas sem nunca extrair o ouro delas. É pesado, é difícil e é pior do que inútil. Somente através da análise dos dados que todos nós geramos é que o valor real pode ser identificado e aproveitado em uma economia da informação. Assim como as regras empresariais garantiam que as organizações maximizassem o valor do capital, a análise dos dados assegura que eles maximizem o valor da informação.

Resumo do capítulo:

1. A cooperação entre indivíduos requer um contrato social. Nesse contrato, alguém ganha poder e alguém dá poder, a fim de gerar melhores resultados para todos.

2. O poder é a moeda dos contratos sociais, e a fonte de poder na sociedade humana mudou ao longo do tempo, em função dos avanços sociais e tecnológicos.

3. O poder na sociedade é administrado por meio de três mecanismos: distribuição, aplicação e controle. Esses três mecanismos formam a trindade do poder.

4. Ao longo do tempo, existiram quatro fontes diferentes de poder na sociedade humana e, portanto, quatro trindades de poder diferentes. As quatro fontes de poder são conhecimento, terra, capital e informação. As quatro trindades são ferramenta, terra, analógica e digital.

5. Nenhuma trindade desaparece completamente quando surge outra, mas o predomínio de cada uma efetivamente muda ao longo do tempo. Atualmente estamos vivendo no final da era do capital, e a nova era da informação está trazendo à tona a nova trindade digital como base para o gerenciamento da riqueza e do poder.

SEÇÃO II

As "doze práticas sujas de ser um *jerk*"

No filme de 1967, *Os Doze Condenados*, o ator Lee Marvin interpretava um major rebelde do Exército norte-americano na Segunda Guerra Mundial. Seus superiores reconheceram sua natureza rebelde e usaram isso para lhe atribuir uma tarefa impossível, muito atrás das linhas inimigas. O personagem de Marvin sabia que sua única chance de cumprir a missão seria quebrar todas as regras e desafiar a sabedoria convencional. Ele recrutou 12 soldados, cada um deles sentenciado à morte por crime capital, para executar esse plano impossível. No final, esses **doze condenados** cumpriram sua missão e realizaram o que ninguém acreditava que poderia ser feito.

E o mesmo vale para os *jerks*. Os *jerks* rejeitam propositadamente a visão dos analógicos que eles procuram substituir e disputam um jogo completamente diferente. Eles não ignoram a trindade analógica; na verdade, eles usam a adesão dos analógicos a esta trindade para derrotá-los em seu próprio jogo. Os *jerks* contornam os analógicos e usam a trindade digital para procurar e criar riqueza de informação.

Acontece que existe uma fórmula para causar essa disrupção. Existe uma receita para promover a trindade digital à custa dos analógicos e de sua trindade. Esses doze princípios, ou as "doze práticas sujas de ser um *jerk*" definem como os *jerks* fazem o que eles fazem, como e por que eles têm sucesso e por que os analógicos têm tanta dificuldade para se defender contra eles.

As "doze práticas sujas de ser um *jerk*" são:

1. Usar o capital de outras pessoas.
2. Substituir o capital por informação.
3. Foco no contexto, e não no conteúdo.
4. Eliminar o atrito.
5. Criar *webs* (redes) de valor, não cadeias de valor.
6. Inverter economias de escala e escopo.
7. Vender com e através de, não para.
8. Imprimir seu próprio dinheiro.
9. Desrespeitar as regras.
10. Buscar a cauda longa.
11. Fazer e depois aprender.
12. Olhar para frente.

Na próxima seção, analisaremos cada um desses princípios e explicaremos como e por que eles causam disruptura.

Capítulo 5
Jerks usam o capital de outras pessoas

> *"Dinheiro não é riqueza.*
> *Dinheiro é alegação de riqueza."*
> **David Korten**

> *"Um homem é geralmente mais cuidadoso com seu*
> *dinheiro do que com seus princípios."*
> **Ralph Waldo Emerson**

A **regra nº 1** é simples e poderosa: os *jerks* não se concentram na criação, gestão e investimento do capital. Na verdade, eles se preocupam com a criação, gestão e investimento de informação. Não estou sugerindo que essas companhias não precisem ou não utilizem o capital, longe disso. Mas as empresas *jerk* são concebidas, nascem, crescem e amadurecem como organizações centradas em dados, ao invés de centradas no capital. A distinção pode parecer sutil, mas não é. As empresas tradicionais ainda seguem a trindade analógica, de modo que utilizam os dados para administrar melhor o seu capital. As *jerks* seguem a trindade digital e, portanto, usam o capital para administrar melhor os seus dados. As *jerks* utilizam os dólares de capital para acumular dados, que então analisam, gerenciam, acumulam, vendem, exploram e, finalmente, comercializam ou vendem a fim de gerar riqueza.

Como isso é diferente das empresas existentes? Ao contrário das empresas tradicionais, as *jerks* reconhecem que a mudança de poder descrita na Seção I está em andamento. Ela é inevitável. Eles se alinharam com esta nova realidade e, ao fazê-lo, posicionam-se para dominar o negócio que escolheram. As *jerks* concentram-se na trindade digital, ao invés de na trindade analógica, e aproveitam os seis novos normais para transformar a informação em riqueza e poder. As empresas analógicas são centradas no capital em todos os aspectos do que fazem. Seus processos, seus relatórios, suas regras, e até mesmo o cargo de seus executivos giram todos em torno do capital. Ao se referir a um "controlador", elas estão se referindo a alguém que controla o capital. Ao discutir um de seus processos de aprovação, este processo é quase certamente algo que controla a movimentação ou despesas de capital. E se estiverem analisando algum relatório sobre o desempenho dos negócios, as medições utilizadas muito provavelmente discutem o desempenho do capital, e não outra coisa. Essas organizações simplesmente não conseguem entender um mundo que **não** se organize em torno do capital; elas sequer registram tal coisa.

As empresas *jerks* veem o mundo de forma diferente. Elas veem valor no acesso (mobilidade), interesse (mídias sociais) e tendências (análise). Os insumos tradicionais de produção, valor e produtividade são apenas conhecimento, algo para ocupar espaço e ambiente.

Isso pode parecer simplista demais, mas vamos analisar alguns exemplos para demonstrar como isso está funcionando.

Como as *jerks* geram riqueza?

Os exemplos dessas novas empresas voltadas para informações são abundantes. Muitos dos nomes você já conhece, como Uber, Airbnb, Doctor On Demand, Lyft, Turo, Simple Bank, FarmLogs ou Convoy. Outros estão apenas começando ou talvez sejam apenas uma ideia na mente de alguém. Mas se você seguir qualquer fonte tradicional de mídia parece que essas organizações aparecem constantemente nas notícias. Praticamente toda semana eu discuto os tópicos deste livro com executivos. Um pouco antes de cada reunião eu pego um grande jornal ou revista, navego em um aplicativo de notícias ou assisto a 15 minutos de programação de notícias. Invariavelmente, encontro uma reportagem sobre algum *jerk* fazendo algo novo e inovador, e causando disruptura.

Essa cobertura permanente dos *jerks* não é acidental, pois, de acordo com a trindade digital, o simples fato de falar sobre uma organização aumenta o seu valor. Muitos executivos de empresas tradicionais ficam irritados com os *jerks* receberem tanta cobertura, sem reconhecer que esta **é** a estratégia deles. Ser falado em mídias sociais, onde quer que as audiências estejam, e criar dados para analisar representam exatamente o propósito dessas empresas. Elas não procuram a cobertura da mídia porque querem se gabar; elas fazem isso porque lhes dá poder em um mundo centrado na informação.

As empresas analógicas tentam maximizar o retorno sobre seu capital para otimizar seus processos, regras e burocracias. Os *jerks* maximizam a riqueza atingindo as pessoas onde quer que elas estejam, sendo notado e falado e, depois, descobrindo como maximizar essas conversas. As empresas analógicas gastam dinheiro em *marketing* e publicidade a fim de vender mais produtos e serviços. Os *jerks* incentivam conversas entre seus clientes porque é a conversa que tem valor, não o resultado da conversação.

Gastos com publicidade em dispositivos móveis nos EUA 2009-2014

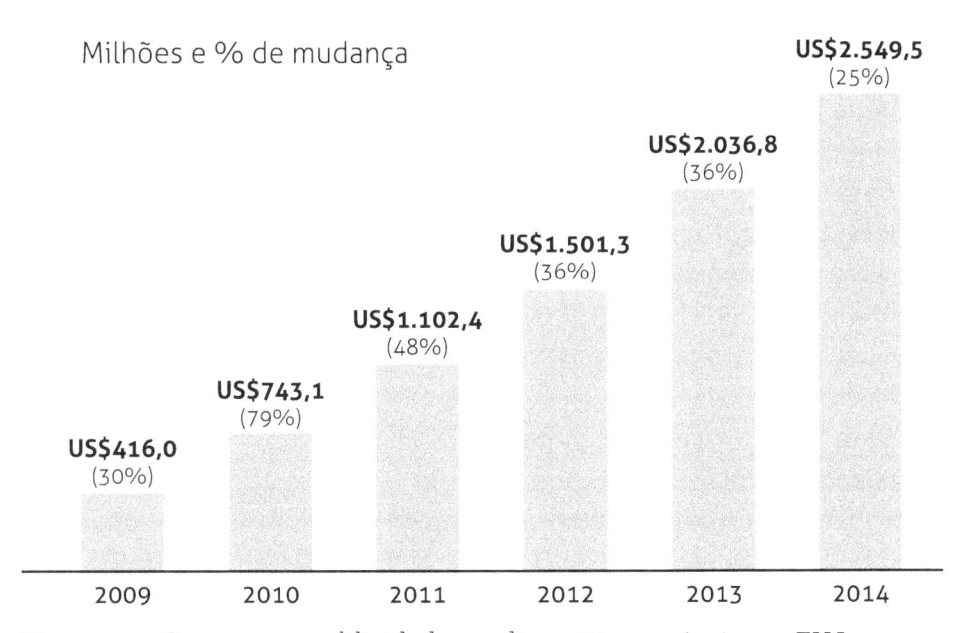

Ano	Valor	% de mudança
2009	US$416,0	(30%)
2010	US$743,1	(79%)
2011	US$1.102,4	(48%)
2012	US$1.501,3	(36%)
2013	US$2.036,8	(36%)
2014	US$2.549,5	(25%)

Figura 5.1: Gastos com publicidade em dispositivos móveis nos EUA.

Se você passou sua carreira no mundo analógico, centrado no capital, isso tudo provavelmente soa como um disparate. Publicidade não é um centro de lucro, é um centro de custo. *Marketing* não é uma venda, é como você chega a uma venda. Temos definido vagamente algumas relações entre publicidade e geração de capital, mas simplesmente levar as pessoas a falar sobre o seu produto ou serviço não tem nenhum valor. Trata-se apenas de um meio para chegar a uma venda onde o valor é gerado.

No mundo analógico, isso está totalmente certo. No mundo digital onde vivem os *jerks*, esse pensamento está totalmente errado.

As exceções que provam a regra

Para enfatizar o argumento, veja o caso das empresas futurísticas criadas por Elon Musk: SpaceX e Tesla Motors. Ambos os negócios são altamente intensivos em capital. De fato, trata-se de automóveis e foguetes, exemplos típicos da indústria pesada. Essas empresas parecem ser totalmente da trindade analógica, e Elon Musk é constantemente retratado como o renegado que se atreve a desafiar o velho pessoal da era do capital em seu próprio jogo. As empresas existentes que dominam essas duas indústrias continuamente preveem o eventual fracasso da SpaceX e da Tesla, enquanto se realinham para derrotar esse arrivista.

Será que conseguirão? Elon entende toda essa coisa de trindade digital e dos seis novos normais, mas também parece entender que a transição levará um tempo. Claramente, trata-se de um indivíduo motivado e impaciente e, portanto, em vez de esperar pela transição, Elon Musk a está forçando para cima de nós. Ele efetivamente atua em ambos os mundos com as duas visões de mundo, e faz isso razoavelmente bem. Eu não apostaria contra.

Elon Musk pegou sua riqueza inicial de capital, não desprezível, e utilizou-a para construir um possível concorrente dos tradicionais participantes da indústria automobilística e espacial. Essas duas indústrias estão profundamente impregnadas pela mentalidade do capital. Quando se trata da trindade analógica elas estão totalmente preparadas. Para concorrer com elas de igual para igual, você precisaria realmente replicar grande parte do mesmo investimento de capital, que é de uma ordem muito elevada para qualquer pessoa.

Preço das ações da Tesla desde o IPO de junho de 2010

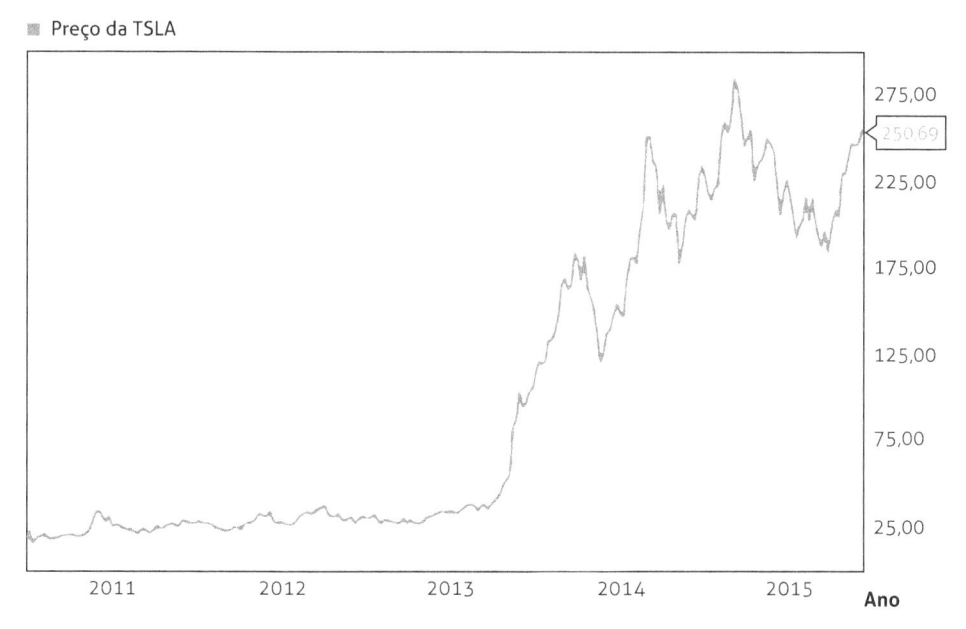

Figura 5.2: O preço das ações da Tesla Motors.

Elon Musk tinha apenas capital suficiente para fazer parecer que estava desperdiçando uma fortuna. Ele tem sido citado ao dizer, "a melhor maneira de ganhar um milhão na indústria espacial seria começar com um bilhão". Ao lançar as duas empresas, Elon Musk quase que faliu, pois as barreiras à entrada foram estabelecidas em um patamar muito elevado pelos concorrentes entrincheirados.

Mas é aqui que a passagem do analógico para o digital começou a mudar as regras. Depois de um tempo, a SpaceX e a Tesla não pareciam mais uma ideia maluca, elas começaram a parecer interessantes. As duas empresas começaram a fazer aquilo que os concorrentes acreditavam ser impossível: criar um **carro elétrico** que não suga energia; criar um **foguete barato e confiável que fosse reutilizável**. Elon Musk começou a fazer coisas que as empresas ainda totalmente envolvidas na trindade analógica acreditavam ser impossível; como as suas burocracias, processos e regras lhes diziam que aquelas coisas eram impossíveis, isso passou a ser verdade para elas.

	Tesla	GM	Ford
Valor da empresa (VE)	$28 bilhões	$81 bilhões	$152 bilhões
Receita (12 meses)	$3.8 bilhões	$152 bilhões	$145 bilhões
Margem bruta	26%	12%	14%
EBITDA (12 meses)	-$184 milhões	$13,5 milhões	-$13,2 milhões
Nº de funcionários	10161	216000	187000
VE/Receita	7,38 x	0,53 x	1,05 x
Receita/ Funcionários	US$ 373.979	US$ 703.704	US$ 775.401

Figura 5.3: Múltiplos de receita para companhias automobilísticas, janeiro de 2010.

Logo, a SpaceX e a Tesla começaram a superar as probabilidades e a produzir resultados impossíveis. Em vez de silenciar os que duvidavam, isso os fez protestar ainda mais alto. Foi nesse momento que a trindade digital começou a assumir. Quanto mais os pessimistas falavam sobre a Tesla e a SpaceX, mais todos falavam sobre elas. Esse aumento no ruído passou a se retroalimentar e a acelerar. Logo todo mundo estava falando sobre essas empresas porque todo mundo estava falando sobre essas empresas.

Então aconteceu uma coisa engraçada. As duas empresas começaram a ficar mais valiosas. Pouco depois de ambas parecerem ter atingido o fundo do poço, elas deram uma virada e viram disparar a sua popularidade e valor de mercado. Logo, toda a falação sobre a SpaceX e a Tesla cresceu tanto e tão rapidamente que essas duas grandes empresas tradicionais, da indústria pesada, capital intensiva, de retorno sobre o investimento de 4%, estavam recebendo avaliações em relação às receitas que pareciam mais com as de uma *startup* da Internet do que de uma antiga empresa cansada.

Isso irritou muito as concorrentes analógicas existentes, pois não parecia apenas injusto, parecia irracional. As avaliações que essas duas empresas recebiam pareciam desafiar todas as regras e lógica estabelecidas pela trindade analógica. As avaliações pareciam mais como avaliações da trindade digital, porque efetivamente eram. E as avaliações de ambas as empresas continuam a subir à medida que as duas desafiam as regras, preconceitos e restrições de seus concorrentes. Nenhuma delas está jogando conforme as antigas regras analógicas; elas estão jogando pelas novas regras digitais, em conformidade com os seis novos normais.

O capital não está morto. Ele apenas é irrelevante

Existe um segredo de polichinelo nisso tudo. Há um motivo que explica por que os *jerks* conseguem criar valor do nada em um mundo ainda dominado pelo capital e não ainda dominado pela informação; alguém já fornece o capital. Nada do que estou dizendo pretende sugerir que as pessoas ainda não querem ou precisam de coisas – longe disso. Mas quando eu sei que o que eu quero está prontamente disponível, é o **como, quando, onde** e, acima de tudo, o **por quê** que eu valorizo mais. Enquanto houver empresas existentes trazendo capital para o jogo, os *jerks* conseguem passar por cima desta necessidade e satisfazer todas as necessidades dos clientes que ainda não foram atendidas.

Falamos sobre isso o tempo todo, e é quase uma brincadeira. Os *jerks* não fazem sentido no mundo físico e analógico. O Uber é muitas vezes descrito como a maior companhia de táxis do mundo, que não possui nenhum táxi. O Airbnb é a maior rede de hotéis do mundo e, no entanto, não possui nenhum hotel. O Netflix é o maior cinema do mundo, mas não possui nenhum cinema. Em cada um desses exemplos, um jerk simplesmente descobriu que, desde que **alguém** forneça o capital, os clientes valorizam outra coisa.

Conforme discutimos com os seis novos normais, o capital é notado apenas quando está ausente. Desde que esteja lá, nós não nos importamos mais com isso. Eu me preocupo em chegar ao meu destino, não com quem fornece o táxi. Eu me preocupo em ter minha doença diagnosticada, não com a bonita decoração do consultório do médico. Pouco me importa se as poltronas do cinema são confortáveis, pois elas nunca se compararão com o sofá em minha própria casa. Todos os nossos esforços para utilizar melhor o capital funcionaram, mas parece que funcionaram bem demais.

Este é o resultado de 200 anos tentando administrar o capital de forma ideal e assegurar que os clientes tivessem o que precisavam e queriam. As empresas analógicas tiveram tanto sucesso nisso, que se fizeram necessárias, mas em grande parte irrelevantes.

Dinheiro de outras pessoas

Assim, o modelo de ser um *jerk* requer que alguma outra pessoa forneça o capital antes que eles possam lucrar. Eles podem fornecer toda a cobertura e comentários de uma partida de tênis, desde que alguém forneça a quadra, raquetes e as bolas. Desde que esteja assegurado o acesso aos produtos e serviços intensivos em capital, os *jerks* estão posicionados para capturar todo o valor existente a partir de seu uso. É assim que eles monetizam a informação, de acordo com a trindade digital.

Alguns *jerks* não esperam a chegada do capital; eles mesmos providenciam. Elon Musk teve que fornecer seus próprios foguetes para provocar a disruptura na indústria espacial, pois nenhuma empresa existente venderia um foguete de US$100 milhões através de um aplicativo. A Tesla teve que **primeiro** provar que um carro elétrico poderia percorrer 400 quilômetros com uma única carga antes que alguém entrasse na fila para pagar US$100.000 por um carro. Mas quando existem empresas que fornecem o capital que os consumidores anseiam, os *jerks* conseguem rapidamente tirar a intermediação dos fornecedores em relação aos clientes e assumir o controle de toda a cadeia de valor.

A FarmLogs não vende aos agricultores os fertilizantes que eles colocam em suas plantações. Uma corporação de 150 anos de idade, de capital intensivo, verticalmente integrada, de capital aberto, multibilionária é que faz isso. A FarmLogs lhes diz a melhor hora e local para usar esse fertilizante para fazer com que suas plantações cresçam da forma mais eficaz possível.

O Uber não financia, compra, administra, mantém ou abastece os táxis; ele apenas garante que você seja pego o mais rápido e convenientemente possível por alguém que faz tudo isso.

O Doctor On Demand faz exatamente o que seu nome sugere; ele lhe dá um médico mediante pedido. Não importa onde você esteja ou qual seja o horário, você consegue uma consulta médica em 60 segundos. Você não tem de levar a sua doença ao médico: em vez disso, eles trazem um médico para a sua doença.

O Airbnb não possui imóveis, você sim. O Airbnb simplesmente torna incrivelmente fácil para aqueles que possuem imóveis alugá-los para aqueles que não possuem, pelo menos por um tempo. Se você deixa sua casa para sair de férias por uma semana, sua casa é uma perda financeira enquanto você estiver ausente (descontando a valorização, que será cada vez mais ilusória em um mundo com taxas de juros negativas). O Airbnb ajuda a transformar esta perda temporária em um ganho temporário, permitindo que todas as partes envolvidas se beneficiem.

Quem é o próximo?

Uma grande parte da mensagem da Seção II do *jerk* é esta: existe uma fórmula para causar *jerk*. A abordagem para causar *jerk* em um setor econômico existente não só é possível, como é inevitável. Tornar o capital irrelevante é uma condição prévia para tudo isso, pois ainda estamos em um período de transição. Mas desde que o capital seja fornecido por **alguém**, a oportunidade para *jerk* está presente.

A partir disso, deve ser fácil ver onde o *jerk* atacará em seguida. Procure por setores econômicos em que o capital é que manda, onde haja relativamente pouca inovação, onde a informação existe, mas não está sendo usada, e onde as pessoas passaram a esperar por uma experiência ruim no acesso aos benefícios desse capital. Se todas essas condições existem, e as empresas que atualmente dominam o setor estão alinhadas com a trilogia analógica, então o *jerk* é inevitável. De alguma forma, alguém descobrirá uma maneira de aplicar a trilogia digital e os seis novos normais nesse negócio, e tornarão as empresas existentes irrelevantes, mesmo enquanto ainda possuem e gerenciam o capital necessário.

Resumo do capítulo:

1. Os *jerks* percebem que a informação está rapidamente se tornando a base de riqueza e poder no mundo.
2. Portanto, os *jerks* enfatizam a coleta, uso e crescimento de dados, ao invés de capital.
3. Os *jerks* precisam de capital, mas somente como um meio para outro fim.

Capítulo 6
Jerks substituem capital por informação

> *"O universo não é obrigado a estar em perfeita harmonia com a ambição humana."*
> **Carl Sagan**

> *"A força para mudar o que eu posso, a inabilidade para aceitar o que eu não posso, e a incapacidade para perceber a diferença."*
> **Bill Watterson como Calvin em "*Calvin & Haroldo*"**

Regra nº2: Os *jerks* concentram-se na **informação** ao invés de no **capital**. Quando o acesso ao capital não é mais um problema, os *jerks* ignoram o capital como um ativo. Obviamente esta á uma afirmação radical e não inteiramente verdadeira, pois ainda vivemos em um mundo majoritariamente do capital, pelo menos por ora. Mas filosoficamente, os *jerks* praticamente ignoram o capital como uma medida do sucesso, e em vez disso encontram valor nas informações que eles têm à sua disposição.

Os *jerks* não estão preocupados com a criação, gestão e investimento de capital. Na verdade, eles se concentram na criação, gestão e investimento de informações. Não estou sugerindo que essas empresas não necessitem ou não utilizem o capital, longe disso. Mas as empresas *jerk* são concebidas, nascem, crescem e devem amadurecer como organizações **centradas nos dados**, ao invés de no capital.

Uma vez tendo acessado o capital de outras pessoas e tendo lançado seu negócio, eles não gastam nem de perto a mesma quantidade de tempo, energia e atenção no capital. Para eles, isso é meramente um meio para atingir um fim. O que realmente os preocupa é fazer mais e melhores coisas com mais e melhores informações.

Eu entendo que se deixar esse argumento neste ponto, você provavelmente dirá que sou um maluco. Você pode pensar que essa regra é um absurdo completo. Uma coisa é dizer que os *jerks* lucram com o capital de outras pessoas; nós vemos isso todos os dias com o Uber, Airbnb, Waze e assim por diante. Mas algo completamente diferente é dizer que eles sequer se preocupam com o capital. **Isto deve ser besteira...** não é? Por favor, tenha paciência comigo por mais alguns parágrafos e deixe-me acrescentar mais fatos a esse argumento.

As medições não mentem

Todas as empresas com algum tipo de registro histórico possuem medições que lhes dizem como está sendo o seu desempenho. Na verdade, essas medições **são** o seu histórico. Você pode dizer muito sobre os objetivos, crenças e preocupações de uma organização quando analisa as medições que elas fazem e discutem. As empresas Analógicas monitoram balanços patrimoniais, fluxo de caixa, passivos, ativos e assim por diante. As empresas *jerk* controlam visualizações de páginas, coordenadas de GPS, sentimentos, caminhos de cliques e "*likes*". Elas concentram todo o seu tempo, atenção e recursos na obtenção, compreensão e utilização de mais **informações**, e se preocupam com o capital apenas na medida em que ele auxilia neste esforço.

Caso você seja um veterano analógico, provavelmente está pensando consigo mesmo, "Espera aí, a minha organização acompanha muitas outras coisas além do capital!". Com certeza. As empresas analógicas acompanham todo tipo de coisas qualitativas e menos tangíveis como qualidade, satisfação do cliente, duração do ciclo, tempo de espera ao telefone, emissões de carbono e assim por diante. Eu concordo que esses exemplos são coisas que superficialmente parecem não estar centradas no capital.

Entretanto, quase toda vez que vejo esses indicadores de desempenho (KPI em inglês) "brandos" apresentados por uma organização, também vejo que essa organização corre para justificar a medição relacionando-a com algum impacto de capital. Toda vez. As empresas analógicas podem se preocupar em medir coisas qualitativas, mas nunca, jamais, deixam-nas sozinhas, como tal. Como poderiam, elas giram em torno do capital. De fato, a maioria das organizações analógicas parece quase apologética por se preocupar com algo que não seja o capital, e se sente compelida a ligar cada medição **não** centrada no capital a uma que **seja** centrada no capital.

Por exemplo, veja as empresas relatando sua "preocupação com o verde". Hoje em dia, todo mundo se preocupa em ser "verde", principalmente porque todo mundo se preocupa em ser "verde" (aliás, este é um conceito da trindade digital). Certamente, o nosso meio ambiente está sob uma enorme pressão das atividades humanas, e todos nós provavelmente **deveríamos** nos preocupar com isso (na década de 1990 eu era um engenheiro trabalhando no satélite *TERRA* da NASA, uma das espaçonaves que nos permitiu realmente medir o ambiente global e medir o nosso impacto no planeta. A ciência é sólida). Como movimento ambientalista agora é popular, as empresas perceberam um benefício (em capital) de mostrar que elas também se preocupam com o meio ambiente.

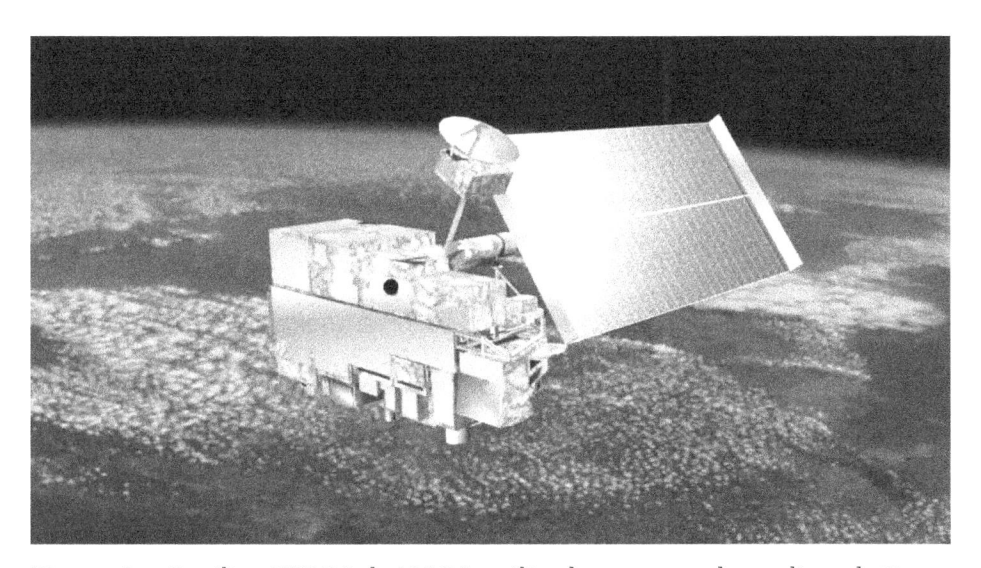

Figura 6.1: Satélite *TERRA* da NASA, utilizado para estudar o clima da Terra.

Mas pegue algum tempo para verificar como as empresas relatam estar reduzindo sua pegada de carbono, ou reciclando seus resíduos, ou resgatando filhotes órfãos de pandas, e repare em todo o palavreado que **cerca** essas afirmações. Essas empresas analógicas se sentem compelidas a imediatamente falar como seus esforços ambientais beneficiam o lucro final. Elas não conseguem **não** fazer isso; elas não sabem como. Essas empresas falam de cortar suas emissões de carbono, o que lhes vale créditos de carbono, que mudam sua posição fiscal ou que de alguma forma melhora sua posição financeira. Vivem se retratando de alguma forma e o pedido de desculpas por parecer que se preocupam com algo diferente do capital e o lembrete de que, afinal, trata-se realmente do capital.

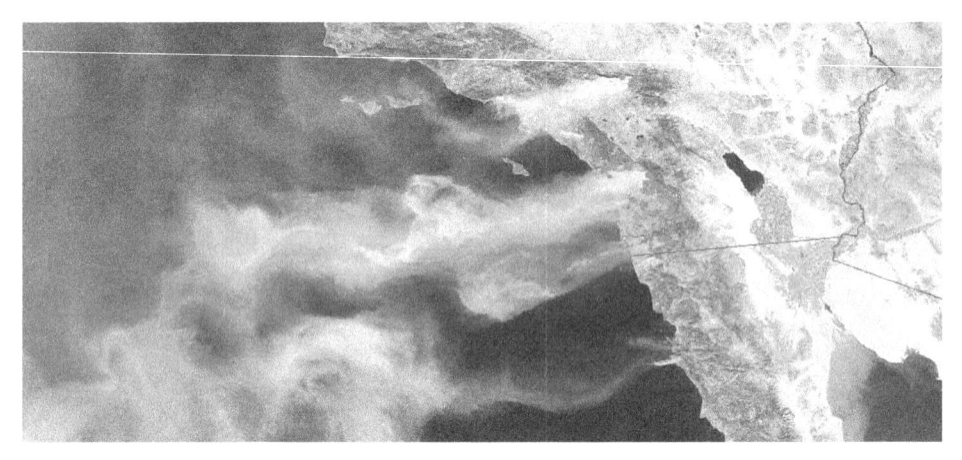

Figura 6.2: *TERRA* monitora incêndios na Califórnia.

Medições diferentes, motivações diferentes

As empresas *jerk* não se comportam desta maneira. As *jerks* também medem todos os tipos de coisas. Elas têm que medir; trata-se da terceira perna da trindade digital. Mas o que elas medem e a forma como valorizam essas medições são completamente diferentes de seus ancestrais analógicos. Quando as *jerks* falam em medir a satisfação do cliente, elas **realmente** querem medir a satisfação do cliente. Qualitativa e quantitativamente, o seu cliente está feliz? Esta medição tem um valor inerente para as *jerks*, e elas não sentem nenhuma necessidade de imediatamente ligá-la a dólares e centavos.

Necessita de prova disso? Quando foi a última vez que você deu uma nota para algum aplicativo ou *site*? Você sabe o que eu quero dizer: uma estrela ou duas estrelas ou cinco estrelas a partir de seu *smartphone*, imediatamente após ter usado algum tipo de interação (todas essas coisas são fundamentais, e serão discutidas mais tarde). Independentemente da pontuação dada, você sentiu certo grau de satisfação em fazê-lo, não é verdade? Seja criticando alguém por oferecer-lhe uma experiência ruim ou demonstrando entusiasmo pelo ótimo serviço recebido, você se sentiu melhor após dar uma nota.

Bingo! Este foi um valor quantificável para você, cliente. Realmente, sequer importa a nota que você deu, boa ou má. Naquele instante (mobilidade) a sua participação em fornecer uma nota que outros poderiam ver (mídias sociais) deu às pessoas algo de valor (análise) e você também se beneficiou. De uma visão centrada na informação, o valor foi criado **antes mesmo** de medir ou analisar os dados. A mera participação foi suficiente para mudar a equação.

Influenciadores das compras do consumidor ao comprar *online*

% dos entrevistados indicando o que teve influência em sua decisão de compra ao comprar online.
Publicado em agosto de 2013

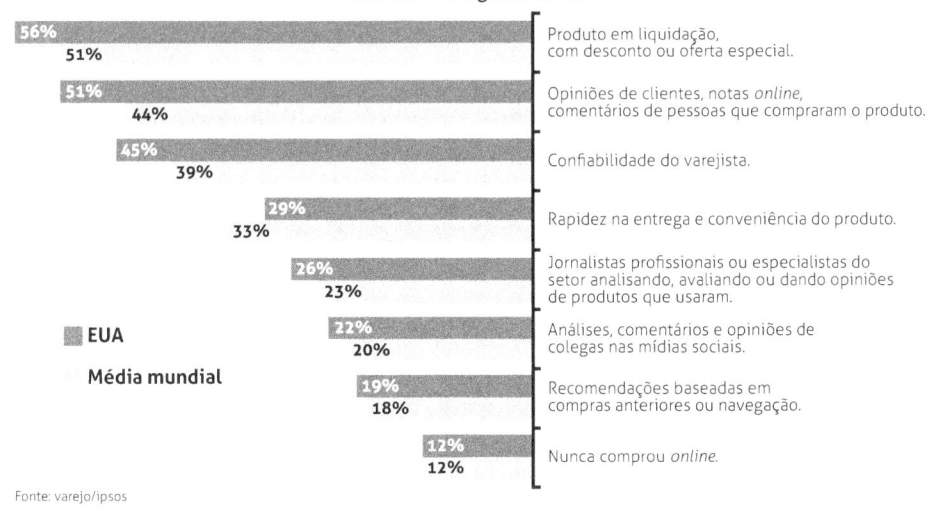

EUA	Média mundial	Descrição
56%	51%	Produto em liquidação, com desconto ou oferta especial.
51%	44%	Opiniões de clientes, notas *online*, comentários de pessoas que compraram o produto.
45%	39%	Confiabilidade do varejista.
29%	33%	Rapidez na entrega e conveniência do produto.
26%	23%	Jornalistas profissionais ou especialistas do setor analisando, avaliando ou dando opiniões de produtos que usaram.
22%	20%	Análises, comentários e opiniões de colegas nas mídias sociais.
19%	18%	Recomendações baseadas em compras anteriores ou navegação.
12%	12%	Nunca comprou *online*.

Fonte: varejo/ipsos

Figura 6.3: O que influencia os compradores *online*.

Para as empresas *jerk* este é apenas o começo. Quando sua nota foi postada, você contribuiu para uma medição sobre algo qualitativo e baseado em informações. Talvez você tivesse dado quatro estrelas pela rapidez do serviço, ou talvez três estrelas pela facilidade de uso. Tanto faz. Em nenhum momento na criação dessas medições você diz algo sobre a eficácia com que o capital foi convertido. Talvez tenham perguntado sobre o preço, mas a pergunta é sobre como você **se sentiu** a respeito do preço, e não sobre o preço em si. A diferença pode ser sutil, mas é enorme em suas implicações.

Correlação – Os novos juros compostos

Para a transição do mundo analógico para o mundo digital, ajudaria pensar em correlação de informações como o equivalente aos juros compostos. Para aumentar o valor de seu capital, você pensa em alguma maneira de conseguir uma taxa de juros positiva - algum tipo de crescimento no valor de seu capital. Se você consegue manter esse crescimento, os juros começam a ser aplicados sobre si mesmo, virando juros compostos. Um juro composto anual de 10% leva à duplicação de seu capital em um pouco menos de oito anos. No início do século XXI, este é um excelente retorno sobre o capital.

Da mesma forma, na economia da informação, encontrar correlações em dados que não eram correlacionados agrega valor a esses dados. E quanto mais dados você coletar, mais correlacionados eles se tornam e mais o seu valor cresce. Isso é um pouco etéreo, eu sei. Mas é um efeito real porque você faz com que seja assim. Esta é exatamente a forma como as empresas *jerk* utilizam informações e a trindade digital para gerar riqueza.

Tenho certeza de que está na hora de acrescentar mais fatos a esse argumento. Deixe-me explicar.

As empresas *jerk* coletam enormes quantidades desses dados semicorrelacionados ou não correlacionados. É a moeda delas. Elas adoram essas coisas exatamente pelo mesmo motivo que as empresas analógicas não gostam: não estão correlacionadas. Para uma empresa analógica, esse tipo de material não correlacionado é geralmente considerado um estorvo, pois não pode ser vinculado ao que elas valorizam: o capital. Já perdi a conta da quantidade de vezes que ouvi pessoas de empresas rejeitando esse tipo de dados como "irrelevantes", "inúteis", "vazios" ou "ruído". Se eles não conseguem colocar um cifrão na frente, não pode ser útil, certo?

Claro que pode. Vemos isso todos os dias. Quando fazemos compras *online*, essas estrelas, pontos ou "*likes*" significam muito para nós. Muitas vezes decidimos comprar ou não por causa disso. Muitas vezes significam mais para nós do que o produto ou serviço que estamos realmente tentando comprar! Não acredita em mim? Sei. Se ao comprar algo *online* você filtrou os resultados da busca com base no número de estrelas que o item tinha, você provou meu argumento. As informações sobre o que você estava tentando comprar eram mais importantes do que a coisa em si.

Isto é o que torna as empresas *jerk* diferentes. Elas têm fome de dados não correlacionados porque sabem que existe uma oportunidade de correlacioná-los com algo. Elas escolhem medições que definem, colhem e trocam informações, após transformá-las de não correlacionadas em correlacionadas. Esta é a proposição de valor delas! E quanto mais deste tipo de informação elas puderem reunir, melhor suas correlações e mais valiosos os resultados para você e para mim.

Novamente, olhe para o seu próprio comportamento. Se algo na Amazon.com tem 4,6 estrelas, mas somente cinco classificações, é suspeito. Se um item semelhante tem 3,7 estrelas, mas 7.000 classificações, esta é uma pontuação muito mais confiável. Caso quisesse algo com uma pontuação acima de quatro, você ainda poderia hesitar com o primeiro item, porque a sua pontuação está pouco correlacionada. Com o segundo item, se uma pontuação de 3,5 for boa o suficiente, você vai em frente e compra com confiança. Cinco avaliações podem ser um acidente ou coincidência. Sete mil classificações representam uma correlação que você valoriza e que está disposto a confiar.

E este é o argumento.

Entregando as chaves do reino

Assim, além de colocar o capital de outras pessoas para trabalhar, os *jerks* também coletam dados não correlacionados **sobre** o capital de outras pessoas e depois trabalham para correlacioná-los com algo. Desta maneira, além de obter acesso livre ao capital de outras pessoas, eles criam grandes quantidades de riqueza de informações pegando os dados também. Eles não apenas ferem as empresas analógicas centradas no capital, eles jogam um pouco de poeira sobre elas quando estão derrotadas!

Pense nos *jerks* a respeito dos quais todos nós falamos. Por falarmos sobre eles, nós estamos ajudando-os a criar riqueza de informação com a trindade digital. Esses sujeitos estão tirando todo o dinheiro das empresas analógicas. O Uber não ganha apenas dinheiro das companhias de táxi; ele reúne todos os dados não correlacionados sobre cada viagem, os usa para fazer correlações sobre o motorista, o carro, o passageiro, a rota, o tráfego da cidade, poluição, o clima e todo tipo de outras informações. As pessoas que realmente **possuem** os táxis poderiam com a mesma facilidade reunir todas essas mesmas informações, mas simplesmente optaram por não fazer. Por quê? Na maneira de pensar deles, isso não se traduz em dinheiro.

Espaço para crescer

O Airbnb mostra um crescimento sólido quando busca levantar fundos.

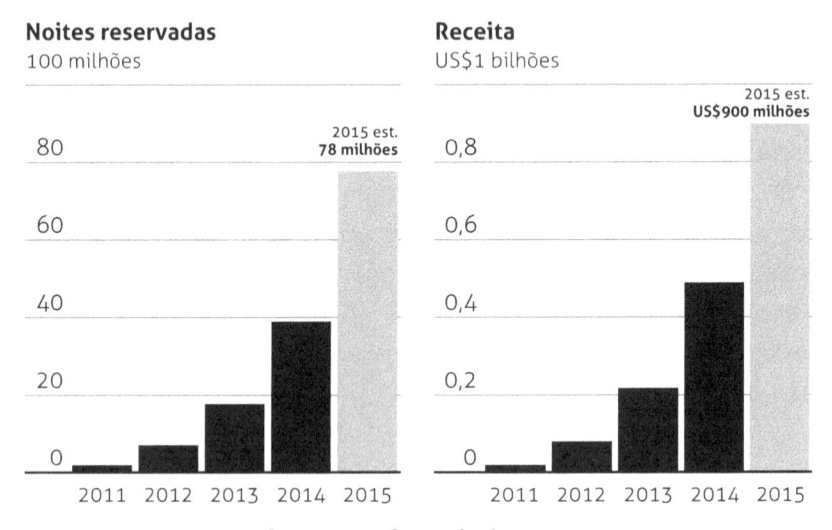

Noites reservadas
100 milhões

Receita
US$1 bilhões

Figura 6.4: Crescimento de receita do Airbnb.

E quanto ao Airbnb? Ele aluga o imóvel de alguém, ele pega uma parte do dinheiro que troca de mãos (ele **precisa** de algum dinheiro para pagar as suas despesas) e, então, pega **todas** as informações relacionadas com o locatário, o locador, o imóvel, o bairro, o clima, o ambiente no local, a umidade, a qualidade do ar condicionado e assim por diante. Ele pega todos esses dados não correlacionados, os correlaciona e depois os "vende" de volta ao próximo cliente que procura um imóvel para alugar.

Ainda não é suficiente? Tente qualquer uma das empresas da Internet 1.0 que são eficazes em preencher a lacuna entre nossos mundos analógico e digital. Amazon? Você já sabe como elas fazem isso e se sobressaem. Wall Street constantemente choraminga que a Amazon nunca apresenta um lucro, que a empresa é supervalorizada e a que a estratégia de investimento não faz sentido. Em um mundo do capital, Wall Street está absolutamente correto. Em um mundo da informação, as pessoas que seguram as ações da Amazon por mais de 91,25 dias a cada aplicação estão absolutamente certas.

O Facebook também está aí. O Facebook me faz morrer de rir. Esta é uma empresa que realmente não **faz** nada. Estou brincando um pouco aqui, mas realmente, o que eles **fazem**? Em um mundo analógico o Facebook não faz nenhum sentido. E por mais de uma década isto é exatamente o que disse a maioria dos investidores de capital. O Facebook não produz nada, seus usuários é que produzem. O Facebook não fornece nada, seus usuários é que fornecem. Em um mundo do capital, exceto como veículo de *marketing*, o Facebook é completamente irracional.

Figura 6.5: Valor de mercado, Facebook e Walmart.

No entanto, no final de 2015 o Facebook ultrapassou a General Electric em valor de mercado, superando US$200 bilhões. **Como isso é possível?** Fácil, se você entender o valor da correlação de informações. Pegue um ou dois bilhões de pessoas, faça-as passar alguns bilhões de horas por dia criando dados não correlacionados e faça com que **elas** correlacionem os dados para você; em seguida, efetivamente revenda a correlação pela maior oferta – que atualmente é principalmente de anunciantes, mas somente até o momento.

Tudo o que posso dizer é isso. Se, depois desses exemplos, você não vê o valor de coletar e correlacionar dados, de medir e analisar métricas qualitativas por si só, e em tentar coletar seus próprios dados não correlacionados, ao invés de entregá-los a algum *jerk*, então você só pode ser um analógico.

Se isso for verdade, desejo-lhe sorte na tentativa de encontrar e manter oportunidades que ofereçam taxas de juros compostos significativos para o seu capital. Este trem está saindo da estação, possivelmente para sempre, e para mim o maquinista gritando "Todos a bordo" tem 4,7 estrelas!

Resumo do capítulo:

1. Em um mundo centrado na informação, a criação de valor a partir da informação deve ser o principal objetivo de toda organização.
2. O valor da informação é criado quando dados não correlacionados são correlacionados, levando a novos *insights* e novos resultados.
3. Os dados não correlacionados podem ser correlacionados pela identificação e adição de contexto.
4. Correlacionar dados não correlacionados, acrescentando o contexto, representa os juros compostos da era da informação.
5. Empresas como Facebook, Google, Amazon, Uber, Simple Bank e outras *jerks* são principalmente mecanismos de contexto.

Observação importante: Quando escrevi este capítulo, fiquei impressionado com a noção de que a correlação de dados anteriormente não correlacionados poderia explicar por que empresas como Uber, Apple, Facebook, Google e Amazon recebem essas avaliações do mercado. Usando medições tradicionais, analógicas, as avaliações de mercado não fazem sentido. *Jerks* como o Uber e o Airbnb derivam suas avaliações quase que exclusivamente do valor da correlação que elas criam com as informações. As empresas que fazem a ponte entre analógicas e digitais, como Amazon ou Google, derivam suas avaliações de ambos os lados da ponte, capital e riqueza da informação.

No entanto, se realmente existe valor na utilização do contexto para criar correlações anteriormente desconhecidas em dados que não eram correlacionados, então as avaliações dessas empresas faz total sentido, só que aplicando uma equação diferente. A base desta equação é a seguinte:

$$\text{Dados não correlacionados} + \text{Contexto}$$
$$=$$
$$\text{Dados correlacionados}$$
$$=$$
$$\text{Riqueza da informação}$$

Claro que a matemática real é muito mais complicada do que isso, mas estou trabalhando nela. Eu acredito que esta equação é fácil de ser compreendida e assim que tive esse *insight* comecei a trabalhar imaginando o que poderia ser esta equação. Se as avaliações dessas empresas centradas na informação são racionais, então elas podem ser identificadas com a equação certa. Se a avaliação delas, em termos de valor da informação, pode ser conhecida, então também pode ser previsível. Se isso também for verdade, então o desalinhamento das avaliações de capital corporativo e das avaliações de suas informações poderia entrar em colapso, com implicações possivelmente dramáticas para o mundo do investimento.

Capítulo 7
Jerks monetizam o contexto não o conteúdo

"O espaço e o tempo não apenas afetam como são afetados por tudo o que acontece no universo."
Stephen Hawking

"Melhor três horas cedo demais do que um minuto atrasado."
William Shakespeare

Minha tese é que controlar a informação é essencial para o sucesso empresarial. Existem amplas evidências disso, pois podemos ver que organizações centradas na informação como Google, Facebook, Amazon, Microsoft e Apple tornaram-se algumas das empresas mais ricas em capital do mundo.

Então o que resta para as empresas *jerk*? Se essas empresas de informação já utilizaram a Internet para se tornarem entidades corporativas dominantes, como as *jerks* podem encontrar espaço para o seu próprio crescimento explosivo? A resposta está naquilo para o **qual** a informação está sendo direcionada.

Quando o conteúdo era quem mandava

As empresas citadas há pouco acima e seus pares que tiveram sucesso na revolução da Internet 1.0, conseguiram isso monetizando o conteúdo. As pessoas entravam *online* para encontrar informações, em vez de ir à biblioteca, perguntar a um amigo, ou escrever uma carta para Dear Abby[8]. Era muito mais fácil simplesmente ligar o seu PC, plugar o modem, ligar para a America Online e perguntar à Internet. À medida que cada vez mais pessoas entravam *online*, sua demanda por conteúdo crescia em volume e diversidade. Assim nasceu a necessidade por conteúdo e com isso foi dada a largada para a corrida pelo **domínio do conteúdo**.

Quando você olha para os gigantes que surgiram da apropriação do conteúdo, todos são empresas que cada um de nós utiliza agora praticamente todos os dias. O Google tornou-se o mecanismo de busca dominante. A Amazon tornou-se a varejista do conteúdo, nosso lugar favorito para encontrar conteúdo sobre praticamente qualquer coisa que queiramos comprar. A Apple utilizou o *iTunes* para agarrar conteúdo de alto nível e assumiu o controle de música, filmes, programas de TV e outros conteúdos de alto custo e retorno elevado. Ao fazê-lo, ela esmagou a indústria de entretenimento. O Facebook pegou a planície e alimentou a necessidade mais rasteira das pessoas por entretenimento e de se divertir com o humor de toalete e política (se houver uma diferença).

Quando o mundo entrou *online* nas décadas de 1990 e 2000, essas empresas ficaram gigantes do capital alimentando a fome cada vez maior da sociedade por conteúdo. Por terem alcançado tamanho sucesso, as pessoas se perguntavam como alguém poderia competir com esses gigantes. Como um *jerk* poderia substituir o Google, a Apple ou o Facebook? A resposta é a seguinte: não podem, caso tentem disputar o jogo do conteúdo. Para vencer em um mercado já dominado por outros, você tem que disputar um jogo novo, com regras novas, preferencialmente em um novo estádio. E isso é exatamente o que as empresas *jerk* estão fazendo.

---

8   NT: Coluna de conselhos fundada em 1955 por Pauline Phillips, hoje conduzida por sua filha, que em 1987 era publicada em mais de 1.200 jornais nos EUA.

■ Valor de mercado do Yahoo!: 20,23 bilhões
■ Valor de mercado do Google: 202,82 bilhões

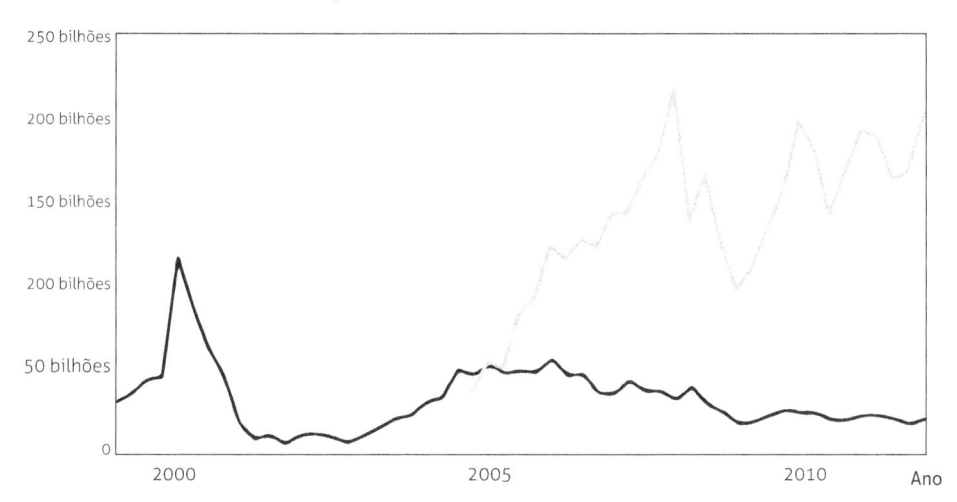

Figura 7.1: Valor de mercado, Yahoo *versus* Google.

O próximo grupo de empresas a se juntar (ou talvez substituir) a esses barões do conteúdo são aquelas que se concentram no **contexto**, em vez de no **conteúdo**.

Da Baltic Avenue à Boardwalk

Como qualquer jogador de Banco Imobiliário poderia lhe dizer, nem todas as propriedades são iguais. As várias propriedades do jogo de tabuleiro são em grande parte iguais, mas possuem preços e valores amplamente variados. Baltic Avenue vale US$60, enquanto a Boardwalk vale US$400. Isto é um reflexo razoável da realidade, como qualquer pessoa que passeie pelos bairros de qualquer cidade importante pode facilmente comprovar. Embora ambas possam estar localizadas na cidade de Nova York, há uma grande diferença de valor entre um sobrado no Soho e um prédio em Flushing Meadows. Nem toda terra é igual, e isso tem sido verdade há 5.000 anos.

Da mesma forma, nem todo capital é igual. Se eu oferecesse trocar minha moeda de ouro por sua moeda de prata, você provavelmente ficaria muito feliz com a troca, embora altamente desconfiado. Você provavelmente não trocaria o seu BMW novo por meu Oldsmobile de 20 anos de idade (um robusto da Revolução Industrial, que morreu há algum tempo), e você provavelmente não trocaria suas ações da Apple por minhas ações da Radio Shack. Em cada época os bens da sociedade têm uma distribuição normal de valor.

A gradação de valor da informação

O mesmo vale para a informação. As menos valiosas podem ser pensadas como sendo "dados". Os dados são apenas os fatos,. Os dados são números, cifras, entradas de diário e coisas assim. É o material que seria armazenado nos livros de contabilidade da Revolução Industrial pelas empresas analógicas (esses livros são diferentes daqueles que a Amazon vende. Eu não incluiria os livros da Amazon como dados, pois eles transmitem mais do que apenas fatos; eles carregam conceitos. No entanto, os livros mantidos por um contador são, enfaticamente, repositórios de dados).

Um degrau acima dos dados está o **conteúdo**. O conteúdo corresponde a dados (fatos) que também carregam conceitos, conhecimento ou ideias. Isto é de uma ordem maior de complicação e valor, e representa um claro degrau acima de meros dados. Os livros de história são conteúdo, assim como a maioria dos *sites* encontrados no início da Internet. Muito do que atualmente é postado nas mídias sociais também poderia ser considerado conteúdo, mas por pouco. O conteúdo é claramente mais valioso do que os dados, pois fornece mais ao consumidor do que apenas fatos.

O rei está morto, vida longa ao rei

Então, o que supera o conteúdo como valor de informação? Conheça o **contexto**, o novo rei. Contexto é informação sobre o estado de coisas no universo. É a informação que descreve como as coisas mudam, fluem, evoluem ou se adaptam. O conteúdo também fala sobre o estado de coisas.

Mas o faz apenas em um ponto no espaço e no tempo. O conteúdo é estático na forma como descreve o universo. O contexto é diferente. O contexto revela a **dinâmica** do universo, ou como as coisas mudam momento a momento.

Deixe-me dar um exemplo. Imagine que você poste uma foto sua no Facebook. Esta foto representa conteúdo sobre o que você estava fazendo naquele momento. Se eu voltar a ver essa foto um dia, semana ou mês depois, ela ainda será a mesma imagem, o mesmo conteúdo. Ela é o que é, e isso é tudo o que ela é. Agora, passado um ano, pegue essa foto, envolva-a em algum **contexto** e volte a postá-la. O Facebook mostra agora aquela foto com uma manchete dizendo: "Eis o que você estava fazendo um ano atrás." Esta foto, com contexto, é agora um presente de aniversário; o aniversário do que estivesse acontecendo no momento da imagem. Você podia ou não estar fazendo algo especial quando tirou a foto, mas mencionar o aniversário deste evento reforçou o conteúdo com a lembrança.

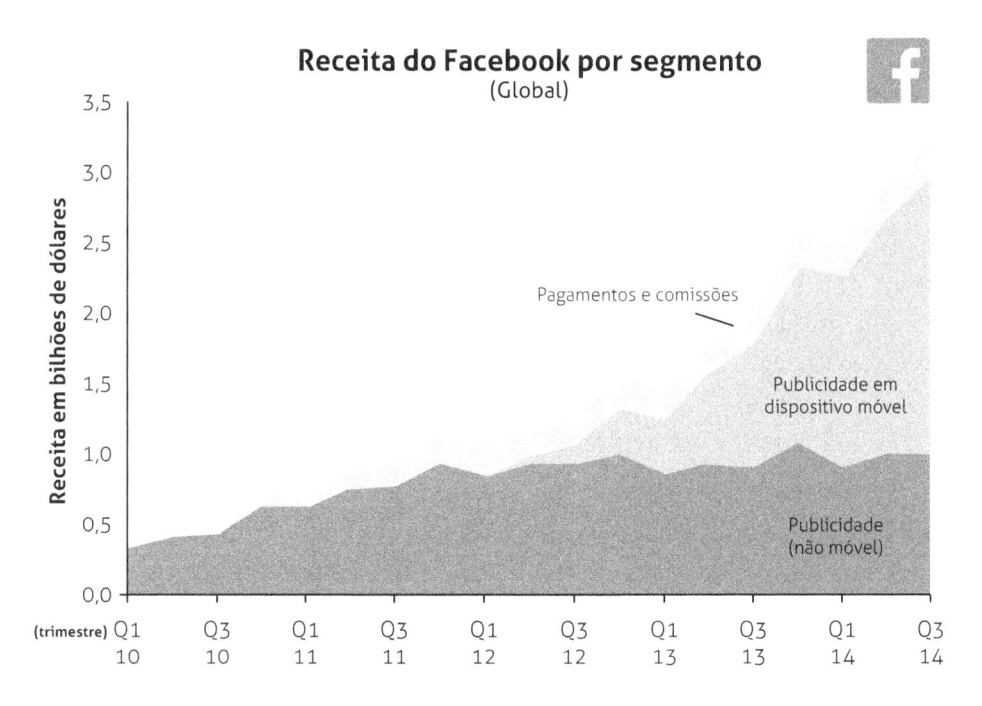

Figura 7.2: Tendências de receita do Facebook.

Este exemplo pode parecer trivial, mas não subestime o poder do contexto. Ao conseguir o contexto adequado, isso é um material poderoso, arrebatador. É por isso que o Facebook recentemente implantou esse recurso. O Facebook percebeu que o conteúdo está sendo eclipsado pelo contexto, e eles querem um lugar na mesa do contexto.

Contexto e um pouco de táxi amarelo

Existem muitos outros exemplos. O Uber é uma empresa *jerk*, pois eles aplicaram o contexto para o jogo de se locomover. Por mais de 100 anos as companhias de táxi desfrutaram de uma situação altamente regulamentada e protegida. Para trabalhar legalmente com um táxi você precisava comprar uma licença, não ter antecedentes criminais e se registrar no Estado (ou cidade). Você precisava aceitar ser controlado por uma burocracia governamental. Você também precisava ter uma quantidade razoável de capital à disposição, pois precisava comprar o táxi, mantê-lo, abastecer com combustível e assim por diante. Toda essa estrutura visava garantir a segurança dos passageiros e, superficialmente, esse era o caso.

Mas não se engane, grande parte dessa regulamentação da indústria do táxi era política. Tratava-se de controlar quem teria acesso ao setor dos táxis e quem poderia participar do jogo de levar pessoas do ponto A para o ponto B. Com o tempo, a indústria do táxi passou a ser controlada por um número relativamente pequeno de companhias, cada uma delas necessariamente rica em capital. A regulamentação criava barreiras elevadas à entrada para qualquer um que pensasse em participar do jogo do táxi, e é com isso exatamente que as empresas analógicas contam.

Paralelamente veio uma empresa *jerk* chamada Uber e, de repente, toda essa máquina bem azeitada virou de cabeça para baixo. O Uber não possuía ou dirigia táxis. Caramba, eles realmente não possuíam **nada** baseado em capital. O que eles fizeram foi criar um aplicativo que identificava duas coisas: o contexto dos possíveis passageiros de táxis e o contexto dos táxis não utilizados. Eles pegaram esses dois *bits* de informação e colocaram os dois juntos. Efetivamente, o Uber é meramente um dispositivo de contexto que constantemente compara as mudanças dos dois conjuntos de contexto, e procura encontrar sua intersecção ideal.

Este é um conceito sutil, mas fundamental. O contexto é informação sobre a posição de algo no espaço e no tempo; seu contexto no universo. O contexto muda ao longo do tempo e isso representa uma informação útil. Sua condição em um momento no tempo pode mudar no momento seguinte, e isto pode ser uma informação muito útil quando colocada em uso. O Uber monitora onde estão os possíveis passageiros de táxi, a cada instante, e também monitora todos os veículos disponíveis que estejam próximos de cada possível passageiro, também a cada instante. Eles são um mecanismo de contexto, monitorando o contexto em constante mudança de seus clientes e fornecedores.

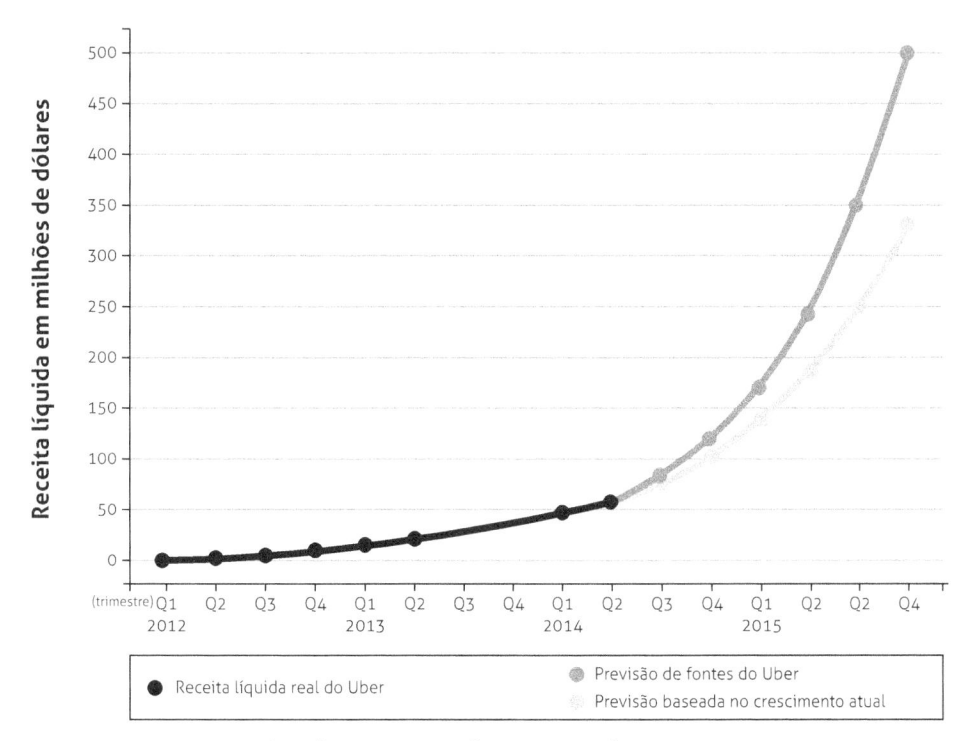

Figura 7.3: Receita do Uber, registrada e projetada.

Ao deixar o Uber saber que você precisa de um táxi, eles instantaneamente identificam o seu contexto naquele momento, ou seja, o seu **quando** e o seu **onde**. Em seguida, eles procuram por carros disponíveis cujo contexto seja o mais parecido com o seu (o que significa que eles estão perto de você) e, então, eletronicamente, colocam os dois juntos. Quando os "casamentos" são feitos, o Uber envia o carro para a sua localização, em geral muito rapidamente, e uma transação de valor acontece. Você parte para seu destino, com seu contexto mudando constantemente enquanto segue seu caminho.

Contextualização: a próxima revolução da informação

Eu discuti este processo de aproveitar a informação do contexto em meu primeiro livro, *Data Crush*, e previ que isso seria um divisor de águas. Esta **contextualização** leva a informação para um novo nível mais elevado de valor para todos nós e melhora muito todos os aspectos das transações que realizamos.

A nova onda de empresas de sucesso, a nova onda de *jerks*, usa o contexto para provocar disruptura maciça nos setores existentes que ainda não se contextualizaram. O Uber aplica o contexto aos veículos particulares. O Airbnb o aplica aos imóveis. O Turo o aplica aos carros particulares que são deixados pelos viajantes nos aeroportos. O BigRentz o aplica aos equipamentos de construção subutilizados. Contextualizar os negócios existentes é **exatamente** o que os *jerks* estão fazendo, porque este é o próximo degrau na cadeia de valor da informação. E é enormemente disruptivo para aqueles que não fizeram por conta própria.

Contexto: não são os dados de sua avó

A informação de contexto é incrivelmente valiosa porque é incrivelmente íntima. Ela identifica como, por que e onde vivemos nossas vidas. Saber que você acabou de comprar um bolo de aniversário é valioso. Saber que você comprou para sua mãe, e não para você, é extremamente **mais** valioso. O contexto também é incrivelmente valioso porque é fugaz. O que é valioso em um contexto, em um lugar no espaço e no tempo, pode não ter valor nenhum um momento depois, ou um metro à esquerda ou à direita. Pense novamente no exemplo do Uber. Saber que eu preciso de um táxi **exatamente aqui, exatamente agora** é uma informação extremamente valiosa, até eu ser pego por um motorista. No segundo seguinte essa informação é inútil, pelo menos para mim.

A dificuldade de aproveitar o contexto é que sua percepção, compreensão e seu uso devem ser pelo menos tão imediatos quanto a taxa de mudança do contexto, se não mais rápido. Para empresas analógicas essa é uma tarefa quase incompreensível. Para *jerks* é simplesmente o que elas fazem. Elas não precisam de comitês, equipes de especialistas, análises de retorno sobre o investimento, conselhos para examinar a situação ou processos de aprovação para encontrar e agir sobre o contexto. Elas apenas fazem isso. Na verdade, essas antigas ferramentas e mecanismos da trindade analógica necessariamente **não conseguem** funcionar na velocidade do contexto em mudança, pois o capital gosta de se mover lentamente; não tão lentamente quanto as terras (imóveis), mas muito perto disso.

As *jerks* usam o metabolismo da informação extremamente lento das empresas analógicas para tirar total proveito do capital analógico delas. As *jerks* podem até mesmo aproveitar o contexto para tirar proveito do metabolismo da informação de empresas de conteúdo, um metabolismo bem mais rápido do que o das empresas de capital, mas ainda muito mais lento do que o metabolismo do contexto. Reis do conteúdo como Apple, Amazon, Google e Facebook estão trabalhando diligentemente para acelerar o seu metabolismo da informação para que também possam colocar o contexto para trabalhar.

Drones, Amazon Dash, Google Glass e Apple Pay e Apple Watch são evidências de seus esforços. Essas empresas de conteúdo têm metabolismos muito mais próximos do contexto do que as empresas analógicas, de modo que têm uma chance muito maior de sucesso. As empresas analógicas são enormemente desafiadas a superar esta lacuna, mas felizmente a maioria delas tem equipes de especialistas e comitês trabalhando diligentemente no problema, em uma reunião fora da empresa em algum lugar no Caribe.

Calor residual

Conforme mencionado, o valor dos dados de contexto é fugaz. Ele vem e vai à taxa de mudança do contexto, que segundo Einstein pode ser tão rápido quanto a velocidade da luz. Na verdade, Einstein estava certo de que nada no mundo da física pode ir mais rápido, exceto talvez o contexto. Eu argumentei que o contexto não tem nenhum valor quando muda, e isso é basicamente correto. Mas existe uma exceção para cada regra. O contexto tem uma vida útil muito limitada. Você só tem esse tempo para vê-lo, compreendê-lo e agir com base nele, e se você não o fizer, a oportunidade é perdida. Se você demorar mais de um ou dois segundos para perceber que aquele carro vindo em sua direção pode não parar, esta informação de repente perde sua utilidade, pelo menos até a data de julgamento do motorista no tribunal.

Isso levanta um ponto interessante. Embora praticamente todo o valor do contexto seja perdido quando ele muda, permanece algum valor residual após o fato. De calmamente caminhar ao longo da estrada até você ser esmagado por um motorista errante, a mudança em seu contexto aconteceu muito rapidamente. Saber que você estava prestes a ser atingido teria sido momentaneamente útil para você, mas, de repente, tornou-se irrelevante, até algum tempo mais tarde, quando as circunstâncias em torno do contexto em mudança tornam-se valiosas como prova do ocorrido.

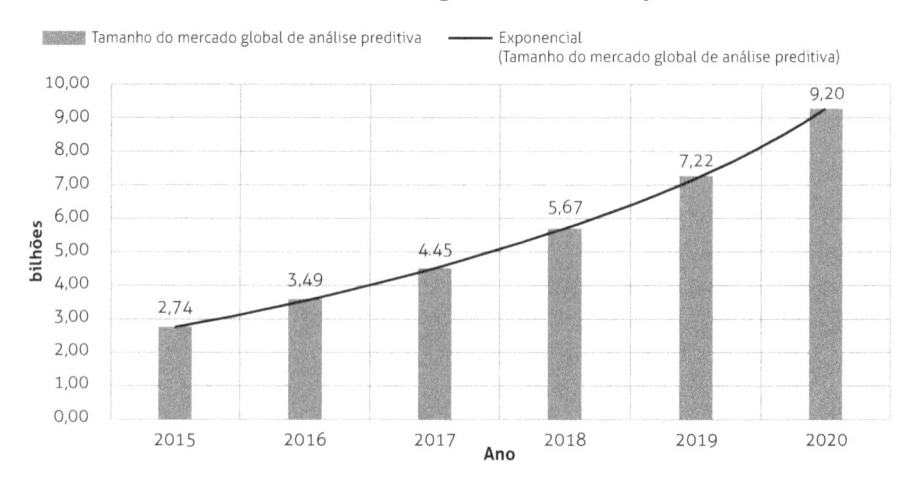

Figura 7.4: Previsão do mercado de análise preditiva (US$ bilhões).

Na engenharia mecânica nós falamos sobre um conceito denominado calor residual. Calor residual é a energia restante depois de muito dela ter sido usada para produzir trabalho. Nós aquecemos água para gerar vapor a fim de girar uma turbina para produzir eletricidade. O vapor superaquecido passa através da turbina e sua energia térmica é transformada em energia mecânica. Os melhores projetos tentam tirar **todo** o calor adicionado do vapor e converter **todo** ele em eletricidade, mas as primeiras duas leis da termodinâmica nos dizem que nunca podemos converter 100%. Existe sempre um pouco de calor sobrando depois que a conversão acontece.

Empresas inteligentes de serviços públicos usam esse calor sobrando, este calor residual, para fazer outras coisas úteis, como aquecer casas, de modo que haja algum valor residual ali, afinal. O mesmo vale para a informação de contexto. Quando o Uber me enviou um carro, minha necessidade de ser pego, ou meu contexto, já não importava mais. O **segundo** táxi a aparecer não recebeu nenhum valor a partir de meu contexto, e eu não recebi nenhum valor deles. A transação acabou e a conversão do contexto para valor terminou. **Ou não?**

O contexto sobre minha necessidade de um táxi pode ser sem valor um segundo depois de eu ser pego, mas há ainda algum calor residual deixado nesta informação. Meu antigo contexto expirado pode ainda ter **algum** valor para o veículo que me pegou, e até mesmo para o carro que chegou um segundo depois. Mas **somente** se alguém se preocupar em analisar esses dados, transformá-los em informação e, em seguida, em conhecimento, como onde melhor posicionar os carros no futuro, ou quem monitorar *online* para enviar-lhe um cupom para a próxima viagem. O calor residual do contexto pode ser coletado e colocado em uso, por meio de processos de análise – o terceiro elemento da trindade digital.

Isso explica o enorme interesse em análise preditiva, análise prescritiva e o que eu denominei de análise persuasiva (a indústria utiliza a análise prescritiva para descrever o que eles veem depois da análise preditiva, mas para mim isso é passivo demais para o que veremos).

As organizações estão altamente centradas nas análises preditiva, prescritiva e persuasiva porque buscam valor em seus dados. Mas procurar valor em dados antigos e conteúdo antigo é o que todo mundo faz; esta canção já foi executada e todos nós já avançamos de lá, ou pelo menos os reis do conteúdo e os *jerks* já avançaram.

Não, o valor real nessas análises é tentar colher o calor residual em antigos dados de contexto. Isso permite que você preveja melhor os contextos futuros de seus clientes, de modo que seja mais provável que você os encontre lá. Desta maneira, e **somente** desta maneira, você pode superar o limite de velocidade inerente do universo: a velocidade da luz. A análise preditiva é tão atraente porque, quando feita corretamente, é a única maneira de nós, meros mortais, podermos algum dia viajar mais rápido do que a velocidade da luz – a **velocidade do contexto!**

O conteúdo está morto... O contexto agora é o rei, como são os *jerks* que o dominam!

Resumo do capítulo:

1. O foco dos primeiros 30 anos da Internet foi a criação e distribuição de conteúdo. Isto gerou gigantes do conteúdo como Amazon, Google, Microsoft, Twitter e Facebook.

2. A próxima revolução na Internet será a criação e uso do contexto. Contexto é informação que descreve outras informações e define seu lugar no espaço e no tempo.

3. A próxima onda de empresas líderes será daquelas que coletam, analisam, aplicam e monetizam o contexto.

4. *Jerks* como Uber, Simple Bank, Airbnb e Waze são dispositivos de contexto, ao invés de dispositivos de conteúdo.

Capítulo 8
Jerks eliminam o atrito

> *"Ao patinar sobre gelo fino nossa segurança está em nossa velocidade."*
> **Ralph Waldo Emerson**

> *"Antes aprender com um só pássaro como cantar que ensinar dez mil estrelas a não dançar."*
> **E.E. Cummings**

No capítulo anterior discutimos como, para criar valor, o contexto é o novo xerife na cidade. Também discutimos como o valor do contexto é fugaz. Pode desaparecer em um instante. Assim, o contexto é como chuva no deserto. É a coisa que você mais valoriza, mas evapora em um instante deixando-o na mão. Para extrair valor do contexto você precisa vê-lo, compreendê-lo e agir tão rápido quanto ele vem e vai. Caso não faça isso, você nunca será capaz de aproveitá-lo adequadamente, e provavelmente frustrará a si mesmo, sua organização e seus clientes na medida em que você se atrapalha na tentativa de apanhá-lo.

Portanto, ser *jerk* tem tudo a ver com velocidade, e se tem uma coisa que a velocidade odeia, é o **atrito**. O atrito absorve a energia de tudo o que toca. Gera calor em vez de movimento. Com atrito suficiente você pode ligar dois objetos de forma permanente (o Google "solda por fricção" se você estiver intrigado com isso) ou destruí-lo completamente (lamentavelmente, a causa da perda do ônibus espacial Columbia em 2003). Para ser um *jerk*, você precisa fazer tudo o que puder para eliminar o atrito em cada transação com seus produtos, organização e clientes. Faça isso e você poderá conseguir acompanhar o contexto à medida que seu valor despontar de lugar em lugar e de um momento para outro.

Conexão no início da era analógica

As empresas analógicas não compreendem isso, e com boas razões. A trindade analógica tem o foco na proteção e no crescimento do capital. Pense nesses elementos da trindade: **burocracia**, **processos** e **regras**. Todos eles são mecanismos de comunicação e, portanto, fica evidente que a comunicação é a chave para o controle do capital. Ao longo da Revolução Industrial e da era capitalista, melhorar o controle e a aquisição de capital significava melhorar o controle sobre a comunicação. Para manter os livros atualizados sobre o que eu possuo, eu preciso ser alimentado a tempo por um fluxo constante de informações.

Quando a Revolução Industrial começou, a informação era muito limitada e se movia muito lentamente. Na época, um cavalo era um meio muito rápido de comunicação. Viajar 20 quilômetros por dia significava que você realmente iria gastar muito feno. Se você quisesse enviar uma carta para a sua família do outro lado do Atlântico, levaria um mês para chegar lá e a resposta levaria pelo menos outro mês para voltar. Naqueles dias as informações eram escritas à mão em registros e livros, e esses livros eram atualizados pelo uso de correspondência que levava semanas ou meses para chegar ao seu destino.

No início da era capitalista, ser um gerente de filial da empresa significava exatamente isso: você administrava um ramo em uma árvore do **capitalismo**[9]. Esse ramo estava pendurado em um galho que estava conectado ao caule de sua organização. A expectativa era que você usasse algumas folhas (capital) e água bombeada das raízes (matéria-prima) juntamente com a luz do sol e oxigênio (insumos de produção) para gerar o que a árvore necessitava para crescer (mais capital). O objetivo era que a

---

9 NT: Em inglês, gerente de filial é "*branch manager*", sendo que *branch* também pode ser traduzido como "ramo de árvore".

árvore conectasse melhor suas raízes e suas folhas a fim de melhorar suas chances de sobrevivência.

Com o avanço da Revolução Industrial, nossa capacidade de comunicação acelerou-se. Quando os EUA adquiriram (ou conquistaram, se você preferir) a Califórnia, passou a haver uma grande necessidade de comunicação entre os capitalistas do leste e os garimpeiros, comerciantes e outros que os assaltavam no novo oeste. Os banqueiros em Nova York, Boston e Filadélfia (além de Londres, Paris e Amsterdã) precisavam manter atualizados os livros sobre seu capital, e isso significava que precisavam de um fluxo constante de informações sobre a situação de seus investimentos na Califórnia. Essa necessidade de velocidade levou a duas inovações que são famosas até hoje: o navio a vela (*Clipper*) e o Pony Express.

Navios *Clipper* – A FedEx do século XIX

Os navios *Clipper* eram a Federal Express de sua época. Tratava-se de navios a vela bastante incrementados. Em seu tempo correspondiam ao avião *Concorde*, ao ônibus espacial e a *Enterprise* de *Jornada nas Estrelas* tudo em um único veículo de transporte: o auge que os seres humanos poderiam alcançar com madeira e vela. Os navios *Clipper* eram navios longos, esbeltos e ousados que carregavam quatro mil metros quadrados de velas ou mais, tudo isso otimizado para uma finalidade: **velocidade**. Normalmente, eram duas vezes mais rápidos que os navios tradicionais e por mais de 100 anos sua velocidade foi lendária. Um desses navios, o *Flying Cloud*, detinha o recorde da travessia mais rápida entre Nova York e São Francisco contornando a América do Sul. Ele levou 89 dias e oito horas para completar a viagem em 1854. Um recorde que se manteve por mais de um século.

Você nunca consegue algo em troca de nada e os *Clippers* sacrificavam a eficiência e a utilidade em nome da velocidade. Os *Clippers* transportavam pouca carga em comparação com os navios menos rápidos da época. Além disso, por carregar tantas velas, exigiam tripulações muito maiores, reduzindo ainda mais a sua eficiência em termos de custos. Não obstante, os *Clippers* tinham demanda elevada. **Por quê?** Porque os *Clippers* não eram apenas navios, eles eram máquinas do tempo para aqueles que os usavam. Eles eram os *DeLoreans* envenenados, movidos a raios e relâmpagos, de 1,21 jigawatts de potência daqueles dias, capazes de cortar semanas, ou mesmo meses, do tempo necessário para a comunicação e manutenção do controle do capital das pessoas.

Figura 8.1: Navio *Clipper*, máquina do tempo do século XIX.

Tal como acontece com a FedEx, os primeiros capitalistas utilizavam um *Clipper* quando absolutamente, positivamente tinham que chegar lá... antes do final do ano. Usar um *Clipper* era muito mais caro do que o transporte naval tradicional, mas para muitos capitalistas o custo adicional valia a pena. Banqueiros do leste dos EUA precisavam manter o controle sobre seus investimentos no oeste norte-americano. Banqueiros europeus precisavam acompanhar seus investimentos nas colônias, espalhadas por todo o mundo. Dadas as restrições de sua tecnologia contemporânea e da trindade analógica, pagar pelo serviço *Clipper* valia a pena o valor gasto. Mas era terrivelmente difícil preparar um relatório trimestral quando eram necessários quatro trimestres para enviar e receber seu pedido de posição. Em uma época em que um memorando entre escritórios demorava um ano para passar pelos diversos lugares, você tendia a investir muito mais em sua elaboração. E você precisava de um representante, o temido vice-presidente regional, na outra extremidade da comunicação para avaliar, implementar e preparar um relatório em resposta.

Assim, os *Clippers* eram máquinas do tempo usadas para encurtar o tempo necessário para controlar o fluxo do capital, conforme comprovado pelos manifestos dos navios da época. As principais cargas transportadas pelos *Clippers* eram: a) pessoas (gestores e usuários do capital); b) chá, café, tabaco e ópio (bens com alto valor de capital); c) lingotes de prata e ouro (capital real); e d) correio (informação). Isto é muito parecido com os desejos dos dias atuais: **sexo**, **drogas**, **dinheiro** e *rock n'roll*. Os *Clippers* transportavam pessoas, capital e informações quando os capitalistas, separados por milhares de quilômetros no espaço e meses no tempo, lutavam para permanecer no controle.

O *Pony Express* – A UPS do século XIX

Catalisado pela mesma necessidade de controle mais rápido, o *Pony Express* começou em 1859 como um meio adicional de acelerar as comunicações entre o leste e o novo oeste dos EUA. O *Express* consistia de uma cadeia de mais de 100 estações no caminho ligando o Missouri e Sacramento, por meio da qual eram transportadas cartas e outros bens. Em vez de usar diligências (os contêineres de transporte rodoviário da época), o *Express* utilizava cavaleiros individuais montados a cavalo. As estações eram espaçadas de tal forma que um cavalo pudesse alcançar a próxima estação em uma única corrida, sem cair morto por exaustão. Os cavaleiros levavam a carga em seus corpos e viajavam a galope com cada cavalo até a estação seguinte, onde a carga era transferida para um cavaleiro e um cavalo descansados.

Figura 8.2: Mapa com a rota do *Pony Express*.

Naturalmente, os cavaleiros podiam transportar pouquíssima carga, e o custo por grama era relativamente enorme. Mas o *Express* garantia a comunicação costa a costa em **10 dias**, verdadeiramente a máquina do tempo disruptiva de sua época. O *Pony Express* foi tão extraordinariamente disruptivo, removeu **tanto** atrito do processo de comunicação sob a égide da trindade analógica, que ainda hoje falamos nisso com admiração e respeito. Trata-se de algo notável, pois o *Express* foi realmente um fracasso comercial. Ele foi fechado apenas 19 meses após a sua fundação, eclipsado por uma máquina do tempo ainda mais eficaz, o **telégrafo**.

Aceleração incessante do analógico

No século seguinte à breve aparição do *Pony Express*, muita riqueza e energia foram gastas na tentativa de acelerar as comunicações, ou seja, para reduzir o atrito na economia e fazer as coisas se moverem com inteligência. As ferrovias eram pelo menos tão valiosas para a comunicação quanto para o transporte e a logística. O telégrafo causou uma revolução e literalmente impediu outra. O presidente Lincoln exerce a supervisão direta e o comando do Exército da União na Guerra Civil norte-americana através de um fluxo regular de telegramas para seus generais. O telégrafo, por sua vez, foi eclipsado pelo telefone e, mais uma vez, a natureza de nossas comunicações e nossa capacidade de otimizar o controle de capital acelerou-se enormemente.

Figura 8.3: O presidente Lincoln utilizava o telégrafo para controlar suas forças na Guerra Civil norte-americana.

Na Segunda Guerra Mundial, o **rádio** mudou completamente as estratégias e táticas no campo de batalha. Os generais podiam emitir ordens diretamente aos humildes tenentes e sargentos em tempo real, contornando camadas de burocracia e séculos de tradição. De modo semelhante, executivos podiam chamar seus subordinados alguns andares abaixo, ou a alguns quilômetros de distância, e obter respostas imediatas às suas perguntas. Imagine! Cinquenta anos antes aquele mesmo capitalista precisaria esperar mais de um ano por uma resposta. De repente, as pessoas ficavam irritadas se tivessem de esperar 10 segundos para que alguém atendesse a ultramoderna caixa de conversa colocada em sua mesa (o telefone). Não é por acaso que o crescimento explosivo do capitalismo no século XX coincidiu com o grande aumento na **velocidade** de nossas **comunicações**. Este último era um pré-requisito para o primeiro.

Aceleração via automação

Como já demonstrado, a invenção e implantação da TI acelerou ainda mais a trindade analógica. De repente, tínhamos ferramentas que podiam calcular, resumir e comunicar fatos milhares ou até mesmo milhões de vezes mais rápido do que os seres humanos, e podíamos comunicar esses fatos à velocidade da luz. Este foi um avanço enorme para as empresas analógicas, pois estas descobriram que tinham ferramentas que melhorariam as suas comunicações (e, portanto, o controle de seu capital) por várias ordens de grandeza. Nos anos 1950 e 1960, os computadores eram enormes, lentos e caros. Porém, um computador do tamanho de uma sala com menos poder de computação do que uma geladeira moderna ainda conseguia superar amplamente o desempenho de alguns milhares de contadores extremamente ocupados atualizando os livros à mão.

Figura 8.4: Um computador *mainframe* IBM 360 da década de 1960.

Essas melhorias na velocidade e eficiência no controle do capital expuseram um novo problema para as organizações: **desalinhamento**. As novas tecnologias de comunicação possibilitaram um controle extremamente mais rápido do capital, mas os mecanismos de controle não avançaram com a mesma velocidade. As organizações descobriram que a velha trindade analógica da burocracia, processos e regras, que os servia tão bem na era dos veleiros e garanhões, não conseguia acompanhar as capacidades trazidas pela era do silício e planilhas do computador. Em uma época em que as comunicações eram extremamente lentas, você precisava da trindade analógica para manter o controle do seu capital. Quando nossa capacidade de comunicação alcançou a velocidade da luz, essas velhas estruturas de comunicação não conseguiram acompanhar. Elas impediam a aceleração contínua por causa do atrito organizacional.

Está ficando quente aqui

Conforme afirmado anteriormente neste capítulo, quando o atrito age contra algo em movimento, parte desse movimento é convertido em calor. Para as pessoas que seguem as estruturas da trindade analógica, o calor é exatamente o que elas sentiram quando essas tecnologias digitais foram implantadas ao seu redor.

Telecomunicações e computadores permitiram que a informação fluísse instantaneamente entre as pessoas, ao invés de dias, semanas ou até mesmo meses. Agora se espera que as pessoas respondam às informações recebidas a uma velocidade impensável apenas uma década ou duas atrás. À medida que os funcionários de empresas passaram a ter PCs em suas mesas de trabalho, muitos deles se rebelaram contra o ritmo desumano das expectativas exigidas pela automação. Na década de 1980, funcionários analógicos começaram a sentir uma queimadura digital e, de repente, o calor estava a toda, como nos versos do músico Glenn Frye dos Eagles em sua famosa canção *The Heat is On* daquela época.

Com a automação, as práticas analógicas como reuniões, revisões, processos de aprovação, regras empresariais, assinaturas, autorizações e assim por diante não pareciam apenas fora de lugar, como começaram a criar um atrito enorme. Cada etapa em nossos processos analógicos e cada edito estabelecido pelas nossas regras analógicas foi concebido para evitar o uso indevido do capital distante. Sem supervisão direta e atualizada as pessoas precisavam ser limitadas naquilo que poderiam fazer. Este era o propósito da trindade analógica: **controle** e **previsibilidade**.

Assim que a supervisão direta e atualizada foi permitida através da TI, esses mesmos mecanismos em vez de fornecer controle passaram a gerar atrito. E quanto melhor ficamos na monitoração de nós mesmos, mais evidentes se tornaram a perda de velocidade e valor em função dessas perdas por atrito.

As empresas multinacionais sediadas nos EUA acrescentaram empregos no exterior e cortaram em casa. Mudança acumulada desde 1999

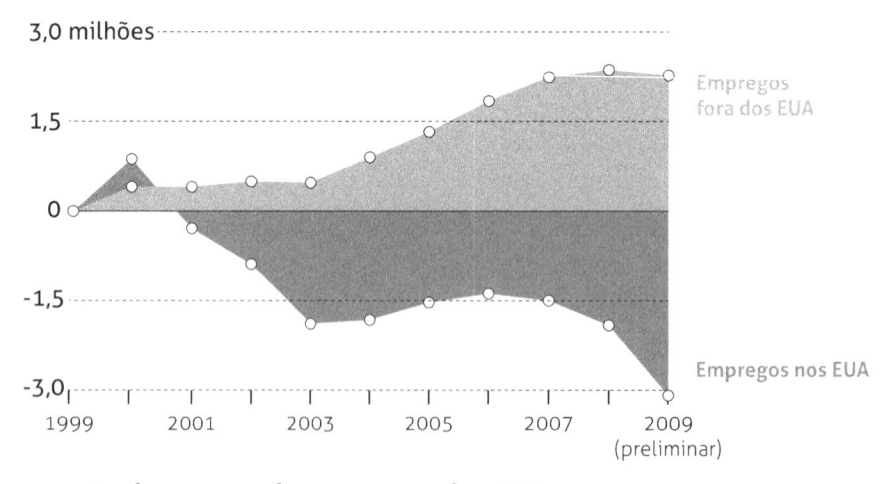

Figura 8.5: Deslocamento dos empregos dos EUA para o exterior.

Nossos esforços para lidar com esse descompasso na velocidade foram discutidos na Seção I, de modo que não voltaremos a isso. Basta dizer que aqui, no início da era da informação, os mecanismos da trindade analógica como comitês, assinaturas de autorização, processos de aprovação e manuais de políticas se parecem com relíquias que causam atrito. Esses atavismos analógicos agora desaceleram as comunicações e causam atrito. Eles transformam a informação em calor residual sob a forma de capital gasto, tempo perdido e destruição do valor inerente ao contexto.

Super lubrificante digital

As empresas *jerk* evitam essas fontes de atrito como pragas que são. As empresas *jerk* mantêm reuniões como outras pessoas mantêm gambás mortos: com **repulsa**. A probabilidade de uma empresa *jerk* convocar uma equipe de especialistas para fazer a reengenharia de um processo de negócio é igual a de lamber uma vela acesa. As empresas *jerk* revisam manuais de políticas com o mesmo prazer que outras pessoas contemplam uma ferida aberta. As empresas *jerk* percebem que qualquer atraso na resposta a informações contextuais é uma perda de tesouro. Aquilo que retarda a sua capacidade de responder ao contexto gera atrito e destrói a riqueza.

As empresas *jerk* evitam a trindade analógica porque percebem o atrito inerente a esta estrutura secular. Em vez disso, elas utilizam a trindade digital para caçar e matar as fontes de atrito, com o intuito de se aproximar e, quando possível, ultrapassar a velocidade do contexto.

Resumo do capítulo:

1. O capitalismo utiliza a trindade analógica para controlar o capital. As empresas *jerk* utilizam a trindade digital para libertar a informação.

2. A informação quer se mover o mais rápido possível, à velocidade da luz ou mesmo ultrapassando-a (através de análises preditivas).

3. As empresas *jerk* fazem o que estiver ao seu alcance para remover barreiras à velocidade em sua trindade analógica, com o intuito de trabalhar nas velocidades da trindade digital.

Capítulo 9
Jerks substituem cadeias por *Webs*

> *"Nós vivemos em uma sociedade extraordinariamente dependente da ciência e da tecnologia, na qual quase ninguém sabe alguma coisa sobre ciência e tecnologia."*
>
> **Carl Sagan**

> *"Ser livre não é simplesmente romper as correntes que aprisionam alguém, mas viver de uma forma que se respeite e fortaleça a liberdade dos outros."*
>
> **Nelson Mandela**

As empresas *jerk* não prestam muita atenção às regras que todos seguem. Não é que elas sejam rudes. Elas apenas vivem em uma visão de mundo diferente. Essa filosofia se estende a coisas que os analógicos tomaram como "leis" por um século ou mais, e que seguem à risca. Entre as regras e leis ignoradas pelos *jerks* está a noção de cadeias de valor ou suprimentos.

As empresas *jerk* reconhecem que cadeias são boas para limitar ou manter as coisas no lugar. As cadeias são restrições, grilhões, impedimentos acumulados ao longo do tempo como aquelas arrastadas por Jacob Marley na história de Dickens, *Um Conto de Natal*. As empresas *jerk* percebem que não importa o quanto você torne a sua cadeia ágil, eficiente, automatizada e "enxuta", o resultado final é limitá-**lo** e controlá-**lo**.

Então, quando precisam que algo seja feito, os *jerks* constroem, alimentam e aproveitam *webs* de valor, ou redes, ao invés de cadeias. *Webs* e redes têm a ver com colheita, e não com vínculo. Você usa *Webs* e redes para capturar e coletar coisas que são gratuitas, ao invés de controlar coisas que não são. As empresas *jerk* não estão interessadas em amarrar informações ou retê-las para algum propósito posterior. Na verdade, elas reconhecem que a informação é algo para ser colhido, como peixes de um oceano ou frutas de um pomar, e que *Webs* e redes são muito mais eficazes.

Taylorismo: uma vitória para o capital, uma derrota para a humanidade?

Todas as organizações centradas no capital seguem o mesmo caminho de criação de valor. Elas pegam matérias-primas, processam de alguma forma para aumentar seu valor e, em seguida, distribuem aos seus clientes que pagam um ágio pelo custo de conversão e entrega. Os produtos que não passam por muitas conversões são chamados de *commodities*. Para as *commodities*, o valor ao cliente é principalmente na entrega. A *commodity* em si mesma praticamente não sofre alteração.

Figura 9.1: Jacob Marley, especialista em cadeias de suprimentos.

Outros itens exigem uma grande quantidade de conversão antes de satisfazer a necessidade de um cliente. Esses itens são chamados de **"produtos acabados"** e cobram um ágio pelo custo de conversão. A forma mais elevada de conversão é a de *commodities* para serviços, em que praticamente todas as demandas dos clientes são atendidas de maneira intangível, apesar dos muitos insumos de matérias-primas, mão de obra e capital.

Esse processo é chamado de **cadeia de suprimentos**. A analogia da cadeia (corrente) é apropriada, por causa do nosso querido Henry Ford e seu exótico auxiliar escocês Frederick Winslow Taylor. No final do século XIX o mundo ainda estava se acostumando com a centralidade do capital, e Henry e Freddy tinham um problema. Eles precisavam de uma maneira mais eficaz de agrupar matéria-prima, capital e mão de obra.

Figura 9.2: Frederick Winslow Taylor, pai do estudo de tempos e movimentos.

Este não era um problema trivial no final do século XIX. O capital acumulado estava criando tecnologias até então inexistentes, como aço, eletricidade, borracha, petróleo e produtos químicos sintéticos. Foi uma época marcada também por uma grande migração de mão de obra, principalmente do Velho Mundo para o Novo Mundo. Os imigrantes escapavam dos restos decadentes do Velho Mundo enquanto a nobreza lutava para manter seu legado de poder baseado em terras, sob a égide da trindade da terra (**hereditariedade**, **editos** e **violência**). Os capitalistas estavam ansiosos por colocar essa mão de obra não qualificada para trabalhar.

Taylor era um economista que queria entender como reunir da maneira mais eficiente essa mão de obra não qualificada com as novas tecnologias e as novas fontes de matérias-primas. Ele utilizou estudos de tempos e movimentos para analisar cada movimento executado pelos funcionários enquanto trabalhavam. Taylor pretendia eliminar o desperdício de tempo, esforço e custo.

O trabalho de Taylor levou à invenção da linha de montagem, em que os trabalhadores ficavam em um lugar e os bens se moviam até eles. Isso era o oposto da prática anterior de produção baseada em oficina, em que os bens ficavam parados e os trabalhadores pululavam ao redor deles. As oficinas eram ótimas para artesãos qualificados procurando fabricar itens de boa qualidade que exigiam conhecimento rigoroso e habilidade. Entretanto, elas eram terríveis para fabricar enormes volumes de tranqueiras produzidas em massa utilizando ferramentas que valiam mais do que os salários mensais de um trabalhador não qualificado.

Algumas pessoas consideraram o trabalho de Taylor desumanizador. Esta era a questão. Ele fez seus estudos com o olhar entendido, mas indiferente, de um pastor de ovelhas ou pecuarista, vendo os trabalhadores como outra forma de gado. Variáveis tais como habilidade, conhecimento, intuição e resolução de problemas, tão valiosas em uma economia voltada para as oficinas, deveriam ser eliminadas, pois eram variáveis. Taylor foi grande na noção de manter todos em sincronia, ainda que essa sincronia fosse meramente mediana. Capitalistas gostam de lucros, mas gostam ainda mais de previsibilidade. É assim que funciona a trindade analógica.

O trabalho de Taylor criou as bases da industrialização e da sindicalização. A primeira pretendia maximizar os retornos sobre o capital, enquanto a segunda foi uma resposta inesperada para as péssimas condições de trabalho resultantes. Até o final do século XIX, o trabalho e o capital lutaram apaixonadamente, ferozmente e, com frequência, violentamente à medida que os capitalistas adotavam a nova religião do taylorismo.

Em torno desse período nasceu o automóvel. Ao ver pela primeira vez um automóvel, a maioria das pessoas da época ficou estupefata, incrédula e hipnotizada, provavelmente em partes iguais. Os primeiros veículos foram construídos utilizando o modelo de oficina, pois as pessoas ainda estavam tentando entender a mecânica básica da coisa, e isso exigia artesãos de grande habilidade. Em função disso, os primeiros automóveis eram brinquedos de ricos que gostavam de sair dirigindo com velocidades várias vezes superiores às carruagens puxadas por cavalo das pessoas comuns (aqui aparece novamente o desagradável valor da velocidade).

Henry Ford apareceu perto da virada do século XX com a ideia disruptiva de que todas as pessoas deveriam possuir e desfrutar desse transporte ultramoderno, incluindo seus próprios funcionários. Muitas pessoas conhecem Henry Ford como um inovador na aplicação dos métodos de linha de produção de Taylor na indústria automobilística anteriormente voltada para a oficina. Mas muito menos pessoas sabem da dedicação de Ford para melhorar a vida de seus funcionários pagando-lhes bem acima dos salários normais, dando-lhes assistência médica, refeitórios e creches. Os capitalistas também possuem canais de mídia e tendem a enfatizar os aspectos da história que promovem o seu próprio pensamento, e desconsideram aquilo que não o faz.

Ford, o modelo "T" e a invenção da cadeia de suprimentos

Ford colocou seu plano inovador para funcionar e foi extremamente bem-sucedido. Seu primeiro carro produzido em massa chegou aos consumidores como "T" e foi vendido a um preço que quase todos podiam pagar. Um aspecto fundamental para esse preço baixo foi a eficiência da produção, promovida através do taylorismo e da linha de montagem. Mas para que funcionassem, as linhas de montagem precisavam ser alimentadas através de uma dieta constante de material, dando origem à cadeia de suprimentos.

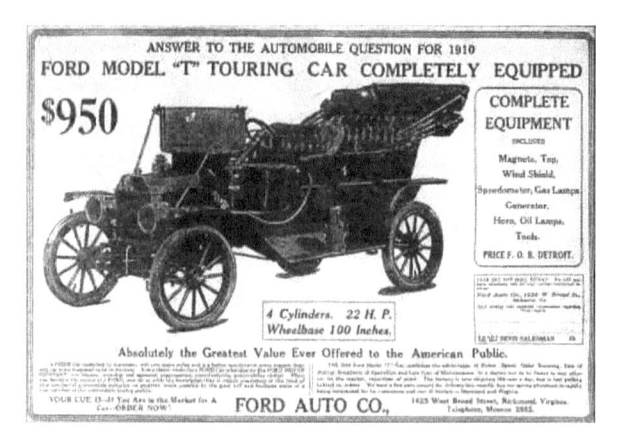

Figura 9.3: Modelo "T" de Henry Ford, disponível em qualquer cor contanto que fosse preto.

Um dos objetivos da cadeia de suprimentos era o de assegurar que os insumos de produção funcionassem a 100% de utilização. A linha tinha que se manter em movimento e, para maximizar a produção, os trabalhadores não podiam parar de trabalhar. Ford logo descobriu que era muito mais barato manter um pequeno suprimento extra de peças do que interromper a linha de produção com sua ausência. Assim, Ford procurou assegurar um fluxo confiável de matéria-prima.

Economias de escala e de escopo: "leis" do capitalismo

Inicialmente isso foi conseguido através da integração vertical maciça da cadeia de suprimentos. Ford devorou os meios para fazer todas as coisas que ele utilizava para fabricar seus carros, incluindo plantações de seringueiras, depósitos de minério de ferro e navios de transporte. Ele reuniu esses bens (esse capital) debaixo de um único teto e contratou um exército de contadores e assistentes para manter o controle de tudo. Desta forma, Ford criou uma corporação clássica, pós-Revolução Industrial, centrada no capital, a Ford Motor Company. Era enorme, lucrativa e poderosa, e rezava no altar da trindade analógica.

Como outras grandes corporações, a Ford Motor Company procurava explorar economias de escala e escopo. Produzir mais a partir de um determinado investimento de capital significava um retorno maior sobre esse investimento, ou seja, aproveitar economias de escala. Quanto mais você controla todos os componentes necessários para as suas operações, mais você pode aproveitar insumos semelhantes (mão de obra, contabilidade ou eletricidade, por exemplo) em todos esses componentes. Isso dá a cada um deles uma vantagem de escala compartilhada, levando ao que é conhecido como economias de escopo. Esses conceitos são tão centrais para o pensamento capitalista que muitas pessoas acreditam que são "leis" econômicas. Este é o tipo de coisa que me foi ensinado na faculdade e na pós-graduação no final do século XX.

Informação: mais uma vez o "*bug*"[10] na sopa

Embora começando como uma guerra entre diferentes sistemas econômicos, políticos e sociais, a Segunda Guerra Mundial terminou como uma guerra de fabricação e logística. Em muitos aspectos, as potências do Eixo (Alemanha, Itália e Japão) derrotaram e superaram os aliados. Mas felizmente para a sociedade, os aliados superaram a produção e distribuição do Eixo, graças a um século de crescimento capitalista. Ao combater e vencer a Segunda Guerra Mundial, as empresas ocidentais otimizaram a produção de materiais de guerra e a logística necessária para levá-los até a zona de combate. Os EUA e seus aliados aperfeiçoaram a primeira cadeia de suprimentos sincronizada, globalmente integrada e maximizando a produção, a fim de salvar seu modo de vida.

À medida que esse gigante da produção e logística se reformulava para a paz relativa da Guerra Fria (uma expressão tão contraditória para nós hoje em dia que chega a ser politicamente incorreta), a TI voltou a mostrar a sua cara. Mais uma vez, todos os elementos da trindade analógica dependiam da transferência de informações. Os computadores podiam controlar os

---

10 NT: O autor faz um jogo de palavras com o termo "*bug*", que literalmente é "inseto", mas que no jargão da informática é um "erro de programação".

insumos de produção e os produtos de uma forma muito melhor e mais rápida do que eram exigidos. Desse início humilde no pós-guerra surgiu uma indústria enorme que logo se chamaria gestão da cadeia de suprimento (SCM, da sigla em inglês).

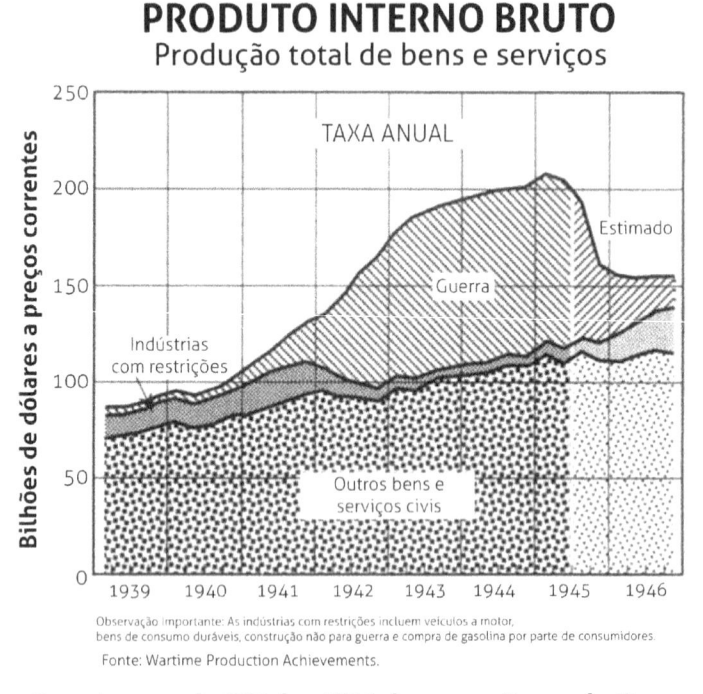

Figura 9.4: Crescimento do PIB dos EUA durante a Segunda Guerra Mundial.

Me chicoteie, me bata, me faça comprar o *software* SCM

Ao longo dos anos 1980 e 1990, a indústria de SCM decolou quando os engenheiros procuraram integrar os princípios de Taylor da otimização da cadeia de suprimentos com as TIs que vinham surgindo. Eu estava começando minha carreira na época, e fui tragado pela excitação e histeria de que uma melhor gestão da informação da cadeia de suprimento liberaria o capital. A realidade é que amarrou as nossas organizações ao chão.

Trabalhei em projetos de tecnologia SCM até o final do século XX. Para alguns, SCM é mais uma religião do que uma solução tecnológica. Eu, como talvez milhões de outros profissionais, fui treinado, diplomado e doutrinado no pensamento por trás da cadeia de suprimentos. Fui inculcado com os ensinamentos, princípios, cânones e editos do taylorismo. Fiquei saturado com seus dogmas. Por quase duas décadas usei todo tipo de ferramentas, *software*, equações e modelos para descobrir como otimizar melhor as cadeias de suprimentos, ou seja, como monitorar e utilizar melhor o capital para que ele pudesse se autorreplicar.

Previsão do mercado mundial de *softwares*, aplicações e sistemas de SCM

2010-2015 | em US$ bilhões
Taxa de crescimento anual composta = 7,7%

Ano	Valor (US$ bilhões)
2010	US$5,90
2011	US$6,35
2012	US$6,84
2013	US$7,37
2014	US$7,94
2015	US$8,55

Fonte: Environmental Leader

Figura 9.5: Mercado de *software* de gestão da cadeia de suprimentos.

Há uma quantidade razoável de sadomasoquismo envolvida na concepção de uma cadeia de suprimentos eficaz; assim, a analogia de cadeia ou corrente é apropriada. No entanto, os sistemas SCM digitalizaram a trindade analógica. As cadeias entrando e saindo das organizações puderam ser compreendidas, gerenciadas e otimizadas de uma forma melhor. À medida que a tecnologia se aperfeiçoava, cada vez mais pessoas ficavam obsoletas na cadeia de suprimentos. O taylorismo na produção começou a dominar as mentes dos trabalhadores, bem como seus corpos.

Shangri-la para os capitalistas?

Na década de 1990, a revolução SCM convergiu com outras três tendências mundiais, gerando uma tempestade perfeita de mudanças no modo como as empresas otimizavam o seu capital. A primeira delas foi a globalização, ou liberação de mão de obra barata em mercados anteriormente fechados do Extremo Oriente e do Oriente Médio. A segunda foi o humilde contêiner marítimo, que contribuiu enormemente para o encolhimento do nosso mundo moderno. A terceira foi a fibra ótica, inventada pela empresa de tecnologia Coming Incorporated, onde meu pai trabalhou em TI por 33 anos. Essas três inovações facilitaram a adoção do SCM pelas empresas analógicas, que acreditavam ser essencial para a sua sobrevivência.

No final da Segunda Guerra Mundial, a Ásia estava tumultuada. A China se despedaçava em uma guerra civil, a Índia lutava para se tornar independente dos antigos colonizadores centrados em terras da Grã-Bretanha e das pressões internas de sua população diversificada. O Oriente Médio e o Sudeste Asiático também vinham lutando pela libertação do domínio imperial. A Coreia seria dividida ao longo do paralelo 38 e a Rússia mantinha seus antigos caminhos imperiais, envoltos no manto do comunismo soviético. O resultado é que as economias e sociedades da maior massa de terra do mundo estavam um caos. Isso ajudou os EUA a ascender como uma potência econômica.

No final da Guerra Fria, a Ásia estava mais estável. A China e depois a Índia abriram as portas de suas fábricas, se não seus mercados, permitindo que um terço da população mundial se incorporasse à força de trabalho global. Mas seus salários eram baixos, pois havia muitos trabalhadores em potencial e poucos empregos. A **Lei da oferta e da procura** prevaleceu. Muitas empresas analógicas ocidentais cobiçavam essas amplas reservas de mão de obra inexplorada. A globalização representou uma oportunidade sem precedentes para reduzir os custos e melhorar o retorno sobre o capital. Se esses trabalhadores baratos não estivessem tão longe...

O mundo em uma caixa

Para tornar úteis esses trabalhadores baratos, mas distantes, as organizações tiveram que pensar como levar e trazer coisas deles com baixo custo. O transporte marítimo sofreu algumas inovações durante a Segunda Guerra Mundial, pois levar manteiga, balas e botas para o lugar certo no momento certo é o que permitiu a vitória na guerra. A inovação explodiu no setor de logística no pós-guerra, e o maior divisor de águas foi o simples **contêiner de transporte**.

Antes dos contêineres, os produtos eram embarcados em todos os tipos de formas, tamanhos e pesos. Quando um navio entrava no porto, os estivadores nunca sabiam o que esperar. Uma miscelânea de cargas era retirada do navio, muitas vezes usando as mãos e as costas, como animais saindo atabalhoadamente da arca de Noé. Essa falta de padronização era a maior barreira ao transporte de cargas de forma rápida e fácil. O contêiner padronizado de transporte com unidade equivalente a 20 pés (TEU) resolveu o problema.

Desenvolvimento da frota e produção mundial de contêineres (em milhares de TEU)

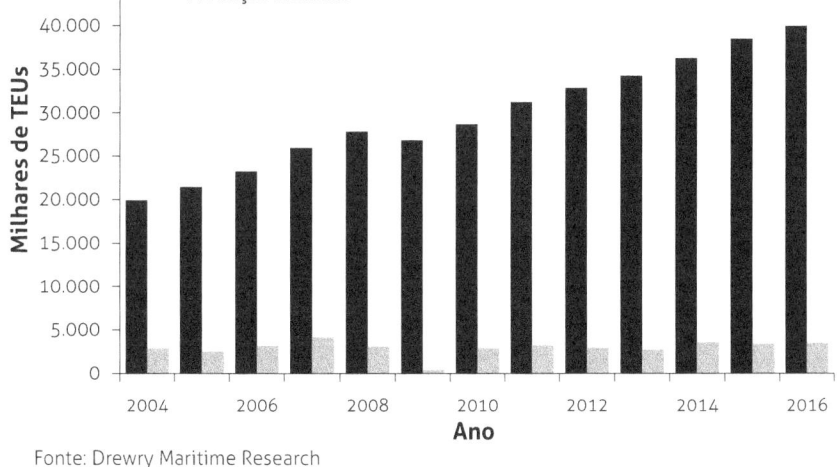

Fonte: Drewry Maritime Research

Figura 9.6: Infraestrutura mundial de contêineres de transporte em TEUs.

Quando os transportadores convergiram para o padrão TEU na gestão de cargas, a indústria se alinhou a esta norma. Portos foram reconstruídos em torno disso, navios foram construídos em conformidade, caminhões e ferrovias foram adaptados e assim por diante. De repente, todo o setor de logística ficou padronizado, eficiente e previsível – exatamente o que pedia a trindade analógica!

Foram necessárias algumas décadas para a transição completa para o TEU, pois uma grande quantidade de capital teve de ser substituída, redesenhada ou reformulada. Mas a mudança para os TEUs reduziu o custo de transporte. Com os TEUs, se foi padronizado e transplantado[11] mais barato e mais rápido do que nunca.

Os TEUs eram a trindade analógica em uma caixa, entregue exatamente na mesma época em que o mercado de trabalho se abria na Ásia.

Pendurado por um fio

A última inovação necessária para as cadeias de suprimentos globalizadas era a das comunicações. Era ótimo que mão de obra barata estivesse disponível em todo o mundo, e que sua produção pudesse ser facilmente transportada para qualquer lugar. Mas as organizações centradas no capital ainda precisavam monitorar e controlar todo o processo. Isso é o que a trindade analógica exigia. As comunicações globais não tinham avançado muito além do telefone e do rádio do início do século XX, como poderia atestar qualquer pessoa que tentasse fazer um telefonema transoceânico. Na faculdade, a minha então namorada estudou durante um semestre na Europa, e eu passei dezenas de horas toda semana vendendo sorvete no Ben & Jerry's para pagar apenas alguns minutos ao telefone com ela do outro lado do oceano Atlântico.

Para que a globalização funcionasse, as comunicações precisariam de um grande avanço e felizmente isso aconteceu bem a tempo, na forma de fibra ótica. Fibras óticas são filamentos de vidro longos, finos e oticamente perfeitos. Quando um laser é disparado na extremidade da fibra, ele salta para frente e para trás dentro da fibra e ao longo de seu comprimento. Se o vidro for suficientemente perfeito, o que entra em uma extremidade, como um *e-mail* ou uma conversa telefônica digitalizada, sai razoavelmente

---

11 NT: *Slogan* do correio dos EUA (*"if it fits, it ships."*).

incólume pela outra ponta, mesmo ao longo de milhares de quilômetros. Esses feixes de luz podem transportar muito mais informações do que um grande fio de cobre, que era a resposta do século XIX para as comunicações transoceânicas.

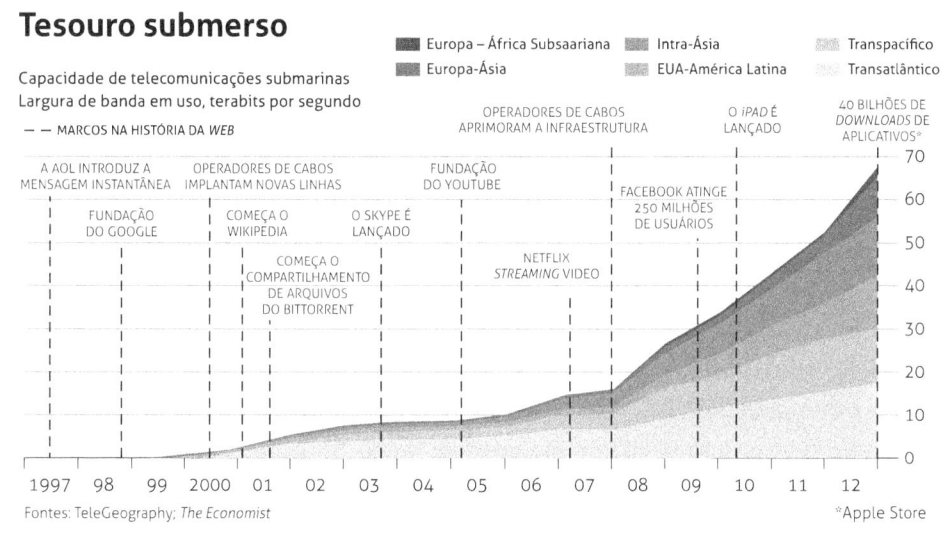

Tesouro submerso

Capacidade de telecomunicações submarinas
Largura de banda em uso, terabits por segundo
— — MARCOS NA HISTÓRIA DA WEB

■ Europa – África Subsaariana ■ Intra-Ásia ■ Transpacífico
■ Europa-Ásia ■ EUA-América Latina ■ Transatlântico

Fontes: TeleGeography; *The Economist* *Apple Store

Figura 9.7: Implantação mundial de cabos de fibra ótica.

A Corning Incorporated, uma fabricante centenária de vidro, tropeçou na fibra ótica, quase por acidente. Embora trabalhe com vidro, a Corning é, na verdade, uma empresa de engenharia e ciência; eles valorizam o conhecimento e a inovação. Ao se deparar com a fibra ótica, seus cientistas ampliaram a capacidade de se comunicar globalmente em escala. Isso aconteceu ao mesmo tempo em que explodia a Internet, os contêineres de transporte eram adotados e o mercado de trabalho se abria na Ásia. Surgia assim uma trindade da terceirização, consistindo de mão de obra barata, TEUs e fibra ótica, que tornava a globalização não só possível, como inevitável.

Através da porta de fora

Então começou, em meados da década de 1990, a mania de **terceirização** nos EUA. O custo de fabricar e transportar produtos do exterior caiu enormemente, ao mesmo tempo em que a nossa capacidade de controlar isso tudo acelerou para a velocidade da luz. A terceirização começou como uma onda, cresceu num turbilhão e, em seguida, transformou-se em um *tsunami* reverso, à medida que os empregos fluíam para longe da costa dos EUA como uma enorme contracorrente. A mania se transformou em pânico quando as empresas norte-americanas cortaram seus empregos nos EUA e os lançaram no exterior, como um primeiro ataque da Guerra Fria a um inimigo. Em meados da década de 2000, a ideia era que se seus insumos da produção não vinham do exterior você morreria na praia.

Produção enxuta: a singularidade da logística

O pensamento SCM evoluiu durante esse processo. Ele passou de um controle estatístico do processo (SPC - sigla em inglês) e do gerenciamento da lista de materiais (BOMM - sigla em inglês) para a logística de melhoria contínua de processos (CPI - sigla em inglês), Seis Sigma e *"just in time"* (JIT). Uma cadeia não é mais forte do que o seu elo mais fraco, de modo que os gestores e engenheiros trabalharam incansavelmente para tornar suas cadeias o mais fortes, estáveis e o mais inquebráveis que seja possível. O objetivo era bloquear as entradas e saídas da produção utilizando a trindade analógica a fim de maximizar o uso do capital.

Ao longo do tempo, nossas cadeias ficaram tão fortes, confiáveis e previsíveis que realmente conseguimos eliminar muitos de seus *links* e todas as suas folgas. Os capitalistas se uniram à assim chamada revolução da "**produção enxuta**". No final dos anos 1990, o nosso capital estava firmemente contido por essas cadeias sem folgas, imensamente robustas e fortemente monitoradas, mantidas tensas pelo parafusar constante da informação SCM, viajando à velocidade da luz.

Neste ponto é onde grande parte das empresas analógicas está hoje, com cadeias de valor otimizadas globalmente entregando matérias-primas *just in time* para os trabalhadores mais baratos disponíveis no mundo. A produção é colocada em TEUs e depois embarcada de todo o mundo sob o olhar atento de um Sauron[12] digitalizado, conectado por fibra ótica,

---

12 NT: Referência ao *Senhor dos Anéis* de J.R.R.Tolkien.

que chamamos de gestão da cadeia de suprimentos. Essa estrutura, esse reino do controle é a otimização final dos *inputs* e *outputs* de produção definidos por Taylor, Ford e outros capitalistas que resultaram da Revolução Industrial. É de fato uma singularidade, o ponto de perfeição que não pode ser eclipsado, ou assim acreditam muitas pessoas atualmente.

Figura 9.8: Os centros de comando do suprimento global se parecem com os primeiros controles de missão da NASA.

Quebrando suas correntes

Embora sejam ótimas para um mundo analógico, centrado no capital, as cadeias de suprimentos estão completamente erradas para o mundo digital, centrado na informação, para o qual estamos avançando. Como coloco muito valor no contexto, sinto-me grato pelos poderes instalados terem escolhido chamar nossa atual abordagem de cadeias de valor, em vez de outra coisa. Pois à medida que nos afastamos do capital na direção da informação, esses caminhos do controle de capital seguramente nos manterão no cativeiro digital.

A informação quer ser livre. Ela precisa ser livre. Quando a informação é restringida, protegida ou bloqueada, as pessoas não conseguem acessá-la, consumi-la ou agregar-lhe algo. Os processos de consumo, aproveitamento e correlacionar dados, que formam a base da criação de valor na **era da informação**, não podem ocorrer quando a informação é bloqueada, restringida, acorrentada. A informação precisa vagar livremente, de modo a poder crescer e se multiplicar, como a prole do salmão retornando ao mar. No mar digital da Internet, a informação engorda movendo-se através das mídias sociais, criando novas ideias, novo conhecimento e novo contexto à medida que avança.

Na Internet existem bilhões de pessoas ajudando a engordar esses dados. Elas plantam as sementes da informação para que as empresas possam colher os frutos do contexto. Elas cuidam dos pomares do Facebook, Twitter, YouTube e Waze para que a colheita possa ser feita, vindo o outono.

Depois de algum tempo no mar, a informação agora é rica em valor e está pronta para ser colhida. Os campos estão maduros com o contexto e os pomares carregados com frutos, aguardando correlações. Este é o momento de pegar tudo em uma rede, ou uma *Web*. Este é o momento em que as informações, ricas em contexto, devem ser colhidas em grande quantidade e processadas para o uso (análise). Você precisa lançar as suas redes de forma ampla, capturando o máximo possível. Você precisa espalhar suas *Webs* por baixo dessas árvores para pegar todos os seus frutos amadurecidos no contexto.

As empresas *jerk* compreendem esta perspectiva nova e a seguem com perfeição. As cadeias não capturam esta colheita, pois são lineares, inflexíveis e pesadas. Você precisa de redes para pegar o valor da informação, que é a fonte de riqueza no mundo que virá. As *jerks* usam *Webs* e redes e as lançam com amplidão pela Internet. Elas usam os bilhões de membros da comunidade da Internet como companheiros de colheita e os recompensam por sua ajuda. As empresas *jerk* utilizam a trindade digital para colher aquilo que está livre, em vez de controlar o acorrentado e assim, fundamentalmente, é como dominarão a riqueza na era digital.

Resumo do capítulo:

1. O conceito de cadeias de suprimentos tem sido fundamental para o uso da trindade analógica no âmbito do capitalismo.

2. As cadeias de suprimentos são concebidas para assegurar que cada etapa no processo seja utilizada com eficiência ideal.

3. Esse foco na eficiência e nos retornos sobre o investimento de capital levou diretamente à globalização da mão de obra, do comércio e das comunicações.

4. Independentemente do quanto sejam otimizadas, as cadeias são necessariamente lineares e ocorrem em série.

5. As empresas *jerk* se organizam em torno de redes de valor, em vez de cadeias de valor. As redes de valor são flexíveis, dinâmicas e permitem que vários colaboradores atuem em uníssono e colham valor, em vez de mantê-lo preso.

Capítulo 10
Jerks invertem economias de escala e escopo

"Nada retrocede como o progresso."
E.E. Cummings

"Sempre que você se encontrar do lado da maioria, é hora de parar e refletir."
Mark Twain

Se você for um capitalista por formação ou nascimento, o Capítulo 9 pode ter sido uma fonte de irritação. Antes de prosseguir, pode ser hora de dar um ou dois goles em uma bebida forte. Verifique a sua porta da frente, pois a bebida pode ter acabado de chegar, de forma preditiva, por um *drone*, com os cumprimentos da Amazon e de seu aplicativo Kindle!

Conforme mencionei anteriormente, as empresas *jerk* não seguem as "leis" da economia de escala e escopo. Na verdade, elas dificilmente reconhecem sua existência. Elas seguem um novo conjunto de regras delimitadas e definidas pela trindade digital, ao invés da trindade analógica. Na trindade digital a escala e o escopo efetivamente ocorrem, mas aparecem como pano de fundo. Elas são pré-requisitos para que a trindade digital até mesmo exista. Como tal, a escala e o escopo passam a ser quase sem sentido. Da mesma forma que a gravidade, sabemos que elas estão lá, sabemos que ainda são importantes, mas nos adaptamos a elas e não lhes damos importância.

Uma coisa é dizer que a informação pode algum dia substituir o capital, mas para alguns, questionar as "leis" de economias de escala e escopo pode parecer herético. Desculpe, mas estou apenas começando.

Conforme aprendi na época de escoteiro, às vezes é muito divertido jogar gasolina em uma grande fogueira. Então, aí vai: além de não seguirem as assim chamadas leis de economias de escala e escopo, as empresas *jerk* se esforçam para fazer exatamente o oposto, pelo menos em âmbito local. Como pode ser isso? Como as *jerks* podem criar o que os clientes querem e precisam sem as "vantagens" de tamanho, massa, peso, largura, circunferência, despesas fixas, fluxos de trabalho, comitês, papeladas, assinaturas eletrônicas, manuais de políticas, departamentos de conformidade, orçamentos, relatórios, cadeias de suprimentos, conhecimentos de embarque, manifestos e... você já deve estar vendo aonde isso vai dar, de modo que não desperdiçaremos um momento sequer.

Perder por tentar

As economias de escala e escopo estão ficando sem sentido, até mesmo prejudiciais, por causa dos primeiros quatro dos seis novos normais de nosso mundo. Lembrando, os primeiros quatro são: qualidade, ubiquidade, imediatismo e desengajamento. O que estes dizem é que desde que o capital de **alguém** entregue o que eu quero, onde quero, quando quero, perfeitamente, já não me preocupo mais com isso. Essa atitude desdenhosa com relação à luta humana de 200 anos para triunfar sobre o capital pode ser bastante irritante, se não um insulto.

Por gerações, empresários, cientistas, engenheiros, comerciantes, políticos e trabalhadores de fábricas ao redor do planeta trabalharam arduamente para criar nosso mundo moderno, seguro, conveniente e, em última análise, habitável. Partindo dessas mesmas pessoas, muitas vezes ouvimos o lamento imortal, universal, das gerações mais velhas: "As pessoas têm isso tão fácil hoje em dia!". Existe um pouco de verdade nisso, pois cada geração constrói sobre os sucessos e fracassos de seus predecessores. "Eu queria poder caminhar até a escola, subindo e descendo a ladeira na neve, como meu avô fazia", nunca foi dito por nenhum adolescente. **Jamais!**

Figura 10.1: Sala de escola do século XIX.

Durante 200 anos otimizamos o nosso uso da trindade Analógica, aproximando-nos da perfeição em termos de qualidade, ubiquidade e imediatismo. Infelizmente, nossos esforços foram tão eficazes e nossos resultados tão bem sucedidos que geramos um desengajamento generalizado como consequência. Nossas vitórias na entrega selecionada de forma preditiva, transportada por *drone* e com preço justo de coisas que nem lembramos o nome direto em sua porta provocam nada mais do que um encolher de ombros, um LOL e um "E daí?" de clientes desengajados. É suficiente para fazer Ebenezer Scrooge gritar, "Bah! Humbug!", enquanto acrescenta às suas inevitáveis correntes.

Os capitalistas conquistaram uma enorme vitória para si e para a nossa sociedade e, em consequência, perderam todos nós.

Como isso aconteceu? Como pudemos ter chegado tão longe apenas para descobrir que a pontuação não vale e que no lugar recebemos um troféu de participação? A resposta está em um peculiar psicólogo norte-americano "mentalmente instável" que ousou acreditar que as pessoas poderiam ser motivadas por mais do que a trindade da terra e a trindade analógica lhes davam.

Hierarquia de necessidades de Maslow

Figura 10.2: Abraham Maslow.

Abraham Maslow nasceu no bairro do Brooklyn na cidade de Nova York, em 1908, a poucos quarteirões de onde meus avôs moravam na mesma época. Ele cresceu em um tempo em que ser filho de imigrantes judeus russos, sem qualificações e recém-saídos do navio, provavelmente não faria você ser eleito rei do baile de formatura. Durante a infância, Maslow sofreu muito com o preconceito, o desprezo e a ignorância dos outros. No final da era vitoriana, a "zona segura" psicológica e emocional de uma pessoa se estendia apenas até a sua sala de estar, e somente se a tia Em não estivesse fazendo uma visita.

Dadas suas origens humildes, os pais de Maslow instilaram nele um amor pela educação, e Abraham usou os livros e a aprendizagem como uma fuga de seus arredores. Estudou psicologia na faculdade, numa época em que Freud, Skinner e outros pioneiros no campo estavam convencidos de que estávamos todos a meio passo de ficar batendo cabeça. A visão de mundo de Maslow ergueu-se acima de sua educação e do dogma da época, e de alguma forma ele conseguiu ver o bem em todos nós lutando para aparecer.

O trabalho de Maslow baseou-se em sua crença de que os seres humanos têm necessidades maiores do que outros organismos. Como animais, nós ainda temos necessidades básicas que precisam ser atendidas, mas uma vez sendo alcançadas, nos esforçamos por algo mais. Nossa consciência, nossa percepção de nós mesmos e dos outros, levam a apetites que transcendem nossos pulmões e nossos estômagos; temos necessidades que eclipsam o mundo físico. Maslow criou o que chamou de **hierarquia de necessidades** para explicar como nossas motivações são classificadas.

Figura 10.3: Hierarquia de necessidades de Maslow.

O trabalho de Maslow formou uma base para a compreensão tanto da nossa necessidade humana de avanço como da nossa tendência humana de considerar como algo garantido aquilo que já temos. Vamos rever os elementos desta hierarquia e ver se isso nos parece familiar.

Necessidades básicas – Eu só quero viver

Na parte inferior da hierarquia estão as necessidades fisiológicas: ar, água, alimento e abrigo. Essas necessidades são as mais fundamentais para qualquer animal vivo, pelo menos se ele espera sobreviver de um minuto para o seguinte.

Segurança – Dê-me proteção

O próximo degrau da cadeia são as necessidades de **segurança**, que se relacionam com a capacidade de se sentir à vontade com o nosso ambiente. Uma vez tendo acesso adequado à comida, os primeiros seres humanos sentavam-se em torno de suas fogueiras compartilhando histórias sobre o medo que tinham do relâmpago, do trovão e dos clãs vizinhos. Começaram buscando segurança e proteção, descobriram que os ursos tinham um bom negócio dominando o mercado de cavernas, e passaram a colocar esses ursos do lado de fora na rua (que não era rua). E assim começou a vida sob a trindade da terra, e depois a ana... estou divagando.

Intimidade – Não podemos todos apenas ficar juntos?

Quando nos sentimos seguros em nosso mundo, voltamos novamente a nossa atenção para algo maior. O próximo degrau é o nosso sentimento de **pertencer**, ou de **intimidade**. Sim, você me ouviu usar esse termo antes e, sim, trata-se de um dos seis novos normais. Isso não é um acidente. Uma vez assumindo o controle de nossa vila dos Ursos, percebemos que estamos muito perto uns dos outros. Quando vagávamos por toda a savana, transar apenas por uma noite, rejeições desagradáveis e festas amorosas Neandertais eram aceitáveis; as chances de consequências eram remotas.

Uma vez estando presos em estreita proximidade uns com os outros, ter um bom relacionamento de repente se tornou importante para nós. Não apenas procurávamos conexão uns com os outros em nome da estabilidade do clã; descobrimos que realmente gostávamos de nos sentir conectados. Logo passamos a desejar isso, e essa conexão, essa intimidade, essa busca por entender e ser entendido tornou-se um desejo de ordem superior em nossas vidas. Eu coloquei essa necessidade nos seis novos normais porque ainda temos fome por pertencer, pela intimidade e pela conexão; pelo menos é o que o nosso uso do Facebook, eHarmony e Tinder parece indicar.

Figura 10.4: Antiga arte rupestre. Seria o espaço vazio no meio uma pré-histórica "zona segura"?

Estima – Eu estou bem, você está bem

Acima de nossa necessidade de conexão está a nossa necessidade de **estima**. Não basta apenas fazer parte do clã, a maioria de nós quer ter mais "*likes*" do que nossos colegas de clã. Queremos que os outros pensem bem de nós, para que possamos começar a nos sentir bem a respeito de nós mesmos. Precisamos primeiro da estima dos outros para então ela vir de dentro de nós mesmos. Quando temos seguidores suficientes no Twitter, começamos a nos sentir como se realmente merecêssemos esses seguidores, e começamos a pensar que realmente **estamos** "arrasando"! Se existir uma explicação melhor para o aparente sucesso do Facebook, do Twitter e do Justin Bieber, ainda tenho que topar com ela.

Autorrealização – Isso é tudo o que sou?

Quando conseguimos 4,5 estrelas de nossos amigos, descobrimos que gostamos de atenção e começamos a buscar maneiras de ganhar mais. E depois de acreditar em nosso próprio perfil no LinkedIn ou no Match.com, nos esforçamos para realmente fazer por merecer a nossa própria "propaganda exagerada"; pelos menos **alguns** de nós tentamos. A autorrealização é a satisfação que obtemos por perceber que estamos vivendo de acordo com nossas habilidades. Estamos usando nossas capacidades para contribuir com o universo e temos a sensação de que a nossa existência é importante. Obtemos uma satisfação enorme por mostrarmos o melhor de nós, se e quando chegamos lá. Do mesmo modo que a Intimidade, o Novo Normal Número Seis, Propósito, foi cortesia dos grandes insights de Maslow.

O que pode estar além?

No final de sua carreira, Maslow achou que cada um de nós tinha outro nível de necessidade, ainda maior do que alcançar o nosso melhor pessoal. Maslow, como todo bom mentor, postulou que uma satisfação ainda maior poderia ser encontrada em ajudar os outros a alcançar o melhor pessoal **deles.** Desta maneira, nossos objetivos, desejos, esperanças e sonhos podem transcender o nosso eu físico e continuar em nossa final ausência. Se os nossos genes são o nosso legado para o mundo físico, os nossos esforços para ajudar os outros em sua autorrealização tornam-se o nosso legado para a sociedade.

Se essa ladainha parecer estranha como encontrar correlações em dados não correlacionados, você pode se recuperar lendo novamente o Capítulo 6 como eu mesmo fiz, ao escrever isso.

Uma trindade termina e outra começa

Caso nunca tenha lido algum trabalho de Maslow, eu recomendo fortemente que você o faça. Não estou insistindo que você aceite qualquer um de seus argumentos ou raciocínio. Nossa sociedade evoluirá como nós coletivamente acharmos conveniente, não importando quantos comitês ou analistas digam o contrário aos seus acionistas. Se há uma coisa que a consciência coletiva da Internet nos diz, é aquilo que está em todas as nossas mentes. Em um mundo construído sobre o sucesso da aplicação da trindade analógica, muitas pessoas não se preocupam mais com o nosso próprio acesso a alimentos, água e zonas seguras de predadores intrusos (infelizmente, muitos ainda têm essas preocupações, pois o futuro não é uniformemente distribuído. Caso se preocupe com essas pessoas infelizes, você está sofrendo de um caso leve de fome de transcendência... obrigado por provar o meu argumento!).

Figura 10.5: Norte-americanos protestam para acabar com a fome.

O capitalismo não foi um resultado espontâneo de nossa evolução social e econômica. Ele teve que passar por seu próprio nascimento. A trindade da terra precisou ter êxito **antes** que a trindade analógica pudesse ter alguma chance de substitui-la. O capitalismo poderia não ter decolado se o imperialismo não tivesse alcançado o seu ápice natural. Durante a

Revolução Industrial exércitos inteiros lutaram para manter a trindade da terra; eles lutaram pelo que acreditavam ser a ordem natural das coisas. Pensadores revolucionários em exércitos revolucionários lutaram contra, acreditando em uma nova ordem mundial. Em sua época, Washington, Jefferson, Lafayette e Cromwell eram *jerks* da mais alta ordem.

Figura 10.6: Somalis também protestam para acabar com a fome.

Assim que o capitalismo entregou os bens que atendiam nossas necessidades menores, nós simplesmente seguimos em frente, tentando alimentar nossa outra fome. Assim como com alimentos, água e abrigo, quando a necessidade desesperada de nossa sociedade por *Big Mac*, Evian e condomínios foi atendida, começamos a buscar algo mais. Isso não significa que não valorizamos essas coisas em sua ausência. É claro que valorizamos. Mas da mesma forma que com o oxigênio, desde que tenhamos fácil acesso a ele, nós o esquecemos.

Evidências dessa transição estão ao nosso redor. Os *Big Macs* deixaram de ser adequados, a menos que sejam sem glúten, sem gaiola, sem antibiótico, sem carne de porco, e preparados pelo trabalho escravo recentemente libertado de alguma ditadura miserável derrubada por um golpe sem derramamento de sangue; nesse caso, pagaremos o dobro do preço. Nossa água deve ser aproveitada de uma geleira em recuo no sopé dos Alpes, trazida até nós pelo meio de transporte mais rápido disponível. Ou, pelo contrário, deve vir de nosso próprio poço, cavado através do subsolo de nosso edifício de oito andares sem elevador e filtrada através de gaze, tecida a partir do cabelo doado pelos agricultores locais, a fim de minimizar o nosso impacto global. Novamente, nesse caso pagaremos o dobro.

Figura 10.7: Tendência do milênio: sem nada?

Nós trocamos nosso condomínio mais caro, três vezes hipotecado, sem isolamento, aquecido a óleo por um contêiner marítimo remodelado, alimentado por energia solar, resfriado por evaporação que foi transformado em 75% de um apartamento decente; e pagamos o dobro pelo privilégio.

Os comportamentos que vemos ao nosso redor podem não fazer sentido para nós, pois estamos vendo com o olhar capitalista. A Revolução norte-americana não fez absolutamente nenhum sentido para a aristocracia das terras da época, pois a viram com o olhar imperial. O mesmo acontece agora, só que nós é que estamos participando da ruptura. Nós é que estamos cercados por *jerks* com novas ideias. Como as regras da transmissão de poder sob a trindade da terra, tudo é relativo.

Pondo Maslow para trabalhar na era digital

Os *jerks* não vivem nos primeiros 99,999% da curva normal; eles deixam essa parte para os capitalistas. Na verdade, os *jerks* se concentram no restante. Nesse 0,001% do que resta está o erro de arredondamento de nossos esforços Seis Sigma, de classe mundial, de cadeia de suprimento enxuta, megadados analisados, monitorados de forma prescritiva, controlados em tempo real, acelerados por equipe de especialistas, para otimizar nosso controle e uso de capital. Nessa minúscula minoria está o sedimento deixado após termos extraído todos os dados que temos, seguindo todos os processos e regras estabelecidos pela trindade analógica, fielmente aplicados pelas nossas burocracias. Nesse rejeito, nesse joio da trindade analógica, encontra-se o ouro ainda a ser colhido através da trindade digital.

As deseconomias de escala e escopo

As empresas *jerk* invertem as economias de escala e escopo utilizando a escala e o escopo já implantados no mundo para criar a personalização em massa que as pessoas têm discutido há 20 anos. Ao coletar, correlacionar e aplicar enormes volumes de informações contextuais, as empresas *jerk* conseguem compreender as necessidades qualitativas únicas e profundas de cada indivíduo e entregar exatamente o que cada um de seus corações deseja, instantaneamente. Elas se concentram em nossos apetites de ordem superior, segundo Maslow, e os alimentam exatamente da maneira como cada um de nós, individualmente, gostaria de ser alimentado.

Isso não poderia funcionar através das técnicas da trindade analógica, a menos que você esteja administrando uma igreja. Na verdade, essa conexão deveria fazer você parar por um momento. Mas com outros atendendo às nossas necessidades físicas através da aplicação eficaz de capital, as empresas *jerk* se concentram em atender as nossas necessidades psicológicas através da aplicação eficaz da informação. Uma refeição alimenta nossos corpos. O jantar de Natal, a refeição do último dia do Ramadã, o jantar de *Shabbat* ou o *curry* do Diwali alimentam nossas almas.

Os *jerks* entendem que o jogo mudou. Eles compreendem que a sociedade passou de necessidades e desejos mais simples e que agora busca algo mais. A vitória do capitalismo semeou sua própria queda e as empresas *jerk* estão agora se alinhando para realizar a colheita das informações descartadas como inúteis sob a liderança da trindade analógica. Como o alimento da alma para os escravos, que o senhor de engenho joga fora como inútil, outros usam esses ingredientes para algo delicioso, rico, diferente e gratificante.

Mobilidade, mídias sociais e análise: comparar a trindade digital com o alimento da alma parece estranhamente adequado, pois, é exatamente como uma feijoada bem feita, quanto mais humanidade você coloca nela, mais ela alimenta a alma.

Resumo do capítulo:

1. Como observa Maslow, as necessidades humanas básicas, uma vez atendidas, simplesmente geram a busca por satisfazer necessidades cada vez mais elevadas. Estamos agora na autogratificação, autoconsciência e autorrealização e um monte de outras "coisas" narcisistas. A preponderância dos *selfies* prova o argumento.

2. As organizações analógicas usam com sucesso economias de escala e escopo para atender as necessidades básicas dos clientes.

3. Na grande maioria das indústrias de produtos e serviços foi alcançada a quase perfeição (ou o que é percebido como suficientemente próximo). O problema é que agora essa perfeição é algo esperado e os clientes têm outras necessidades a serem atendidas.

4. As empresas *jerk* satisfazem as necessidades **específicas** dos clientes, em desafio às economias de escala e escopo. Assim, as empresas *jerk* obtêm um maior envolvimento e satisfação dos clientes e podem cobrar muito mais por esta grande entrega de valor.

Capítulo 11
Jerks vendem com e através de, não para

"Nada funcionará a menos que você faça."
Maya Angelou

"O mundo está cheio de pessoas dispostas: algumas dispostas a trabalhar, outras dispostas a deixar que elas trabalhem."
Robert Frost

O Capítulo 9 comparou as cadeias de valor com as *Webs* de valor. As cadeias de valor são lineares, pesadas e limitantes. As *Webs* e as redes tendem a ser flexíveis e leves. Elas contêm, ao invés de limitar[13]. Conceitualmente, essa comparação se estende àqueles que estão sendo caçados e vinculados. Em alguns círculos nós os chamamos de clientes.

Eu uso essa linguagem de propósito, porque as palavras que utilizamos são reflexos do nosso pensamento. As empresas analógicas "procuram" seus clientes com anúncios "direcionados" visando a "ganhar" pontos com eles e "convencê-los" a comprar de nós. Quando consideradas através da linguagem que utilizam, muitas empresas analógicas soam mais como assassinos da máfia ou impostores do que empresas. Elas consideram seus clientes como sendo apenas o elo final de suas cadeias de valor (ou "alvos" para uma bala, faça a sua escolha). Estar no final de uma corrente (cadeia)

---
13 NT: Jogo de palavras em inglês entre "conter" – "*contain*" – e "limitar" – "*constrain*".

geralmente indica que você está sendo confinado – como um cão, um prisioneiro ou a carteira de um caminhoneiro.

Ah, claro, as empresas analógicas enchem seus clientes com todo tipo de promessas, elogios e cupons, mas no final das contas os clientes são apenas outro tique dado em uma planilha. Não obstante sua retórica ou aquilo que diz o *site* dela no Facebook, para empresas centradas no capital os clientes estão no fim da linha. Clientes quer dizer receita, ou seja, significa que foi alcançada a desejada conversão e expansão do capital e que a cadeia está completa.

As empresas *jerk* não utilizam cadeias. Elas usam redes. Esta é uma metáfora completamente diferente, e por boas razões. As *jerks* sabem que seus clientes não são apenas clientes, eles também são fornecedores. Para as *jerks*, os clientes são as pessoas que criam correlações. Eles são a fonte da dinamização da riqueza na era da informação, conforme discutido no Capítulo 6. Sem clientes, as empresas *jerk* não têm fornecedores. E sem fornecedores, as *jerks* não teriam clientes. Ao invés de colocar os clientes no final de uma corrente ou cadeia, as *jerks* trabalham com eles para criar uma rede ou *Web* de valor, que então é compartilhada por todos.

Figura 11.1: Usos comuns de correntes.

As empresas *jerk* não vendem **para** ninguém. Elas vendem **com** e **através de** seus clientes, que consideram mais como parceiros do que prisioneiros. Isso parece uma noção simples, mas seu impacto é profundo. Vamos aprofundar um pouco mais para ver como as abordagens diferem.

Vender aos clientes – Vida no final da gangue de acorrentados

As empresas analógicas fazem a sua mágica convertendo o capital em outra coisa de valor e depois vendendo esse resultado aos clientes. Uma vez concluída a venda, a empresa recupera seus custos de capital e, se for bem-sucedida, um pouco de algo a mais. As empresas analógicas quase sempre procuram garantir que cada transação resulte em um ganho de capital, chamado de lucro. Na verdade, elas medem isso de todas as formas possíveis. Eu já fiz centenas, se não milhares, de modelos de negócios (em *Excel*, claro) em minha carreira, normalmente com o mesmo objetivo em mente. Encontrar transações não rentáveis e eliminá-las.

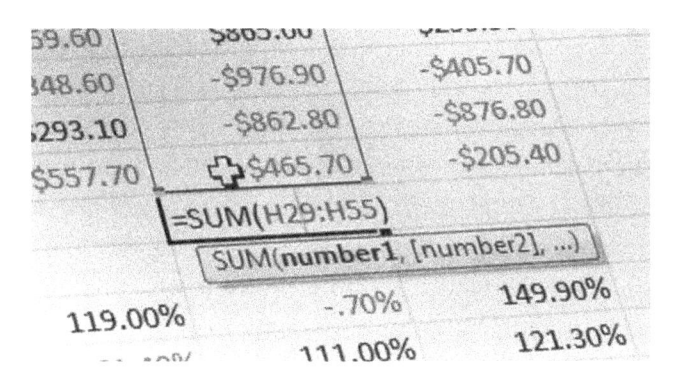

Figura 11.2: Grande parte do mundo roda em planilhas *Excel*. Estamos melhores?

Este é o pensamento linear no seu melhor, e é uma longa tradição das empresas centradas no capital. Você se lembra da discussão sobre o caro de Ford e de Taylor no Capítulo 9? Você se lembra da invenção da linha de montagem e das décadas de esforço investido em fazer tudo fluir por esta linha? Existe uma fonte para esse pensamento linear. Por mais de um século fomos treinados a acreditar que essa era a forma correta de pensar.

Nesse pensamento, cada produto que é cuspido no final de uma linha de montagem deve cair nas mãos de um cliente que o está esperando, gerando um lucro. Se por qualquer motivo, o próximo item a ser cuspido da linha de montagem não tiver um cliente esperando, este item não deveria ter sido fabricado. Você deveria ter parado a linha de produção antes de começar e evitar o desperdício de capital colocando coisas na linha que realmente não precisava. Ah, o pensamento linear, fluindo logicamente e reforçando as correntes que nos prendem.

Quando as empresas analógicas procuram clientes, elas veem pontos finais para a sua trindade. Suas burocracias se estendem até o cliente, mas não mais. Seus processos vão até os clientes e, depois, fim. A trindade analógica cria e, em seguida, corta as conexões com os clientes, uma vez tendo obtido o seu lucro.

Adicionar dimensões adiciona mais correntes

Algumas empresas ficaram um pouco mais sofisticadas do que isso, e percebem que seus clientes simplesmente poderiam comprar algo delas mais de uma vez. Aha! Clientes repetidos, o Santo Graal das cadeias de valor. Com clientes repetidos eu não apenas prendo você no final de uma de minhas cadeias ou correntes. Ah não, eu posso prendê-lo com duas, três, ou até dezenas de correntes, no estilo Jacob Marley! Se o custo para conquistar um cliente inicial é muito elevado (e geralmente é) e o custo de repetir clientes é mais baixo (geralmente é), então os clientes repetidos geram lucros maiores e os capitalistas ganham (geralmente).

A beleza dos clientes repetidos é que eles tiram os capitalistas de seu mundo unidimensional das cadeias lineares, e introduzem uma segunda dimensão na equação: o **tempo**. Se você compra de mim uma vez, isso é bom. Se você comprar de mim todo dia, semana ou mês, eu agora posso usar a dimensão do tempo para constatar que ganhei mais dinheiro com você do que da primeira vez.

Por isso que as empresas analógicas começaram a monitorar seus clientes. Elas o faziam apenas quando ampliavam o crédito para seus clientes, pois este era um controle que a trindade analógica necessitava. No final, algum jovem formando com MBA descobriu que os clientes que usavam mais crédito para fazer mais compras, de algum modo geravam mais lucros, e assim nasceu o mundo da consultoria financeira.

Logo as empresas tentaram monitorar todos os tipos de informações sobre seus clientes, seus hábitos de compra e suas necessidades, de modo a poder criar e manter clientes cativos. Não demorou muito para que cupons, clubes de compras e outros mecanismos de escravidão do varejo fossem concebidos e implantados. Os **selos verdes**, para aqueles que nunca ouviram falar, eram as "vendas relâmpago" ("*flash sales*") e "cupons explosivos" ("*exploding coupons*") da época.

Ser *jerk* antes de o *jerk* ser aceitável

À medida que os computadores decolavam, as empresas ampliavam sua capacidade de coletar cada vez mais dados dos clientes, e empresas inteligentes faziam isso em todas as oportunidades disponíveis. A Radio Shack foi uma das primeiras inovadoras neste jogo, como deve lembrar qualquer pessoa que fez compras nesta rede de lojas nas décadas de 1980 e 1990. A Radio Shack acreditava muito na coleta de dados dos clientes no ponto de venda, e durante o início da era do computador, cada loja tinha o seu computador de mesa.

Seus vendedores eram treinados para coletar o máximo possível de informações de cada cliente, em cada transação, pois a empresa acreditava que estas informações seriam valiosas algum dia. Para os compradores, isso era incrivelmente irritante, mas tolerávamos por que a Shack era a única na cidade caso você precisasse de peças para construir o seu próprio capacitor de fluxo, ou o que fosse.

Infelizmente para ela, a Radio Shack agiu como uma empresa *jerk* antes de o mundo estar pronto. Em 2015, a Radio Shack tornou-se outra vítima da **grande queda da polarização do varejo**, um processo que descrevi no

Data Crush e ela foi forçada a entrar em **falência**. Caso tenha visitado a Radio Shack alguns anos antes de seu fechamento, você provavelmente se sentiu muito sozinho por lá. Eu me senti! O modelo de negócios dela caiu vítima de vários dos novos normais, quando as lojas de técnicos eletrônicos amadores morreram e foram substituídas por pessoas que queriam *drones* que se montavam e navegavam por conta própria.

Curiosamente, enquanto a Radio Shack passava pelo processo de falência em 2015, os credores buscavam recuperar o que pudessem de seu capital. Em uma notícia divulgada na época foi relatado que todos os credores estavam brigando pela mesma coisa. Eles queriam os terrenos (suas lojas) ou o capital (estoque, dinheiro ou freguesia). Eles estavam brigando pelas décadas de dados de clientes da Radio Shack coletados a cada transação, começando com os computadores portáteis Commodore 64 no início dos anos 1980.

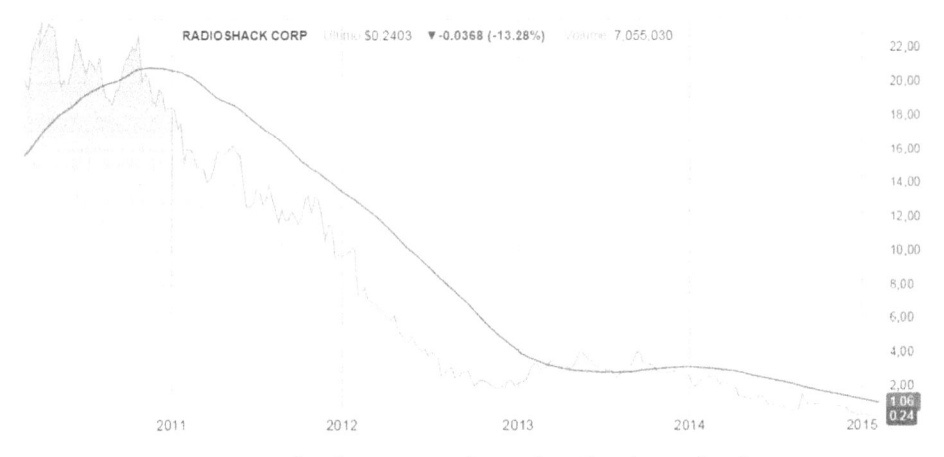

Figura 11.3: Desempenho financeiro da Radio Shack, no final.

O falso profeta da CRM

Acrescentar a dimensão do tempo para medir a rentabilidade do cliente realmente decolou no final dos anos 1990. As empresas de tecnologia inventaram uma nova classe de *software*, chamada de gestão do relacionamento com o cliente (CRM em inglês), que foi concebida para assegurar que tendo sido acorrentados no final de uma cadeia de valor, os clientes permanecessem ali. O *software* CRM tornou-se uma espécie de catálogo de fotos de presidiários para a polícia do cliente. Ele permitia que as empresas identificassem seus suspeitos habituais, e que de tempos em tempos os arrastassem para as barras do tribunal para pressioná-los, convertendo seu dinheiro em lucros para a empresa analógica.

A visão por trás do CRM era que o uso de todos os dados de compras dos clientes ao longo do tempo permitiria que as empresas centradas no capital encontrassem maneiras melhores de fazê-los comprar de novo. Elas procurariam e trariam negócios repetidos que maximizassem o lucro finalizando cada vez mais cadeias de valor com o mesmo cliente. Sistemas de CRM realmente avançados capturavam dados de clientes que pareciam francamente assustadores para as primeiras empresas. Eram coisas como aniversários de clientes, número de pessoas morando na mesma casa, se eram casados e outras informações malucas não relacionadas com a cadeia de valor. Era um sacrilégio da trindade analógica, mas algumas empresas acreditaram que funcionaria.

No início da década de 2000 havia vários participantes importantes no jogo de CRM. Enquanto bilhões de dólares eram gastos nesses sistemas, existia um pequeno segredo que todas as empresas analógicas sabiam, mas não revelavam. O negócio realmente não funcionava. Certamente, ele podia acompanhar os aniversários dos clientes ou a última vez que cada cliente fez uma compra, mas o CRM não conseguia gerar resultados reais passíveis de repetição em termos de geração de mais retornos de capital. Mais e mais empresas analógicas investiam mais e mais capital em sistemas CRM para gerar mais capital a partir de cada cliente. Só que o CRM geralmente não fazia nada disso. Essas empresas coletaram uma grande quantidade de dados de seus sistemas CRM e pouco mais do que isso.

A razão para o fracasso do CRM é bastante simples e direta: ele não mudava a forma como os clientes eram engajados. Naturalmente, as empresas sabiam que o aniversário de um cliente estava chegando, e que por isso era hora de enviar-lhe um cupom especial, mas os sistemas CRM eram apenas repositórios digitais de dados da trindade analógica. Eles olhavam apenas para as transações que ocorriam, em vez das motivações do cliente que o levaram à empresa. O CRM só monitorava os pontos finais de suas cadeias de valor, em vez de analisar tudo o que acontecia fora da cadeia. Como quase todos os sistemas de informações empresariais nascidos antes da era da trindade digital, o CRM formulava e respondia perguntas sobre **o que** cada cliente fez, e não **por que** fez isso. É uma abordagem eminentemente linear para o problema e fundamentalmente falha como resultado.

Projeção do mercado de CRM (US$ milhões)

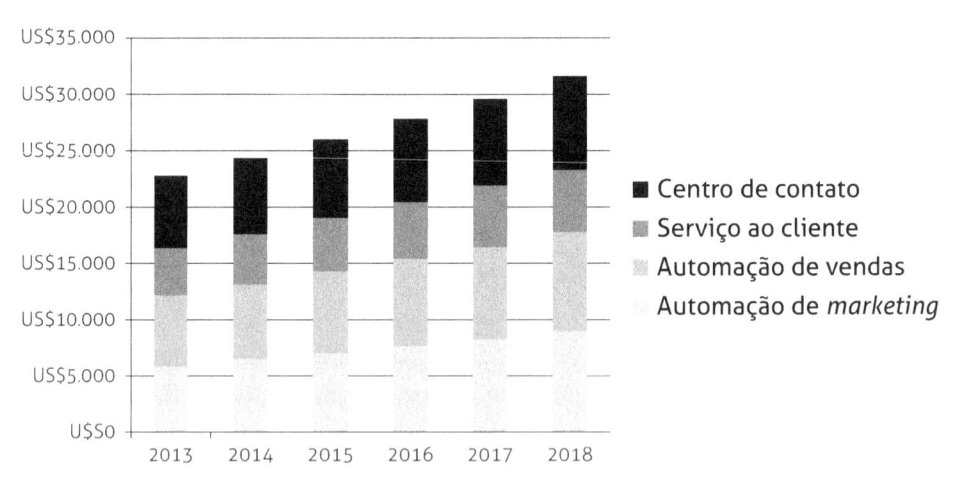

- Centro de contato
- Serviço ao cliente
- Automação de vendas
- Automação de *marketing*

Figura 11.4: O mercado para *software* de gestão do relacionamento com o cliente (CRM).

As empresas analógicas ainda investem quantidades gigantescas de capital na construção e manutenção dessas ferramentas lineares, de monitoramento de cadeia, que maximizam a população aprisionada. O CRM foi despejado na nuvem, criando a máquina gigantesca de US$ 50 bilhões que é a Salesforce.com (não estou amargurado com o fato de a Salesforce ter se dado bem com o mesmo modelo de negócios de minha última empresa *startup*, que faliu durante o colapso financeiro do pontocom - de jeito nenhum). A Salesforce.com tornou o diagnóstico do prisioneiro muito mais barato, e também o tornou melhor, permitindo que as empresas monitorassem os aniversários, cor favorita e raça dos cães de seus prisioneiros. Apesar dessas incríveis inovações na coleta de *insights* do cliente, a Salesforce.com, como todos os sistemas CRM, é fundamentalmente falha porque ainda se baseia na noção de que os clientes são um ponto final em uma cadeia. Neste mundo, dominado pela trindade analógica, os clientes devem ser mantidos no lugar e alimentados à força por cupons, brindes e promoções vazias de "feliz aniversário" a fim de converter mais dinheiro em capital.

Construindo *Webs*, forjando redes

As empresas *jerk* não constroem cadeias, constroem *Webs*. As empresas *jerk* não forjam links, tecem redes. As empresas *jerk* lançam essas *Webs* ou redes no oceano de informações da Internet e veem o que conseguem pegar. Em vez de amarrar os clientes em cadeias ou correntes, as empresas *jerk* simplesmente não amarram seus clientes. Na verdade, as *jerks* convidam seus clientes a ajudá-las a fazer e, em seguida, operar as redes, colhendo valor a partir de um mar que ambos criaram.

As empresas *jerk* reconhecem que os clientes são seus parceiros, dispostos, capazes e melhor qualificados para ajudar a produzir correlações que os outros vão valorizar. As *jerks* reconhecem que o primeiro passo neste processo é fazer com que as pessoas usem seu produto ou serviço, para dar início ao processo de construção da rede. Conforme discutido anteriormente, as primeiras *jerks* fizeram isso aproveitando os dados vindos dos negócios das empresas analógicas. O Uber utilizou as informações dos táxis, o Airbnb absorveu as informações de aluguel de imóveis e assim por diante. Essas *jerks* coletaram as mesmas informações lineares, transacionais, estruturadas que as empresas centradas no capital, pois ainda eram úteis para o contexto. Mas, em seguida, essas empresas fizeram algo diferente; elas colocaram seus clientes para trabalhar. Em vez de considerar cada cliente como o fim de uma cadeia de valor, elas consideraram o cliente como o início de um nó em uma rede de valor.

As empresas *jerk* percebem que cada cliente pode ser a fonte de novos dados sobre as transações em que participaram. Os clientes podem fornecer informações contextuais sobre cada transação. A partir desses dados novos, as *jerks* descobrem que podem fazer uma pergunta inteiramente nova aos clientes: **"Por quê?"**. Naturalmente, elas também perguntam e respondem ainda **"O quê"**, mas perguntar e responder o **"Por quê?"** dos clientes é um divisor de águas. Dados transacionais bidimensionais coletados pelo antigo CRM dizem às empresas **se** seus clientes comprarão novamente. Os dados multidimensionais que os clientes fornecem **para** as empresas *jerk* lhes dizem que seus clientes **vão** comprar novamente.

À medida que cada vez mais clientes se envolvem com as empresas *jerk*, há um movimento continuado de adicionar cada vez mais valor às informações que estão à disposição das *jerks*. Este é o processo de correlação que discutimos no Capítulo 6. Essas correlações permitem que as empresas *jerk* continuem a aumentar sua compreensão sobre as esperanças, sonhos e motivações de seus clientes-parceiros, seguindo as diretrizes dos seis novos normais. Essas perguntas são marcadamente não lineares, assim como suas respostas. Mas somente compreendendo as perguntas não respondidas nas mentes dos clientes é que você pode descobrir o que eles valorizam mais, e depois providenciar para lhes dar, de imediato.

O Uber percebeu que sua proposta de valor aos clientes não era apenas levá-los ao seu destino. Esta é uma conclusão precipitada. Na verdade, o Uber percebeu que a satisfação de um cliente na cadeia de valor de conseguir um táxi vinha de coisas completamente fora da cadeia. O Uber percebeu que o bom transporte significava que o motorista fosse educado, limpo, sem falar ao telefone celular enquanto dirigia e, em termos gerais, que não fosse o Danny DeVito ou o Robert De Niro. Uma boa viagem ocorria em um veículo limpo, seguro, bem conservado e seguindo as regras de trânsito, mais ou menos. Finalmente, o Uber percebeu que os seis novos normais eram importantes para os passageiros e que, portanto, são todos appificados. A percepção de valor proveniente de uma viagem de Uber era maximizada pegando o cliente o mais rápido possível. Uma boa viagem começava mais cedo do que uma viagem ruim. O tempo de espera era fundamental. Esta era uma informação de contexto que nenhuma companhia de táxi jamais pensou em medir, pois não envolvia a cadeia de valor. Na verdade, a maioria provavelmente achava que essa informação **não poderia ser medida**, de forma conveniente para elas.

Mais de US$ 60 bilhões depois, parece que o Uber acertou. Eles usam dados de contexto, fora da cadeia de valor das transações que efetuam, para dar aquilo que os clientes querem, o mais rápido possível. Então, eles fazem os clientes tornarem-se seus parceiros, na coleta de notas, classificações e *feedback* sobre a qualidade da experiência. O Uber coleta toda essa informação não linear, não transacional, rica em contexto e a utiliza para criar correlações onde antes não havia nenhuma. O Uber é um mecanismo de correlações, alimentando-se do contexto e da contribuição do cliente, para criar uma nova riqueza, de acordo com o quadro apresentado no Capítulo 6.

É preciso uma aldeia

Para usar corretamente uma rede você precisa de um grande apoio. Em culturas humanas voltadas para a pesca, toda a sociedade trabalha em conjunto para fazer a colheita. Coletivamente, eles coletaram a matéria-prima para as redes e ajudaram a tecer os materiais para fazer as redes. Todos trabalham juntos, revezando-se na manutenção das redes e remendando qualquer quebra na linha. Ao pescar, o clã inteiro colocaram as redes nos barcos e as arrastaram para o mar. Em seguida, todos pegaram partes das redes, jogaram-as em conjunto e começaram a sua colheita coletiva. Toda a aldeia participam na criação das redes, levando-as ao mar e manejando-as para recolher a pesca pelo bem comum de todos.

Figura 11.5: Polinésios manejando uma rede de pesca.

Era necessário uma aldeia inteira na operação das redes para assegurar uma colheita abundante. Ao lançar uma rede, você nunca sabe exatamente o que vai obter. A pesca é uma atividade de paciência e sorte. Mas se você lançar sabiamente com conhecimento e habilidade, você tem a oportunidade de escolher o que quiser quando o produto da pesca for retirado, e todos ganham a sua parte na colheita.

Quebrando correntes, tecendo redes

A trindade digital estabelece e promove relacionamentos, que então criam valor a ser colhido. Há uma enorme motivação para os clientes participarem de uma Web ou rede de valor, em vez de ocupar a extremidade de uma cadeia. Nesta última situação você é alimentado à força com o que quer que esteja vindo para você, mas na primeira situação você escolhe aquilo que gosta dos resultados de seus esforços coletivos. As empresas *jerk* entendem que os clientes são parceiros, não prisioneiros. As empresas *jerk* colocam os clientes para trabalhar, de forma colaborativa, e depois compartilham com eles os frutos desta colaboração, em benefício de todos. A rigor, todos exceto as empresas analógicas, ainda tentando lembrar-se da senha para seus sistemas CRM.

Resumo do capítulo:

1. As organizações analógicas têm aplicado a trindade analógica na criação de cadeias de valor, otimizadas para gerar retornos sobre o capital. Os clientes são o último elo nessas cadeias de valor.

2. As empresas *jerk* não vendem **para** seus clientes, elas vendem **com** e **através de** seus clientes. As empresas *jerk* formam redes de valor, ou *Webs*, onde agregam valor a partir de uma variedade de fontes, e de forma interativa entregam este valor para seus clientes.

3. Os exemplos disso incluem classificações em *sites* comerciais como Amazon.com, referências *online*, etc. Grande parte do valor entregue vem de terceiros.

4. Os sistemas de gestão do relacionamento com os clientes (CRM) têm historicamente permitido que as empresas analógicas monitorem **o que** o seus clientes desejam, mas raramente monitoram **por que** eles desejam isso. As empresas *jerk* se preocupam com o **por quê**.

Capítulo 12
Jerks imprimem seu próprio dinheiro

> *"O dinheiro não gera o sucesso,*
> *a liberdade para ganhá-lo é que gerará."*
> **Nelson Mandela**

> *"A falta de dinheiro é a raiz de todo o mal."*
> **Mark Twain**

As empresas analógicas se preocupam com uma única coisa: o capital. O **capital** é a fonte de sua riqueza e poder; e acumular capital sob a forma de dinheiro é a principal preocupação das organizações centradas no capital. Naturalmente, isso é assim porque a trindade analógica está completamente alinhada para o controle do capital. O dinheiro é a obsessão dessas organizações. É a preocupação delas, que tudo consome, e, no final, é a única coisa que importa para elas. Assim dizem os seus relatórios trimestrais.

As empresas *jerk* não se preocupam tanto com o dinheiro, por várias razões. As empresas *jerk* não precisam muito de seu próprio capital, pois as empresas Analógicas fornecem para elas (Capítulo 5). As *jerks* não precisam de muito dinheiro, pois conseguem que seus clientes lhes deem valor de graça (Capítulo 6). As *jerks* também não precisam de dinheiro em grandes quantidades porque é muito mais barato tecer uma web do que forjar o elo em uma cadeia (Capítulo 9). As *jerks* entregam valor de forma pequena, esotérica e não física que, no entanto, é extremamente valiosa para os clientes em nível subconsciente (Capítulo 10). Elas sequer são voltadas para o dinheiro, pois o dinheiro não conta realmente na trindade digital, exceto como meio para um fim.

Todos esses fatores reunidos justificam a noção de que os *jerks* não têm o dinheiro em muita alta conta – exceto quando estão comprando sua Ferrari nova, lubrificada com óleo de milho, movida a energia solar, ecologicamente correta, autônoma, não tóxica, forrada com couro falso. Híbrida.

Não, os *jerks* não valorizam o dinheiro por muitas razões, mas há uma que se destaca como particularmente ofensiva aos capitalistas. Os *jerks* sabem como imprimir o seu próprio dinheiro. Não dinheiro falso, veja bem, mas dinheiro real, vivo, tingido em papel. Este dinheiro tem tanto valor reconhecido para você e para mim quanto os velhos dólares ou euros em nosso mundo ainda capitalista. **Como isso é possível?** Vamos dar uma olhada em um pequeno processo chamado gameficação.

Figura 12.1: Carro dos sonhos de um *jerk*.

Ei, cara! Você pode me fazer um centavo?

Durante a maior parte da história humana o padrão-ouro foi, de fato, um padrão ouro. Pelo simples fato de que o dinheiro era realmente feito de ouro (ou prata ou platina ou cobre) na forma de moedas. Qualquer pessoa que tenha visto um antigo filme da Disney ou uma história sobre Robin Hood já deve estar familiarizada com a noção de "dinheiro" como riqueza física; em grande parte da eras das ferramentas ou da terra, as pessoas colocavam muito valor em pequenos objetos brilhantes. A Apple Incorporated está muito feliz por nunca termos realmente superado essa obsessão!

Esta abordagem física da riqueza funcionou razoavelmente bem porque a terra não é muito portátil. Além disso, carregar bugigangas e ferramentas como sinais de riqueza vem de um passado longínquo, da trindade da ferramenta, de modo que acostumamos a manter coisas valiosas em bolsas amarradas ao redor de nossas cinturas. Enquanto a maior parte da riqueza esteve ligada à propriedade da terra e a oferta de metais preciosos era suficiente para acompanhar o crescimento da economia, a cunhagem funcionou muito bem. Mas em um mundo voltado para moedas físicas, quando a oferta de metais preciosos se esgota, geralmente começa uma inflação descontrolada. Esta é uma daquelas desagradáveis relações em economia que é caracterizada como uma "lei". Bobagem! A correlação não garante a causalidade.

Figura 12.2: Antiguidades nórdicas.

Com base na "lei" da oferta e procura, ficar sem um pronto fornecimento de metais preciosos é uma coisa bastante ruim. Quando a riqueza mudou de mãos sob a trindade da terra, era mais fácil enviar um lingote do que uma área cultivada. O ouro e a prata representavam os "ativos líquidos" hegemônicos em uma sociedade orientada para a terra. Mas, como no caso de uma máquina, se não houver óleo entre as partes que se movem, as coisas tendem a entrar em atrito até parar. Em muitas ocasiões durante a era da terra, as economias quebraram por falta de lubrificante fiscal suficiente.

Um dólar não é mais o que costumava ser

Uma abordagem para esse problema é "diminuir as rações", ou diluir o conteúdo dos metais preciosos em suas moedas e esperar que ninguém note. Misturando 10% de material ruim (digamos chumbo ou estanho) com 90% de material bom (ouro ou prata), você de repente parece estar mais rico do que antes. Eu digo "parece estar" mais rico com boas razões: isso só funciona se você não for pego! Esta nova riqueza não é real, é uma ilusão, uma fraude. Você só obtém riqueza real se e quando trocar esse dinheiro alterado com alguém, e esse alguém aceitá-lo em troca por uma coisa real. Quando isso ocorrer, sua riqueza falsa se torna real, e você realizou um assalto maneiro. Uma metáfora melhor para retratar os mercados de ações, e Wall Street em particular, me escapa no momento.

Isto ocorreu por séculos, e as pessoas que eram boas nesse truque eram chamadas muitas vezes de "alquimistas" ou "magos". Essas pessoas não eram boas apenas em forjar moedas de menor valor (... em uma forja. Sim, é daí que vem o termo "**falsificação**"[14]), mas conseguiam fazê-lo sem serem pegos. Essas pessoas tinham uma procura extremamente elevada, pois conseguiam fabricar riqueza a partir do nada – algo como o Facebook da época. Eu odeio revelar isso para você, mas seu amigo Merlin ou Dumbledore ou Gandalf muito provavelmente estava mais para a profissão de falsificador. Contrate um mago, dilua seu tesouro com 10% de porcaria e, pronto! Você está 5% mais rico do que costumava ser (5% para o mago; eles não trabalham de graça e utilizam dragões para cobrar as dívidas).

---

14 NT: "*Forgery*", em inglês.

Figura 12.3: As moedas da Roma antiga variavam muito em pureza.

Há evidências dessa trapaça ao longo da história humana, pois uma análise química de moedas da Grécia, Roma ou Egito antigo mostra uma porcentagem decrescente de material bom à medida que os anos foram passando. Por exemplo, as moedas romanas encontradas por toda a Europa têm purezas que variam muito no espaço e no tempo; eis de novo aquela coisa irritante do contexto. Quanto mais distante de Roma em um mapa, e quanto mais distante do auge imperial no tempo, menor a probabilidade de que realmente houvesse metal precioso em seu dinheiro. Mais uma vez, isso é uma prova que as pessoas na Escócia, África e Oriente Médio têm sido literalmente enganadas no troco há milênios.

Novo Mundo, nova prata, novo crescimento

No final da Idade Média, grande parte do suprimento mundial de metais preciosos era extraída no Velho Mundo. Ainda havia minas em operação, mas a extração ficava cada vez mais difícil, e a tecnologia da época era fortemente pressionada para atender a demanda de uma economia em crescimento. As economias europeias ficaram um pouco estagnadas, e os povos passaram por alguma recessão – por 500 anos. Felizmente, um empreendedor italiano chamado Cristóvão Colombo tropeçou em um "Novo Mundo" em 1492, e um novo cofrinho de moedas pôde ser quebrado.

Figura 12.4: Reais de prata espanhóis, riqueza líquida do século XVI.

Tanto a América do Norte quanto a do Sul tinham enormes suprimentos de metais preciosos à mão, esperando para serem extraídos e cunhados. Não é que os povos que lá viviam não valorizassem a prata e o ouro; eles valorizavam. O valor decorativo do ouro para esses povos ficou bem claro nos muitos artefatos que ainda existem do período pré-colombiano. Mas para os americanos nativos, a prata e o ouro eram apenas medianamente valiosos, e não eram portadores de riqueza como no Velho Mundo. Muitas dessas sociedades ainda eram governadas pela trindade da ferramenta, ou faziam a transição para a trindade da terra. O conceito de propriedade da terra estava apenas começando a se consolidar, e a necessidade desses povos de riqueza portátil estava mais alinhada com coisas de valor real, como ferramentas, do que coisas com valor abstrato, como moedas.

Ao chegarem às Américas, os europeus estavam embriagados com sonhos de ouro e prata. E essas coisas estavam lá à disposição para se pegar. Em apenas algumas décadas, os espanhóis encontraram os filões de ouro que haviam sonhado e a exploração das riquezas dos dois continentes começou para valer. Essa riqueza física foi fundida em lingotes e enviada para a Europa a bordo de navios de tesouro, cheios até a metade de moedas reais espanholas.

Esta nova riqueza física libertou a moribunda economia europeia para que pudesse crescer explosivamente. O Renascimento não foi apenas o despertar da mente ocidental, foi também uma enorme expansão da carteira de dinheiro. A disponibilidade dessa riqueza líquida recém-descoberta alimentou o Renascimento e lubrificou o motor do crescimento econômico que lançou as bases da Revolução Industrial e do capitalismo pelo qual foi financiada.

Papel: uma moeda mais portátil

A **moeda de papel** parece ter se originado na China no século VII d.C. Ela se desenvolveu em função das mesmas razões pelas quais acabou ficando popular na Europa: liquidez e portabilidade da riqueza. A economia chinesa prosperou e cresceu por mais de cinco séculos através da combinação de inovação técnica e lubrificação financeira. Infelizmente, os líderes da época caíram na armadilha do alquimista. Muitos falsificadores imprimiam o seu próprio dinheiro e esperavam que os outros o aceitassem por seu valor de face. O resultado, previsivelmente, foi uma inflação enorme, seguida pelo colapso econômico. Este é o final inevitável de todo esquema de pirâmide na história. Este colapso foi tão doloroso para os chineses que eles abandonaram o dinheiro de papel em 1455 e não voltaram a utilizá-lo por centenas de anos – e assim mesmo, só com muita relutância.

Aqueles que são esmagados por pirâmides falsas e estouros de bolhas não esquecem por um tempo bastante longo.

Apesar dos sinais de alerta vindos do Extremo Oriente, os europeus adotaram o dinheiro de papel com vigor. O ouro era um peso para ficar carregando, literalmente, e no início do século XVIII a população em geral já havia descoberto a maioria dos truques dos alquimistas. Do mesmo modo que na adoção inicial na China, o dinheiro europeu e norte-americano era uma representação direta do ouro. Uma pessoa que possuía dinheiro podia ir a um banco ou credor, entregar-lhes uma nota de papel e trocá-la por um peso adequado de ouro. Isto era e continua sendo conhecido como "**padrão-ouro**" e ligava diretamente o dinheiro de papel com o que se considerava "**moeda forte**" ou riqueza real.

Figura 12.5: *Jiao zi* chinês, dinheiro de papel da dinastia Song de cerca de 1.000 d.C.

O problema com o padrão-ouro foi o mesmo encontrado pela Europa e a Ásia na Idade Média. Havia apenas uma determinada quantidade de ouro e prata pelo mundo. Logo, a riqueza dessa pilhagem norte-americana facilmente obtida foi absorvida pela Europa e pelas novas democracias do Novo Mundo. E mais uma vez a sociedade enfrentou o terrível casamento da inflação com a retração econômica por falta de riqueza que pudesse ser portada.

Fiat: "Conserte isso de novo, Tony"

Com toda a justiça para com os automóveis atualmente fabricados pela Fiat Chrysler (que voluntariamente afirmo ser dos melhores do mundo e que desejo profundamente possuir como engenheiro e aficionado por automóveis), há não muito tempo a Fiat tinha uma reputação terrível de qualidade, pelo menos nos EUA. A antiga piada era que Fiat queria dizer

"**Conserte de novo, Tony**" em deferência a sua má qualidade e herança romântica[15]. Os carros Fiat eram considerados um péssimo investimento. Eles podiam ser parecidos com outros automóveis e rodar como os outros automóveis, mas a não muito tempo atrás, qualquer dinheiro pago por um Fiat era uma troca horrível em termos de valor. Era como se o carro tivesse sido manipulado para parecer mais do que realmente era, como se tivesse sido diluído por algum alquimista automotivo para fazer parecer que era uma troca justa de valor.

Para economistas e investidores, o termo "**fiat**" significava algo completamente diferente. Fiat foi o termo utilizado para descrever o dinheiro que não estava vinculado a algo de valor real. Ele não seguia o padrão-ouro ou, aliás, qualquer outro padrão. O dinheiro **fiat**, ou moeda fiduciária, é aquele que por decreto de quem o imprime possui algum valor declarado. Desde que todos (ou pelo menos alguém) concordem com o valor declarado, o dinheiro vale isso. Abracadabra! A escassez de ouro e prata está resolvida e a economia está suficientemente "lubrificada" para poder continuar a crescer.

Assim como foi feito na China, por um tempo, cerca de mil anos atrás.

Figura 12.6: A nota de ouro americana de US$50, de 1882, podia ser diretamente trocada por ouro.

---

15 NT: No original em inglês, "*Fix It Again, Tony*". A referência romântica à famosa frase do filme *Casablanca*: "*Play It Again, Sam*".

Esticar artificialmente o valor de um dólar tem acontecido muito antes de uma reunião do G7. A sociedade tem feito isso durante séculos como meio de fabricação de riqueza, ou pelo menos a ilusão coletiva de riqueza, de modo que a sociedade parece continuar a progredir e a economia permanece pelo menos parecendo que continua a crescer. A ilusão de riqueza pode ser divertida, como atesta qualquer pessoa que já tenha comprado um bilhete de loteria.

Política fiscal no final da era do capital

Hoje, ao nosso redor, vemos sinais de que a trindade analógica está atingindo seu ápice. Em todos os lugares há sinais de que a nossa geração de riqueza através do capitalismo não só está diminuindo, como a sua desaceleração também pode estar desacelerando. Diante dessas tendências, os Estados-Nação, os emissores de moeda fiduciária, tentam desesperadamente imaginar formas de garantir que a trindade analógica continue a ser o caminho rumo à riqueza e ao poder, uma vez que estes são os mecanismos que eles controlam.

Figura 12.7: O rei George III hipotecou suas terras nos EUA para "salvá-las".

Os Estados-Nação controlam o capital por meio de leis, regulamentos e burocracias, mas o mais importante é que controlam o capital com a impressão de moeda. Em uma economia mundial estagnada, onde o capital está perdendo o controle do mundo, as pessoas começam a agir de uma forma um pouco amalucada na defesa do que acreditam. Em uma espécie de ação contra os *jerks*, os bancos centrais ao redor do mundo tomam medidas que, embora aderindo às estruturas da trindade analógica, rompem completamente com todas as tradições, costumes e normas dessa trindade.

A noção de bancos centrais, e capitalistas, pagando juros negativos sobre seu capital está tão distante do que eles acreditam ser o pensamento correto que só pode ser um ato de desespero. Isto pode ser quase como reis esvaziando seus tesouros e hipotecando suas terras com a finalidade de enviar exércitos enormes através de vastos oceanos para impor sua vontade sobre os seus súditos. Esses súditos, por sua vez, eram pessoas que, de maneira um tanto atrevida, decidiram que talvez **eles** devessem ter o título da terra do rei mesmo depois de ele ter hipotecado essa mesma terra a fim de pagar por sua defesa.

Aqueles que não entendem a história estão condenados a repeti-la.

Experimentos analógicos apontam o caminho

Demorou um tempo para chegar aqui, mas confie em mim, a viagem que você acabou de fazer através do tempo e do espaço está prestes a valer a pena. Quando começamos este capítulo, eu disse que as empresas *jerk* imprimem seu próprio dinheiro, e que este era real. É importante agora mencionar que o dinheiro que você e eu utilizamos todos os dias, o capital que faz girar o nosso mundo inteiro não é, em si mesmo, **real** em qualquer sentido real. O dinheiro que pensamos como "riqueza real" é simplesmente uma ilusão. Seu valor baseia-se na crença coletiva de que essa riqueza, esse dinheiro fiduciário, tem algum valor inerente a ele, e que podemos trocá-lo por algo que valorizamos. Desde que alguém pegue nossos dólares, nossos euros, nossos yuans ou nossas rúpias em troca de algo que queremos, seu valor é validado como "real" – contanto que você não seja o último em pé sem uma cadeira quando a música para.

Por esta definição e explicação, deve estar claro que empresas *Jerk*, ou meio-*Jerk*, como Amazon, Google, Starbucks e outras, vêm imprimindo seu próprio dinheiro já há algum tempo. Enquanto os governos têm seus tesouros imprimindo notas a uma velocidade impressionante, essas empresas também criam seu próprio dinheiro fiduciário. Você e eu usamos essa moeda todos os dias, e os dados mostram que adoramos, perseguimos, acumulamos e utilizamos esse dinheiro como se fosse qualquer outra moeda.

Esse dinheiro, essa moeda fiduciária impressa pelas corporações ao invés dos Estados-Nação, é chamado alternativamente de pontos, estrelas, milhas, estadias e assim por diante. As várias recompensas dadas pelas empresas aos clientes por sua **fidelidade**, transações e atenção são, em todos os aspectos significativos, dinheiro aos olhos de seus clientes. Curiosamente, sei de um colega de trabalho que teve sua identidade roubada cerca de dois anos atrás. Os ladrões não levaram seus saldos bancários, não pegaram seus números de cartão de crédito, e não levaram suas informações pessoais. Eles roubaram seus pontos na rede Hilton.

Os ladrões poderiam trocar esses pontos por outras coisas de valor para eles a uma taxa de câmbio aceita por todos os envolvidos, em mercados onde tais transações são feitas diariamente – naturalmente, na Internet. Se isso não parece dinheiro, não consigo pensar em uma definição melhor.

Figura 12.8: Carteira de pontos de lealdade transforma pontos em dinheiro.

As empresas analógicas, como extensão natural de seu desejo de gerar negócios repetidos com seus clientes (Capítulo 10), criaram moeda fiduciária que usam para manter seus clientes voltando em busca de mais. Elas criam capital a partir do ar, exatamente como fazem os Estados-Nação, e mesmo assim elas não percebem que estão fazendo isso. De fato, capturar o valor **potencial** desses ativos ou passivos como se fosse capital só recentemente foi reconhecido como parte dos princípios de contabilidade geralmente aceitos, que é um pilar de mármore no panteão da trindade analógica.

Primeiras tentativas de traição: a gameficação desafia o Estado-Nação

Se algumas empresas analógicas descobriram que estavam sentadas em uma máquina de dinheiro, parece ter sido por acidente. Esse despertar da noção de que qualquer pessoa, em qualquer lugar, pode criar dinheiro a qualquer momento, apenas implantando algum tipo de sistema de pontos, parece ser tão simples e óbvio depois de explicado que todos deveriam fazê-lo. Claro, parece simples, mas não é. Criar seu próprio dinheiro, e traduzi-lo em capital, é completamente contrário a todas as normas e convenções estabelecidas no âmbito da trindade analógica.

Assim como os Estados-Nação se esforçam para estabelecer seus próprios códigos de conduta – aceitos e servilmente seguidos por séculos – muitas empresas temem fazer esses tipos de sistemas de pontos, porque "simplesmente não parece certo". Consequentemente, você vê uma série de abordagens diferentes de empresas tradicionais quando se deparam com essa noção de **gameficação**, conforme denominei em *Data Crush*.

Nós, humanos, adoramos jogos. Adoramos pontuar, vencer, ou pelo menos tentar vencer, e adoramos atingir o topo. Isso pode soar muito parecido com as vidas da maioria das pessoas que tentam subir na velha hierarquia corporativa, e há pelo menos um pouco desta psicologia em todos nós; um produto natural de nosso desejo maslowiano por segurança e conforto.

As empresas analógicas que adotaram a gameficação, mesmo de forma tímida, têm geralmente obtido grandes recompensas por seus esforços. **Por que não ganhariam?** Elas imprimem moeda fiduciária, igual ao governo e, afinal, o capitalismo tem tudo a ver com marcar pontos – seja em milhares de livros atualizados por contadores em prédios de escritórios ou em algum sistema CRM rodando distante em alguma nuvem de computação corporativa espalhada por toda a Internet.

Pare de brincar com dinheiro

As empresas *Jerk* pegam essa noção de gameficação e pisam no acelerador a uma velocidade "incrível". As *jerks* não ficam ponderando sobre a possibilidade de imprimir o seu próprio dinheiro, elas entram de cabeça. Caso você entre no Airbnb, Doctor On Demand, Waze, Uber ou até mesmo no Facebook, logo verá em todos esses aplicativos todo tipo de impressão de dinheiro acontecendo. No Uber, os passageiros dão uma pontuação aos motoristas e os motoristas dão uma pontuação aos passageiros. No Facebook a pessoas reúnem "*likes*" e no Twitter recolhem seguidores.

Em cada situação dessas, alguma medida de valor está o tempo todo sendo criada. Cada pessoa que participa da rede dá e recebe pacotes de valor percebido em cada clique que fazem. Esses pacotes podem ser trocados por outra coisa de valor, agora ou depois, com o preço sendo estabelecido pela aquiescência de todos os participantes.

Se você prestou atenção ao substrato dos parágrafos acima, deve ter notado que isto soa assustadoramente parecido com o que é preciso para transformar a moeda fiduciária em "dinheiro real". Mas as empresas *jerk* fazem melhor aqui. Pelo fato de as *jerks* trabalharem de acordo com a trindade digital, em vez da analógica, a moeda fiduciária que elas produzem com seus pontos, estrelas, *likes* e assim por diante, também criam a verdadeira riqueza real, conforme os processos que discutimos no Capítulo 6. As *jerks* conseguem clientes para criar correlações a partir de dados não correlacionados, dando-lhes pontos e estrelas, e algo que eles valorizam em troca, pagando assim aos seus clientes tanto em valor real (o

Uber os leva ao destino) quanto na moeda fiduciária (pontos aos usuários frequentes).

Em seguida, além de tudo isso, as *Jerks* criam riqueza real, em um mundo centrado na informação, fazendo com que esses mesmos clientes criem correlações onde anteriormente não havia nenhuma. Em um mundo em que dinheiro fiduciário falso está perdendo espaço, as *jerks* não apenas pegam o que restou dessa velha maneira de criar riqueza imaginária como também criam o que será a riqueza real do futuro, tudo isso sem realmente se preocupar muito com o capital, que para elas refere-se apenas a marcar pontos, afinal. Isto é gameficação, ainda que chamado por qualquer outro nome.

Resumo do capítulo:

1. O capital é representado por dinheiro, como dólares, euros, yuans, etc. Esse dinheiro é moeda fiduciária. Ele tem valor porque a sociedade concorda que ele tem valor, caso contrário seria apenas papel.
2. Os sistemas de recompensas dos clientes, como pontos, estrelas, "*likes*" e assim por diante, também são formas de moeda fiduciária, e os clientes as utilizam como tal.
3. O uso dessas recompensas pela fidelidade efetivamente permite que as organizações imprimam sua própria moeda, e criem valor real a partir do nada.
4. As empresas *jerk* aproveitam esse efeito o máximo possível.

Capítulo 13
Jerks desrespeitam as regras

"Você é lembrado pelas regras que você quebra."
Douglas MacArthur

"Por que entrar na Marinha se você pode ser um pirata?"
Steve Jobs

Caso esteja desenvolvendo um sentimento de desconforto, ou mesmo se ofendendo à medida que avança por esses capítulos, isso é bom. Significa que estamos fazendo progressos.

Uma das principais vantagens que as empresas *jerk* têm quando jogam para ganhar é que elas simplesmente não seguem as mesmas regras que as empresas analógicas – regra nº 9. E digo isso em sentido literal. As empresas analógicas acham isso profundamente ofensivo. Desrespeitar as regras é uma rejeição de tudo o que elas sempre foram ensinadas a acreditar. As analógicas levam as regras muito a sério, pois, afinal, são "**as regras!**".

As empresas *jerk* não se importam com essas regras. Para elas, as regras são estúpidas. Regras são antiguidades, relíquias de uma época que está passando rapidamente. As regras são a tapeçaria de Bayeux, a Esfinge, o Coliseu, a catedral de Notre Dame da era analógica. Elas são os símbolos de controle e poder de uma era passada. Para as *jerks*, as regras, leis, regulamentos e políticas pertencem a um museu – curiosidades e bugigangas de um tempo em que tais coisas estavam na moda. Como uma bola de beisebol rebatida por Babe Ruth ou uma bola de futebol cabeceada carinhosamente por Pelé, elas são nostalgia, mas não mais do que isso.

Os *jerks* zombam quando um árbitro tenta tirá-los do jogo, ou quando um juiz lhes dá cartão amarelo. Eles não se importam com essas penalidades, porque sequer estavam participando do mesmo jogo. Não, esses *jerks* podem estar no mesmo campo que os analógicos, mas enquanto os analógicos tentam jogar beisebol ou futebol seguindo as regras, os *jerks* estão lá jogando *3D Modern-Combat-World-of-Warcraft-Jedi-Academy-Angry-Birds – full-contact* e *cage-match* também, exatamente como aprenderam sendo crianças da era digital.

Figura 13.1: Um analógico jogando golfe com um *Jerk*.

A adesão servil dos analógicos às regras é ao mesmo tempo seu maior ponto forte em um mundo centrado no capital e seu maior ponto fraco em um mundo centrado na informação. Desenvolveremos esta tese diretamente.

O "porque" das regras

Lembre-se de que a trindade analógica consiste de burocracia, processos e regras. As regras têm uma posição bem elevada no mundo do capital, pois em um mundo de riqueza física e semifísica, as pessoas têm que conhecer o seu lugar. As empresas analógicas foram ensinadas que para ganhar no jogo do Capital, você tem que entender e jogar por estas regras. O cumprimento das regras (*compliance*) tem sido adotado por quase todo capitalista de sucesso no mundo atual. Não estou dizendo que todos os capitalistas **seguem** todas as regras, longe disso. Mas as regras do capitalismo estão lá para estabelecer uma estrutura de controle normal, consistente, previsível sobre como, quando, onde e por que a riqueza e o poder são distribuídos em nosso mundo.

Nossa sociedade atual é completamente voltada para regras. Somos dependentes de regras – ou talvez codependentes seja um rótulo melhor. As regras para participar do jogo do capital são encontradas em nossas leis, nossos regulamentos, nossas tradições, nossos hábitos e até mesmo em nosso senso de decoro. Como qualquer policial ressaltaria em uma autuação de trânsito, não é importante apenas você seguir as regras, como é bom você ser educado a respeito.

Nenhuma dessas estruturas era uma conclusão inevitável, veja bem. Existiam "normas" completamente diferentes para viver no âmbito das trindades da ferramenta e da terra, e para vencer sob esses regimes de poder, você tinha que atuar segundo essas normas e costumes. Mas ao ficarmos "civilizados" durante a Revolução Industrial, criamos coletivamente esses novos mecanismos de distribuição e controle de poder, que asseguraram tanto a destruição do controle sob o imperialismo quanto a ascensão desses novos controles manobrados pelos capitalistas.

Regras: os mecanismos de controle

Lembre-se da noção de controle à distância do Capítulo 8. Quando nos globalizamos durante a Revolução Industrial, aqueles com riqueza e poder (cada vez mais baseados no capital) precisavam controlar seu capital através de longas distâncias, tanto no espaço quanto no tempo. Os navios *Clipper* e os pôneis rápidos ajudaram, mas para manter o controle do capital no início da era analógica você tinha que fazê-lo por procuração. Alguém sediado em alguma terra distante tinha que atuar em seu nome para fazer crescer o capital. Para garantir que esses procuradores agissem direito, você tinha que estabelecer regras que controlassem a sua conduta.

As regras são como os analógicos criam, mantêm e, acima de tudo, impõem sua propriedade da riqueza e controle do poder. Nossos sistemas de leis e regulamentos são a encarnação dessa crença coletiva nas regras. Sem tal crença coletiva, essas regras não teriam sentido, mesmo com as tentativas de cumprimento. Basta passar alguns minutos atrás de um radar móvel próximo a uma rodovia com trânsito leve nos EUA para ver a eficácia das regras que a população rejeita. As regras se aplicam porque aderimos a elas. Eles têm autoridade sobre nós porque nós permitimos. Afinal, "**danem-se as regras**"!

Não fazemos isso porque somos idiotas, dispostos a desistir de nossas liberdades por pouco ou nenhum benefício. Longe disso. Nossa sociedade lutou durante dois séculos para definir as regras com as quais vivemos atualmente, e não são poucos os heróis que literalmente deram suas vidas para garantir para nós o conjunto de regras e leis que agora nos protegem. Sem eles estaríamos no caos e o mundo não poderia funcionar com a eficiência, eficácia e retornos sobre o capital que desfrutamos hoje.

Figura 13.2: Os *jerks* querem viajar na velocidade da luz.

As regras não são de todo ruins. Em nosso mundo centrado no capital contamos com elas todos os dias. As regras propiciam estabilidade e previsibilidade. Elas nos permitem passar pela vida com um senso de ordem e segurança. Isso é incrivelmente importante para nós, apenas um pouco menos importante do que ar, alimentos e água, como ressaltou Maslow. As regras também permitem transportar nossa segurança: quando nos movimentamos pelo mundo podemos levar nossas tradições e costumes conosco e obter praticamente os mesmos resultados onde quer que estejamos.

Em parte, por isso que as viagens pelo mundo não são mais "exóticas" como antigamente. Hoje, para onde quer que você viaje no mundo, as regras se desenvolveram de forma a ser bastante consistentes em todos os lugares. Foi preciso sincronizar o catálogo global de regras para que o comércio mundial realmente decolasse. Nós ainda temos dificuldades com isso, mas grandes avanços foram feitos para conseguir esse sincronismo, pelo menos no que se refere ao capital.

A sociedade também tem tentado sincronizar o modo como gerenciamos globalmente a informação. Temos conseguido regras para a sincronização das informações globais? **Não muito!**

Na verdade, podemos nos colocar diante de sérios problemas se e quando nos deparamos com um conjunto de regras que são diferentes do que estamos acostumados. Descobri isso, para minha permanente consternação, quando vivia na Arábia Saudita na década de 1990. O que é considerado "normal" nos EUA é considerado herético em outros lugares como Arábia Saudita, Iraque, Coreia do Norte e assim por diante. Eu morei por um tempo da Arábia Saudita e cometer erros culturais ali, como ser um homem solteiro e entrar em um restaurante KFC pela porta reservada para mulheres, não é apenas uma gafe, é um **risco de vida!**

Se você quiser ter uma ideia sobre as causas dos altos níveis de conflito social no mundo no início do século XXI, um bom lugar para começar a olhar é nas inconsistências entre as regras aceitas pelos *stakeholders*.

Figura 13.3: Um KFC na Arábia Saudita. Um dos momentos mais assustadores da minha vida.

Os *jerks* conhecem toda essa história, mas isso tudo parece muito vinculativo para eles. Certamente, onde estávamos e como chegamos "aqui" pode ser importante, mas os *jerks* realmente não se preocupam com o caminho. Eles se preocupam com o destino. Mais a esse respeito nos Capítulos 15 e 16. Acaso lhe pareça semelhante a uma rebelião adolescente, não é por acidente, pois se trata exatamente disto.

Os adolescentes são notoriamente hábeis em ignorar os conselhos dos mais velhos, porque não aprenderam ainda a respeitar o passado. Eles ainda não valorizam as lições aprendidas por seus pais quando os pais eram jovens. Não, os adolescentes simplesmente dizem a si mesmos que essas regras malucas dos seus pais são equivocadas, restritivas e "tipo do passado". Então, eles ignoram ou até mesmo ativamente desrespeitam as regras de seus pais, a fim de viver suas vidas "à sua maneira".

Com o tempo, a maioria dos adolescentes chega às mesmas conclusões que seus pais, assumindo que sobrevivam à jornada. Depois de um tempo nossos filhos aprendem a viver de acordo com "as regras", como as gerações que os precederam. Ou, pelo menos, assim esperamos.

As empresas analógicas veem as *jerks* sob a mesma luz que os pais viam seus adolescentes. Claro que eles são rebeldes agora, mas cedo ou tarde os *jerks* aprenderão a aceitar as regras, e tudo ficará bem no mundo.

Sem chance, cara

Os *jerks* não estão sendo rebeldes, eles estão sendo observadores. Os *Jerks* veem a transição em andamento do analógico para o digital, e optam por segui-la. Que eles estejam fazendo isso sem o uso de drogas alucinógenas, camisetas tingidas (*tie-dye*) e símbolos da paz é absolutamente desconcertante para os poderes atuais, mas os tempos estão mudando. Os *jerks* não são contrários à autoridade, eles apenas seguem uma verdade diferente daquela de seus pais.

Aplicativos de júria

Os *jerks* podem prevalecer nesta migração da trindade analógica para a trindade digital? A análise pode prevalecer sobre as regras? Muita coisa gira em torno da eventual resposta a esta pergunta. Talvez alguns elementos visuais ajudem a fazer uma previsão.

Imagine uma luta de sumô. De um lado do ringue está um lutador de sumô, uma enormidade de 200 quilos alimentados por arroz, com 1,80 metros de altura, pronto para esmagar barrigas com seu oponente. Do outro lado está um *jerk*, a lenda das artes marciais, Bruce Lee, 1,70 metros de altura, 59 quilos de puro músculo, vigor e energia. Pelas aparências, o lutador de sumô tem todas as vantagens: tamanho, peso, força, inércia, massa, tudo em abundância pré-diabética de dieta hipocalórica. O pequenino Bruce não tem a menor chance!

O lutador de sumô pisa em volta, lançando sal sobre o ringue para limpar e purificá-lo como manda a cerimônia e o decoro. Bruce responde simplesmente flexionando os peitorais, um leve brilho nos olhos e sorriso no canto da boca. Os oponentes se curvam um para o outro, em uma mistura desconfortável de desprezo e respeito e, em seguida, tomam seus lugares em lados opostos do ringue.

O lutador de sumô levanta o seu *mawashi* até a altura da cintura, assume a posição tradicional de quatro pontos e se prepara para impulsionar sua massa total sobre seu oponente hábil, mas diminuto. O lutador de sumô lança seu grito de guerra na direção de Bruce com toda sua força, certo da vitória. Quando essa grande parede de carne avança sobre ele, Bruce simplesmente vira para o lado, muito mais rápido do que o lutador adversário possa perceber, quanto mais se reequilibrar. A inércia do lutador o leva bem além de Bruce, para fora do ringue – esparramando-se na borda do *dohyô*, aturdido e perplexo, com seu corpanzil invencível tornando-se simplesmente *shini-tai*, ou corpo morto.

Figura 13.4: Bruce Lee com seu *iNunchaku*.

Bruce se aproxima dele, extraindo lentamente um par de *nunchaku* a cada passo. Em um *flash*, ele aplica um breve, mas concentrado, golpe na têmpora do lutador, eliminando-o do torneio. Fim de jogo. Bruce então se vira, pronto para enfrentar o próximo lutador.

As *jerks* estão para as empresas analógicas como Bruce Lee está para um lutador de sumô. Ambos são mestres das artes a que se dedicam. Cada um deles segue as normas dessas artes e se beneficia de seus investimentos nessas crenças. Para o sumô, o sucesso está no volume, massa, tamanho, formalidade e adesão a um conjunto rigoroso de regras que definem o que é permitido ou não. Bruce é um pouco diferente, Para ele, o sucesso reside na velocidade, agilidade, força direcionada e, principalmente, improvisação. Estes são dois mundos, dois conjuntos de normas e crenças e dois resultados totalmente diferentes. Cada visão de mundo produz resultados previsíveis dentro de si. É quando eles cruzam caminhos que o dragão entra no ringue e inesperadamente chuta o traseiro enorme de alguém.

A Trindade Digital: o caminho do dragão

Enquanto a trindade analógica incentiva massa, volume, tamanho, estrutura e assim por diante como meio de gerar riqueza de capital, a trindade digital recompensa a velocidade, agilidade e adaptabilidade. Pelos padrões da **era da informação**, a **mobilidade** supera a **burocracia** todas as vezes. Pense nisso da próxima vez que algum funcionário pedir para você preencher um formulário em três vias e, em seguida, anexar um bilhete de sua mamãe... e retornar em 45 dias para uma resposta.

Ao lidar com a informação, as mídias sociais são bem mais flexíveis, ágeis e produtivas do que qualquer processo empresarial pré-definido, seguindo o ISO9000, monitorado, medido, utilizando o Seis Sigma, já mapeado no *PowerPoint* da Microsoft. Milhões de usuários que contribuem com contexto e correlação para a informação, em tempo real, são bem mais produtivos do que os melhores esforços dos trabalhadores mais bem treinados no processo empresarial mais otimizado e hipermedido. As mídias sociais são os *nunchakus* da trindade digital.

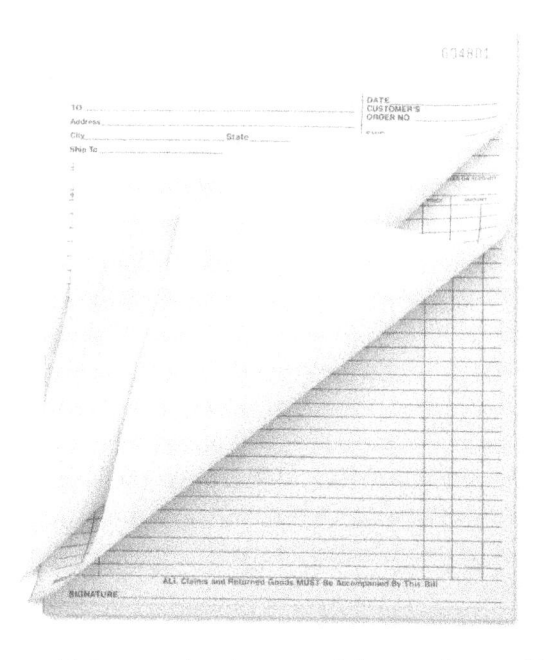

Figura 13.5: O formulário em três vias, maná do paraíso analógico.

As empresas *jerk* utilizam as novas estruturas da trindade digital para superar completamente as Analógicas. Elas consideram as regras pelo que são: um meio de manter o *status quo*, um meio de produzir controle à distância como um manual de política da cidade de Nova York colocado em uma mesa em uma casa bancária da corrida do ouro em São Francisco. As empresas *jerk* não se preocupam com as regras ou processos de controle cheios de burocratas porque estes são elementos de controle do capital, não da informação. De fato, esses mecanismos são perfeitamente horríveis para gerenciar eficazmente a informação, pois são propositadamente concebidos para desacelerar a informação, através do atrito, da velocidade da luz para a velocidade do capital.

Envie os burocratas

Há muitas evidências de empresas *jerk* desrespeitando as regras ao nosso redor. Se você pesquisar Uber, Airbnb, Tesla, SpaceX, Doctor On Demand, FanDuel ou qualquer uma das dezenas de outros *jerks* por aí, as estruturas de controle da trindade analógica foram levadas a um frenesi em função do desrespeito das *jerks* pela autoridade. Todas essas empresas estão sob intenso ataque legal e regulatório porque, para os sistemas de controle existentes, as *jerks* são vírus – elas são uma doença causando dificuldades dentro de cada pilar e entre os pilares da trindade analógica, e devem ser impedidas! Uma pesquisa rápida no Google sobre qualquer uma dessas empresas mostrará páginas e páginas de resultados detalhando os ataques regulatórios, legais e até mesmo morais sofridos pelas *jerks* à medida que realizam seus negócios. Em grande parte, as empresas *jerk* não se incomodam com o fato de as analógicas não gostarem delas. Isso as valida como *jerks*, não é mesmo?

Naturalmente, as empresas analógicas respondem à ameaça das *jerks* usando seus métodos testados e aprovados originários diretamente da trindade analógica. As analógicas utilizam um arsenal de advogados, auditores e reguladores que detonam uma fuzilaria de ordens judiciais, depoimentos, moções e coisas semelhantes. As analógicas as lançam como sal sagrado jogado sobre um ringue de sumô, na esperança de que possam purificar o jogo que **deve ser jogado seguindo determinadas regras**. Mas para sua consternação, essas empresas analógicas descobrem que as *jerks* podem ver seus ataques chegando, e simplesmente desviam de lado, superando a tentativa com uma velocidade e agilidade inimagináveis para um enorme lutador de sumô.

Leis: agora você as vê, agora não

As empresas *jerk* usam as regras, no estilo do judô, para conseguir o que querem. Como as *jerks* vivem nesse período entre as idades do capital e da informação, elas têm que funcionar das duas maneiras, pelo menos por um tempo. Felizmente para elas, o metabolismo da trindade digital é tão maior do que o da trindade analógica, que as *jerks* conseguem ser muito boas em, bem, atuar como *jerks* em meio às analógicas. Se as analógicas atualizam seus sites ou aplicativos em um ano, as *jerks* conseguem fazê-lo em um mês. A cada relatório trimestral que as analógicas fazem detalhando sua perda de participação de mercado, as *jerks* conquistaram outro ponto percentual de clientes, de forma preditiva. Quando as analógicas conseguem uma liminar em menos de uma semana, as *jerks* apresentam recurso em um dia. Quando as analógicas divulgam um comunicado de imprensa condenando os atos de alguma *jerk*, no mesmo dia essa maldita *jerk* publica uma resposta de milhões de fãs, em minutos. Não importa o quão rápido este lutador de sumô tenta se mover, Bruce Lee responde com punhos de relâmpago.

A diferença entre a forma como as analógicas e as *jerks* reconhecem e lidam com as regras são rígidas, e preveem um futuro em que a governança social e econômica parecerá totalmente estranha. Quando a FanDuel, a *jerk online* de jogos ou apostas, subiu ao palco durante a temporada de 2015 do futebol norte-americano, o palco foi preparado para uma batalha entre o **velho** e o **novo**. O que aconteceu ao longo das poucas semanas em outubro e novembro daquele ano foi uma visão do que seria a governança em uma era da informação administrada pela trindade digital. A FanDuel basicamente automatizou o jogo de futebol de fantasia, em que os torcedores fingiam ser donos de jogadores fictícios de futebol baseados em jogadores reais e no desempenho real do jogador. A FanDuel não só automatizou esse passatempo extremamente popular, como monetizou-o. Utilizando as etapas que eu descrevi neste livro, a FanDuel atuou como *jerk* da indústria de jogos e tornou-se um sucesso da noite para o dia, para desgosto de muitos poderes estabelecidos.

Figura 13.6: Advogados de empresa analógica interpondo um recurso.

No meio da temporada de futebol daquele ano, esses poderes decidiram agir. Isso foi rápido como um raio para uma burocracia escravizada por processos e limitada por regras, mas, mais uma vez, eles sabiam que todo o seu modo de vida estava em jogo. Através de várias estruturas da trindade analógica, a FanDuel foi atingida por todo tipo de ações legais e regulatórias destinadas a interromper seus caminhos digitais malignos. A queixa principal contra a FanDuel era que se tratava de uma organização de jogo de azar, não um jogo baseado em habilidades. Para as analógicas, jogar um *game* não tem problema, mas sim um jogo de azar? Este é um negócio que queremos controlar de perto, em grande parte por ser ridiculamente rentável.

Em novembro de 2015, a FanDuel foi atingida por diversas notificações para cessar a atividade, vindas de vários tribunais (pense nos tribunais como sendo a caixa de ferramentas da trindade analógica) e esperava-se que esses *jerks* as cumprissem. **Qual foi sua resposta inicial?** Obrigado, mas não. A FanDuel não era muito amante da noção de cessar atividades, ainda mais considerando os milhões de dólares que estava ganhando toda semana com seu *site* e aplicativo.

Figura 13.7: Fãs do FanDuel protestam contra o procurador geral de Nova York, o senhor Schneiderman.

Essa resposta não foi recebida de forma gentil pelos tribunais; foi uma atitude rude da empresa em não cumprir a ordem! Quando os tribunais voltaram e disseram para a FanDuel que "**cessar as atividades**" não era uma sugestão, a FanDuel se moveu como se fosse o próprio Bruce Lee, só com roupa de ginástica. O que esses *Jerks* fizeram foi extremamente disruptivo. Eles usaram a trindade digital da mobilidade, mídias sociais e análise para mobilizar seus clientes e fãs para entrarem em contato com esses tribunais e instrumentos de controle analógico e forçá-los a recuar.

Nesta incrível virada de acontecimentos, a FanDuel organizou as pessoas para protestar, fazer petições e, depois, espalhar o pânico entre os poderes constituídos, usando seu aplicativo para chamar a atenção para a sua situação. Esta foi uma jogada brilhante da parte deles e, na medida em que seu objetivo era permanecer no negócio até o final da temporada de futebol e acumular muito dinheiro e coletar muitos dados durante esse tempo, funcionou como que por encanto. Sem dúvida, esse encanto tinha a forma de um *nunchaku*.

A FanDuel é uma empresa *jerk* que utilizou as estruturas da trindade digital para implantar o que eu chamo de **legislação por plebiscito,** em que a sociedade como um todo decide o que gosta ou não, ou o que apoia ou não, em tempo real, caso a caso, à velocidade da luz.

Meu tio é um juiz federal que está prestes a se aposentar. Quando lhe falei sobre a velocidade e os mecanismos de mudança que vinham chegando, ele disse que sua aposentadoria não podia ter vindo em uma hora mais oportuna. Será um mundo muito diferente, com normas muito diferentes e a transição de um para outro será ao mesmo tempo terrível e emocionante, como uma montanha russa com *looping* em seu parque temático favorito. Mas esta é uma história para outro momento e outro livro. Seu título provisório é *Ruptura*.

Resumo do capítulo:

1. As regras são os meios de controlar o poder na trindade analógica. As organizações analógicas criam, gerenciam e fazem cumprir regras como sua forma de controlar o capital.

2. Quer sejam regras, leis, regulamentos ou normas e tradições, as empresas analógicas respeitam esses meios de controle porque eles são fundamentais para o sucesso na trindade analógica.

3. As empresas *jerk* seguem uma trindade completamente diferente, e as regras são em grande parte sem sentido para elas. As *jerks* consideram as regras como restrições artificiais que agregam pouco valor e que podem até ser irracionais.

4. As empresas *jerk* distorcem ou quebram regras sempre que isso gera resultados melhores para os clientes, e gera mais riqueza de informações.

Capítulo 14
Jerks buscam a cauda longa

"O que você é, vem para você."
Ralph Waldo Emerson

"O segredo para a boa autoestima é diminuir suas expectativas até o ponto em que elas já estão atendidas."
Bill Watterson como Calvin em *"Calvin & Haroldo"*

Há um tom ligeiramente irreverente na minha escrita e nos argumentos que apresento. Fico um pouco triste se isso o incomoda, mas faço por dois motivos. Em primeiro lugar, espero que algumas dessas ideias fiquem gravadas em sua mente. Por questão de sobrevivência, estamos programados para lembrar aqueles que nos ofendem ou cruzam o nosso caminho, de modo que tento aproveitar um pouco deste antigo resíduo da **trindade da ferramenta**, profundamente instalado em seu córtex cerebral. Em segundo lugar, tenho uma forma de pensar um pouco engraçada (alguns diriam "errada") e eu escolho ser fiel a mim mesmo. Eu realmente não quero ofender a sua sensibilidade, ou de qualquer pessoa. Eu apenas pareço ter um talento para dizer o que estou pensando, e a grande maioria das pessoas parece gostar desta abordagem por sua novidade. Politicamente correto eu não sou!

Você entenderá a necessidade deste desvio à medida que avançarmos pelo Capítulo 14. Aqui estamos prestes a pisar em terreno controverso e perigoso. Algumas pessoas não se incomodam com isso. A maioria fica um pouco desconfortável. Mas alguns acharão esse capítulo ofensivo e ficarão irritados. Haverá uma série de respostas a este tópico, seguindo uma distribuição normal, se você preferir. Curiosamente, esta distribuição de respostas realmente reforça, até mesmo prova, o argumento deste capítulo, de uma maneira satisfatória, embora perturbadora.

Então respire fundo, abra os olhos e vamos lá.

Uma breve introdução à estatística

Jerks buscam a **cauda longa**. O que isso significa? Bem, isso significa o seguinte: o universo físico é mais um lugar analógico do que digital (estou me referindo à natureza real aqui, não às trindades humanas sociais ou econômicas). Uma vez sendo analógico, praticamente toda população de qualquer coisa no universo segue alguma forma de distribuição normal. Nesta distribuição, para cada característica da população, a maioria de seus membros está na "média". Eles tendem a compartilhar o mesmo valor para a característica em questão.

Mas, em cada distribuição normal existem membros que, para a característica em questão, estão um pouco distantes do normal. Alguns são um pouco menos do que a média, outros um pouco mais. Quanto mais você se afastar da média, para cima ou para baixo, menor o número de atípicos. Essa distribuição pode ser descrita de forma matemática e geralmente cria a curva da corcova do camelo, que é comumente chamada de distribuição normal, ou **curva de sino**.

Existem boas razões para as distribuições normais serem normais: incerteza, variação e o famoso caos. A variedade cria variações sutis que, ao longo do tempo, permitem a adaptabilidade e até a evolução. Se alguma variação natural em uma população beneficia um indivíduo em relação aos seus colegas diferentemente dotados, ele pode ter alguma vantagem no universo. Com o tempo, a acumulação de pequenas melhorias incrementais e a eliminação de pequenos impedimentos ou defeitos pode gerar todo tipo de coisas boas. Tomados em conjunto, esses dois efeitos podem levar a melhorias em toda a população e esta é a base da maior parte de nossa riqueza econômica nos últimos 200 anos. O curioso é que se qualquer um dos efeitos não for moderado pelo outro, esses avanços e recuos em uma população podem ser muito extremos, chegando a resultar em coisas estranhas. A adição descontrolada de "melhorias" sem o contrapeso do corte do excesso de bagagem é a melhor explicação que consigo imaginar para o *Windows 8* da Microsoft. Isso, ou alguém em Redmond, em Washington, tem um estranho senso de humor. No final, Deus, a evolução e os usuários da Microsoft adoram a variedade, mas somente em pequenas doses!

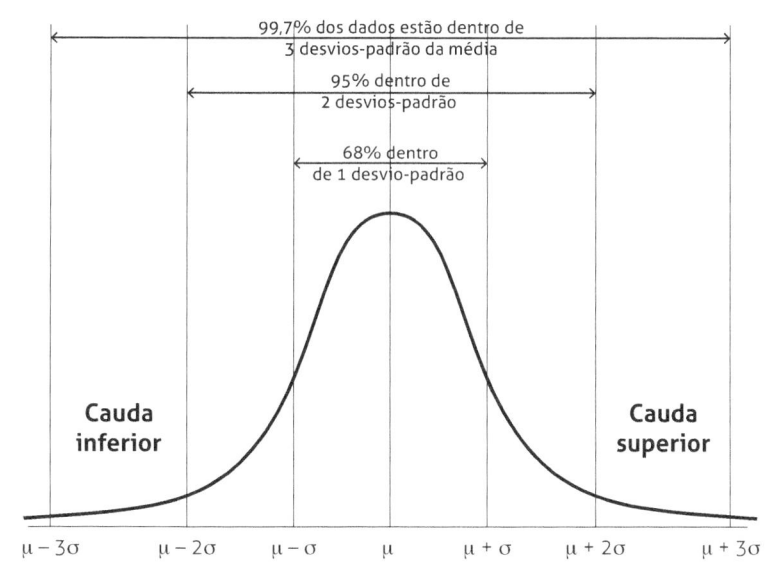

Figura 14.1: A curva de distribuição normal, com a média, a cauda superior e a cauda inferior.

Correlação e causalidade

Portanto, as distribuições normais são normais (!?!?) e representam uma maneira útil para os matemáticos, estatísticos e *jerks* entenderem as características de uma população. Veja bem! Você e eu fazemos parte de uma população! Na verdade, cada um de nós faz parte de um zilhão de populações. Depende apenas da característica que você deseja medir. Ao medir determinada característica de uma população, muitas vezes é fácil estabelecer correlações: a situação B parece ocorrer em conjunto com a situação C, e assim por diante. Essas correlações nos ajudam a entender melhor o universo, e nos permitem entender com mais precisão o passado e prever o futuro. O nosso universo está repleto de dados não correlacionados sobre as características da população apenas esperando para ser correlacionados.

O problema é que, por vezes, os estatísticos, matemáticos e, isso mesmo, os *jerks*, acabam lendo demais em suas correlações. Às vezes, o que é meramente uma correlação (**isso corresponde àquilo**) acaba sendo mal interpretado como causalidade, ou **isso causa aquilo.** Este é um grande erro na área da estatística. Muitos pesquisadores caíram vítima do canto de sereia da descoberta da causalidade.

Afirmar a causalidade em populações de objetos ou eventos simples é possível porque a quantidade de variáveis é relativamente pequena, e geralmente uma característica predomina sobre as outras possibilidades. Se o seu filho tem uma dor de barriga e você entra na cozinha e descobre que a lata de biscoitos está sem tampa, vazia e cercada de migalhas, há uma probabilidade razoável de que o botulismo não é a causa das dores dele. Mas ao olhar para as características de objetos complexos funcionando em sistemas complexos, afirmar a causalidade não é apenas imprudente, como pode ser mortal.

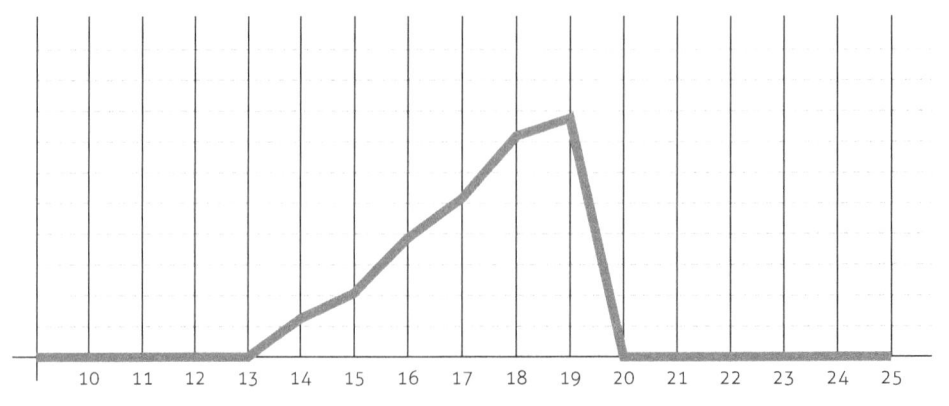

Figura 14.2: A má compreensão das estatísticas pode ser algo perigoso.

As gangues de Nova York

A dinâmica das populações tem sido estudada há séculos, principalmente com o alvorecer da Revolução Industrial. Baseados nos princípios do método científico, redescobertos pelos ocidentais no Renascimento, os capitalistas digeriram as escassas quantidades de dados disponíveis na época, numa tentativa de aplicar melhor a trindade analógica. Como Taylor e Ford foram rápidos em perceber, os trabalhadores também eram uma população, e tinham uma ampla variedade de características disponíveis para correlação. A maior parte do trabalho de Taylor foi concebida para medir e avaliar essas características que mais influenciavam a produtividade de uma pessoa – com o objetivo de maximizar a produção de capital, veja você.

Infelizmente, no final do século XIX, enquanto Taylor fazia as suas coisas, a sociedade ainda enfrentava a grande perturbação causada pelo fim da trindade da terra e a crescente influência da trindade analógica. Uma das consequências do colapso dos impérios foi a migração em massa de pessoas ao redor do globo. Isso era uma correlação, e não uma relação causal! Nessa mistura da população humana no mundo, algumas tendências sociais diferentes se fundiram exatamente no momento errado. Pessoas de terras e culturas distantes de repente se viram em estreita proximidade entre si e, assim, começou a explosiva urbanização de cidades como Nova York, Londres, Boston, Chicago e São Francisco.

A maioria dessas pessoas de raças, credos e cores diferentes mudou-se por razões específicas. Elas queriam escapar das terríveis condições de vida em seus países de origem e encontrar uma vida melhor em outro lugar. Quando apareceram em cidades estrangeiras, foram rapidamente procurar emprego por uma questão de sobrevivência. Mais uma vez a lei da oferta e procura entrou em ação, a quantidade de mão de obra barata na maioria dos mercados urbanos subiu e, consequentemente, os salários caíram.

Essa tendência colidiu com o rápido crescimento da eficiência produtiva e da produção gerada pela capitalização da economia, a automação de uma série de empregos e, sim, a famigerada linha de montagem de Taylor e Ford. Tudo isso conspirava enormemente para reduzir a necessidade de trabalhadores, exatamente no momento em que as cidades estavam com um excesso de mão de obra. Para os migrantes estrangeiros à procura de trabalho nas cidades em crescimento do novo mundo, essa colisão não levou apenas a um dia ruim, levou a meio século ruim.

Figura 14.3: Distúrbios nas ruas da cidade de Nova York, 1863.

O pensamento e o trabalho de industriais como Ford, economistas como Taylor e psiquiatras como Freud conspiraram para criar e promover um conceito verdadeiramente radical para o século XIX: nem todas as pessoas são iguais. O mundo naquele século era extremamente religioso e a noção de que todos os homens foram criados iguais era amplamente considerada verdadeira. As mulheres eram um pouco menos iguais, e permaneceriam assim por mais um século... e contando. Os capitães do mundo analógico começaram a promover a ideia de que não só as pessoas eram diferentes, como essas diferenças eram facilmente discerníveis e mensuráveis.

O último item não era um problema. As medições são nossas amigas. Já a primeira noção, de que diferenças significativas poderiam ser facilmente discerníveis simplesmente **olhando** para alguém, era substancialmente mais preocupante. Pelo fato de a migração, conflito de classes e competição por empregos ter coincidido com a chegada desta noção de que você poderia determinar o valor de alguém simplesmente olhando para esse alguém, algumas coisas muito ruins começaram a acontecer em nosso mundo. As pessoas começaram a acreditar em **ismos**, **causando mais de um século de conflitos e sofrimentos amargos**.

Os ismos, o sino e você

Por volta do início do século XX, os atos científicos simples de medir uma característica de uma população, determinando sua média e mediana, e definindo uma distribuição normal, começaram a ser pervertidos. De repente, pessoas com medo do desemprego e xenofobia acharam que tinham um meio para justificar matematicamente seu medo e seu ódio dos outros. Conforme Maslow nos mostrou, valorizamos a segurança pessoal apenas um pouco menos do que valorizamos água, alimentos e ar. O medo de ameaças externas vem diretamente de nosso tronco encefálico, e pode conduzir a um curto-circuito de nossas funções cerebrais mais racionais.

As pessoas usaram dados e estatísticas, medo e aversão, para tentar justificar matematicamente seus **ismos**: **nazismo**, **comunismo**, **racismo**, **idiotismo**, **sexismo** e assim por diante. Os defensores da curva do sino acreditavam que através de simples testes e medições seria possível classificar pessoas como **inteligentes** ou **não**, **úteis** ou **não**, talentosas ou não e assim por diante.

Essa ideia ficou verdadeiramente ofensiva quando foi usada para colocar as pessoas em categorias excessivamente amplas e depois julgá-las ostensivamente em consequência. Uma vez correlacionado, os partidários de alguns desses ismos deturpados começaram a afirmar que haviam descoberto causalidade ao invés de apenas correlações ridiculamente simplificadas. Eles não consideraram (ou mais provavelmente ignoraram) que a extraordinária complexidade do assunto em questão (humanos) significava que até mesmo suas correlações eram altamente suspeitas.

Esta aplicação distorcida da matemática e estatística levou a uma série de horrores durante o período das duas guerras mundiais e do restante do século XX.

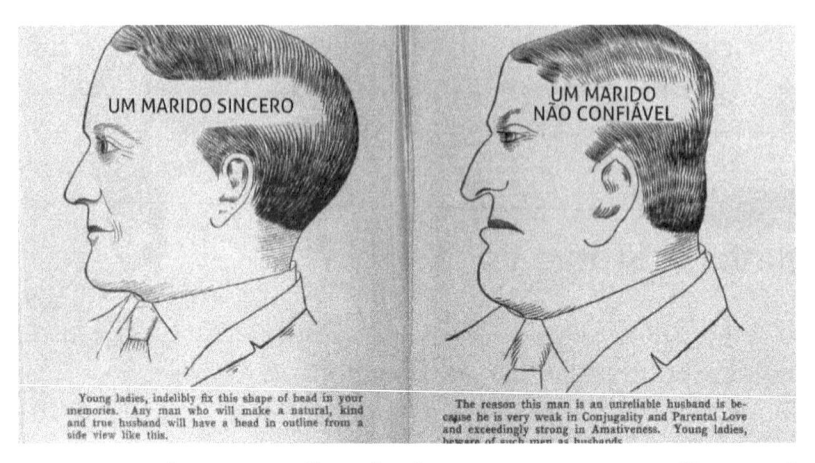

Figura 14.4: Frenologia: conselhos de última geração para mulheres solteiras, 1890.

Culpe o motorista, não o carro

Por causa dessa má aplicação da ciência, a curva de sino ficou famosa. Ela foi vilipendiada pelos liberais sociais como meio de reduzir os menos favorecidos à servidão. Embora a maneira pela qual a ciência foi pervertida para atender esses fins maléficos mereça a nossa repulsa, as abordagens utilizadas na criação da curva de sino não são esse bicho-papão do qual foram acusados.

As estatísticas demográficas não são uma encarnação do mal ou uma ameaça para a nossa humanidade – longe disso. Trata-se apenas de matemática aplicada às características de uma população com o objetivo de desenvolver uma compreensão estatística sobre os membros desta população. À medida que avançamos na era da informação, governada pela trindade digital, é fundamental que todos nós nos lembremos do seguinte: as estatísticas não são racistas, ou sexistas ou qualquer outro ista – mas, ocasionalmente, os estatísticos podem ser.

As abordagens que foram utilizadas para tal efeito doentio na era capitalista são exatamente as mesmas abordagens que definirão a vida na era da informação, só que desta vez haverá duas grandes diferenças. Em primeiro lugar, nosso mundo será administrado segundo as novas estruturas da trindade digital. Em segundo lugar, desta vez haverá muito mais dados para trabalhar.

Análise: a nova régua no mundo digital

As empresas *jerk* utilizam a análise da mesma maneira que os capitalistas usam regras. Em suas respectivas trindades, esses mecanismos são utilizados para orientar as decisões e para determinar como a riqueza é gerada e distribuída. Quando os *jerks* buscam orientação sobre como gerar melhor a riqueza por meio de informações, eles usam a análise, em vez de regras, para determinar suas respostas. Para as empresas *jerk*, aplicar as estatísticas populacionais aos dados que criamos em nossos dispositivos móveis quando usamos as mídias sociais é o meio pelo qual elas criam valor.

As empresas *jerk* não utilizam a trindade digital para nos oprimir, embora este perigo certamente exista. As *jerks* utilizam sua trindade para nos monitorar e avaliar o tempo todo, porque é isso que esperamos delas. As *jerks* estão sempre nos medindo e avaliando porque nós insistimos nisso. A maioria de nós tem a sensação de que isso está acontecendo ao nosso redor. Toda vez que recebemos um excelente cupom exatamente daquilo que queremos, no momento certo e no lugar certo, algum *jerk* acabou de nos julgar pelas nossas postagens nas mídias sociais, um **deslize** digital que todos nós devemos evitar. Educado ou não, esse tipo de coisa é exatamente o que exigimos dos *jerks*, conforme as expectativas dos nossos seis novos normais.

Quando o Starbucks prevê que você vai entrar nos próximos 15 minutos e que provavelmente pedirá um chá *chai latte* em vez de um café *mocha frappuccino*, eles o estão colocando dentro de uma caixa. Eles estão formando preconceitos a seu respeito. Eles estão colocando um rótulo em você a cada cálculo. A matemática, os modelos e as abordagens são os mesmos. A oportunidade para subverter e oprimir com todo esse conhecimento é muito grande, se pararmos um pouco para pensar nas implicações.

Dos termos e condições da Blockbuster: "A Blockbuster pode a qualquer tempo, e a seu exclusivo critério, modificar este termos e condições de uso, incluindo sem limitação a política de privacidade, com ou sem aviso prévio... Caso não concorde com qualquer modificação dos termos e condições de uso, você deve imediatamente parar de usar este *site*".

Figura 14.5: Seu uso continuado é o seu consentimento...

A diferença na aplicação é que é fundamental. As empresas *jerk* utilizam essas ferramentas e técnicas para melhorar a vida dos seus clientes, em vez de acabar com eles. Elas usam as estatísticas populacionais visando o deleite, e não a opressão. Elas usam a análise, o mecanismo de governança da trindade digital, para gerar resultados melhores com os recursos disponíveis, exatamente como faziam as regras no mundo analógico.

Onde está a privacidade?

Com o legado da má aplicação das estatísticas da população ainda fresco em nossas mentes, você poderia pensar que estamos um pouco preocupados por eventualmente reentrar em um mundo da discriminação matemática em uma escala industrial. Com base em eventos recentes, você estaria certo. Em 2014 e novamente em 2015, os tribunais da União Europeia (UE) e da China tomaram várias decisões sobre dados pessoais de seus cidadãos.

Em 2014, a UE decidiu contra o Google em um caso de "**Direito de ser esquecido**" de uma pessoa. Em essência, esta decisão permitia a qualquer cidadão da UE ter um *link* impreciso, indesejado ou mesmo pouco lisonjeiro sobre ele suprimido pelos mecanismos de busca mediante solicitação. Em seguida, em 2015, a UE decidiu que o acordo Safe Harbor[16]

---

16 NT: Trata-se de um acordo de transferência de dados pessoais da UE para os EUA, que promete garantir que os dados dos clientes sejam controlados exclusivamente por eles mesmos. Esse acordo ficou em cheque quando foi revelado que a NSA (agência de segurança nacional dos EUA) tinha acesso aos dados.

entre a UE e os EUA era nulo e sem efeito. Aqui, a UE pôs fim a uma regra de uma década que permitia a livre circulação de informações entre os participantes, a fim de proteger ainda mais o uso indevido de informações privadas dos cidadãos da UE. Os horrores de um século de guerras, alimentados por muito medo e pelo ódio, parecem frescos nas mentes de europeus e asiáticos. E com razão, considerando onde eles estiveram e para onde estamos nos dirigindo coletivamente.

Os receios alimentados pela noção de que todos os nossos movimentos, decisões e cliques estão sendo monitorados pelas instituições analógicas (tais como os Estados-Nação e as corporações centradas no capital), bem como pelos aparentemente benignos *jerks*, não são indevidos. Sabemos disso por causa de Edward Snowden. Todos nós enfrentamos o que eu chamo de **paradoxo da privacidade**. Queremos a nossa privacidade, mas também queremos cupons fantásticos. Queremos estar a salvo dos terroristas, mas também queremos estar a salvo do nosso próprio governo. Queremos ser famosos nas mídias sociais, mas anônimos quando compramos produtos que não podemos revelar, entregues por *drones*. Não são questões fáceis de resolver, e como vamos fazê-lo ainda não está claro. Mas uma coisa eu tenho certeza: coletivamente, teremos de resolver logo essas questões, e um bando de *jerks* provavelmente nos ajudará a encontrar a resposta.

Melhor viver com a matemática

Em um mundo inundado por uma grande quantidade de dados disseminados e invasivos, a oportunidade para obter vantagem ou abusar torna-se clara. Nosso uso contínuo e nossa crescente dependência da trindade digital inevitavelmente nos levarão a uma vida em que os *jerks* atenderão nossas necessidades específicas com cada vez maior exatidão, precisão e prazo, exatamente como determinam os seis novos normais. **Então qual é a conexão com o que eu chamo de cauda longa?**

Desde que as pessoas começaram a fabricar coisas na esperança de vender, elas tentam satisfazer o desejo ou a necessidade de alguém. Antes da Revolução Industrial, a maior parte da produção era realizada por artesãos altamente qualificados fabricando produtos de alta qualidade individualmente ou em pequenos lotes. Seus clientes eram seus vizinhos e raramente seus produtos seriam vendidos a alguém que já não conhecessem. Nas oficinas da trindade da terra os vendedores literalmente conheciam cada um de seus clientes com se fossem vizinhos, porque realmente eram.

A era capitalista mudou tudo isso. Com a industrialização, os fabricantes procuravam maximizar os retornos sobre o capital produzindo o máximo possível da mesma coisa, repetidamente. Isso foi bem demonstrado pela famosa citação de Henry Ford com relação ao modelo "T": "Você pode ter um carro em qualquer cor que quiser, contanto que seja preto." Quando o mundo é dirigido por capitalistas, a variedade é o inimigo.

Dada esta perspectiva, a forma de maximizar a popularidade e a demanda por seus produtos é fazê-los o mais mediano possível. Atender o pico da curva de distribuição normal é praticamente a definição de *marketing* capitalista. Ser **bom o suficiente** para a "maioria das pessoas" é uma estratégia para maximizar o rendimento e, portanto, os lucros. Em um mundo centrado no capital, atuar nas velocidades da trindade analógica com os volumes dados anteriores à trindade digital, era geralmente o suficiente.

Mas isso tudo muda agora que os *jerks* estão aqui. As empresas *jerk* deixam que os capitalistas atendam o pico da curva normal. Afinal, isso seria muito fácil e muito na base da pirâmide de Maslow para que eles se preocuparem. Produtos e serviços médios atendem necessidades médias. Raramente inspiram paixão em seus clientes. As empresas *jerk* não gostam de média, elas gostam de satisfazer nossas necessidades de intimidade e propósito, no estilo dos novos normais. Elas gostam de ambos porque apreciam o desafio de territórios inexplorados com veios de prata e ouro digitais por extrair, e porque gostam de recolher as recompensas advindas de atingir pontos anteriormente inalcançáveis.

As empresas *jerk* deixam de lado o meio da curva de distribuição normal porque atuar na média é um jogo analógico. Os *jerks* vivem pela trindade digital, que trata exatamente de saber o que cada pessoa individual necessita, quer e cobiça. Conhecer cada um de nós intimamente, nossas necessidades e desejos mudando no espaço e no tempo, é o mundo da trindade digital. Eles se sentem compelidos a conhecer nossos pensamentos mais profundos e a agir com base neles.

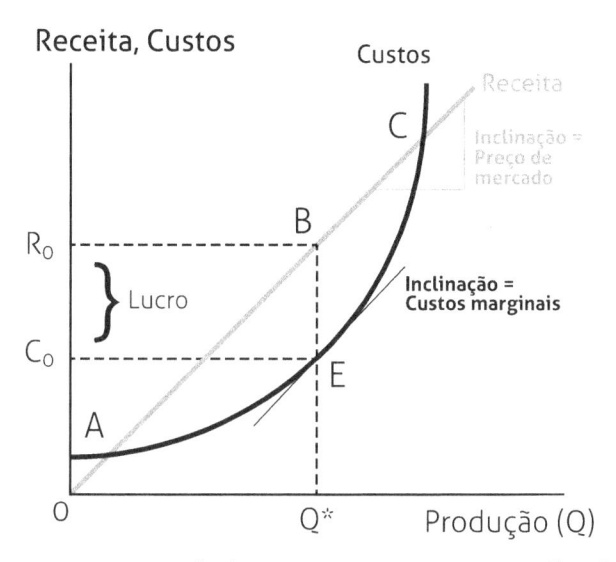

Figura 14.6: Maximização do lucro – a economia tem "leis" que os *jerks* praticamente ignoram.

Se você for um *jerk* e conhece tudo sobre mim, então pode concentrar sua energia nas extremidades de uma curva de distribuição normal, ao invés de no meio. Nas extremidades da distribuição estão os sonhos e pesadelos de cada cliente. As extremidades são os nossos cenários de pior ou de melhor caso, as coisas que mais tememos e que mais apreciamos. Uma vez tendo atendido minhas necessidades médias e encaminhando-se para a cauda da curva de distribuição normal, você adentra o território de minha alma; você começa a entender meus desejos não satisfeitos e os meus medos mais profundos, e você pode começar a me abordar em termos emocionais. Isso pode parecer estranho para você, mas os *jerks* estão rapidamente descobrindo que os dados e a matemática, em vez de poesia e arte, são o caminho mais veloz para o coração e a alma dos seres humanos.

Quando o Uber o pega em alguns minutos, permitindo que você veja o motorista vindo ao seu encontro em tempo real, esta é uma solução de cauda longa. Na média seria simplesmente ter táxis vagando pelas ruas, esperando que um deles esteja por perto quando você precisar. Quando o Doctor On Demand o conecta com um médico em 60 segundos ou menos, em qualquer lugar dos EUA, a partir de seu *smartphone*, esta é uma solução de cauda longa. Na média seria você marcar uma consulta para ir ao consultório médico, daqui seis a oito semanas.

Quando o Waze dinamicamente traça novas rotas para o seu destino pelo caminho mais rápido, esta é uma solução de cauda longa. O Google Maps originalmente apenas lhe informava a distância mais curta, independentemente das condições em tempo real, o que permitiu ao Waze superar até mesmo o Google. Quando a Panera Bread lhe envia um cupom para a sua comida favorita em seu aniversário, esta é uma solução de cauda longa. Uma solução média seria um cupom de salada *Caesar* que você cortou no jornal. As soluções de cauda longa parecem melhores para nós porque são de fato melhores. Elas atendem nossas necessidades específicas, íntimas, pessoais em vez de satisfazer a média. É fácil de entender por que acharmos essas soluções bem mais atraentes.

A vida na cauda longa

Sinceramente espero que as empresas *Jerk* usem seu futuro poder para o bem e não para o mal. A tecnologia não tem moralidade. Simplesmente é. A tecnologia é boa ou má dependendo de como a utilizamos. Pense na eletricidade: é boa quando você precisa de alguma luz ou para cozinhar algo, não tão boa se você estiver preso a uma cadeira elétrica. Assim é com a tecnologia.

A trindade digital é uma revolução baseada na tecnologia. Os dados, a matemática e a estatística representam uma família de tecnologias que está permitindo grandes mudanças na forma como vivemos. Essa tecnologia, assim como todas as tecnologias, pode ser usada para o bem ou para o mal. E assim como em todas as tecnologias, veremos esses dois tipos de uso em nosso futuro próximo. Afinal, a força deve permanecer em equilíbrio.

Em geral, eu espero que as empresas *jerk* busquem a cauda longa de nossos desejos e necessidades, ao invés da cauda inferior. Eu faço esta previsão otimista por dois motivos principais. Em primeiro lugar, embora haja muito dinheiro a ser ganho em eliminar os medos das pessoas (um truque de *marketing* analógico **extraordinário**), o grau com que os dados profundamente pessoais disponíveis para *jerks* poderiam realmente nos prejudicar é muito grande. Um *jerk* que é um idiota e usa esses *insights* para nos assustar em vez de nos ajudar, seria tão eficaz em conduzir nossos comportamentos através do terror que não toleraríamos esse ataque psíquico por muito tempo. Buscar a cauda inferior é tão eficaz quanto buscar a cauda longa superior, mas nos assustar demais levaria a uma rebelião contra tais invasões de nossa psique. O nosso paradoxo da privacidade nos protege a este respeito, pois sempre sabemos que há a possibilidade de um grande dano na má aplicação da persuasão a partir de montanhas de dados.

O segundo motivo para eu acreditar que os *jerks* escolherão a cauda longa superior em vez da cauda inferior é que os benefícios do caminho mais elevado serão imensos. Atender as necessidades mais profundas das pessoas, de forma preditiva, persuasiva, calorosa e substantiva será tão intensamente satisfatório que os *jerks* procurarão o *feedback* positivo que recebem com quase total abandono. Já vemos isso nas respostas que os *jerks* recebem de seus oponentes analógicos. Quando as empresas analógicas protestam contra o sucesso das *jerks*, a reação é quase sempre: "Tanto faz, cara." A vantagem de utilizar a trindade digital para satisfazer as necessidades dos clientes é tão atraente que os *jerks* estão dispostos a ser idiotas para conseguir este afluxo de gente. As empresas *jerks* já estão experimentando esta viagem por utilizar a cauda longa superior. Podemos esperar a continuação deste vício, à medida que os *jerks* ficam cada vez melhores naquilo que fazem com a precisão matemática.

Se toda essa quantificação da humanidade for perturbadora para você, você pode muito bem se esconder em uma bolha do politicamente correto induzida pela trindade analógica. A trindade digital procura medir todos os aspectos de cada indivíduo e de saber como pensam, como agem, como vivem e quais são suas esperanças e sonhos. Nossos desejos maslowianos de grau mais elevado exigem que os *jerks* nos conheçam até o mais ínfimo detalhe, incluindo os defeitos.

Não há como esconder seus pontos fortes e fracos dessas análises. A trindade digital nos despe completamente e permite que os outros nos conheçam, possivelmente melhor do que nós mesmos. Mas talvez seja exatamente isso que o novo normal, o **nosso** novo normal, esteja realmente dizendo a todos nós. Talvez o único politicamente correto verdadeiro venha de reconhecermos nossas diferenças, nossas verdades individuais e, algum dia, nos sentirmos confortáveis com a noção de que todos nós somos diferentes e únicos. Tanto Deus quanto a natureza amam a variedade, e assim, somos o que somos. Devemos nos alegrar com isso, ao invés de nos esconder. Para mim, parece correto, e não há nada de político nisso.

Resumo do capítulo:

1. As organizações analógicas buscam maximizar a utilização do capital concentrando seus produtos e serviços no atendimento das necessidades médias do máximo possível de pessoas.

2. As empresas *jerk* evitam entregar soluções adequadas e, em vez disso, se concentram no atendimento das necessidades específicas de seus clientes, não satisfeitas pelas soluções médias.

3. Em vez de visar o meio da curva normal de distribuição das expectativas dos clientes, as empresas *jerk* concentram-se na cauda longa superior não atendida, nos limites superiores dos desejos e necessidades dos clientes.

4. Existe uma cauda inferior em que o poder da trindade digital pode ser usado para prejudicar os clientes e fazer o mal. A sociedade deve estar ciente da cauda inferior e trabalhar para se proteger desta ameaça.

Capítulo 15
Jerks fazem e depois aprendem, não aprendem e depois fazem

"Os especialistas muitas vezes possuem mais dados do que juízo."
Colin Powell

"Você pode observar muito apenas observando."
Yogi Berra

Este princípio parece simples – regra nº 11, mas as origens de seu valor e efeitos disruptivos remontam à era em que as terras eram a riqueza. Os *jerks* são fuçadores, exploradores e Edisons da era moderna buscando metódica e obsessivamente por respostas às perguntas que a maioria dos analógicos sequer pensaria em fazer. No momento em que os analógicos perceberem o valor nas respostas que resultam desses esforços, os *jerks* terão absorvido todos os benefícios dessas respostas e passado para uma nova pergunta.

Como surgiu essa falta de curiosidade? Como é possível que os atuais gigantes centrados no capital, com seus bilionários orçamentos de pesquisa não consigam aprender tão rápido quando três adolescentes em Lagos, na Nigéria, fazendo turnos para programar em seu computador MacBook compartilhado com cinco anos de uso? Arranhe a superfície e você mais uma vez descobrirá que chegamos onde estamos com base em nossa história e um milhão de decisões perfeitas diferentes tomadas sob a orientação da trindade analógica.

Qual é o problema com as férias de verão?

Quando garoto, eu adorava as férias de verão. Era um tempo para dormir, correr pelo bosque com meu cachorro, nadar com minhas irmãs e meus amigos e passar seis horas por semana cortando a grama de nosso quintal. Tudo isso era mais satisfatório do que estar em uma sala de aula.

Outra atividade favorita era deitar em nossa rede da varanda dos fundos, e ficar lendo livros, revistas e praticamente qualquer coisa em que eu pudesse colocar as minhas mãos. Uma favorita era a *National Geographic*. Eu li e reli décadas de edições passadas, fascinado pela variedade de artigos. Eu me balançava e lia dias a fio, ocasionalmente olhando para o céu observando uma nuvem interessante ou um avião que passava. Enquanto isso, eu pensava em dinossauros, energia nuclear, cerâmica asteca e na morfologia das rochas lunares. Estou quase certo de que aprendi tanto durante minhas sessões na rede quanto em sala de aula. Somente quando mais velho é que pensei em perguntar: "Por que as crianças tiram férias de verão, afinal?". Parece uma pergunta inócua, mas é relevante para esta discussão. Durante a maior parte da história, e certamente do final do período imperial até toda a era capitalista, as crianças tinham férias de verão para que pudessem trabalhar. Isso era muito mais importante do que aprender.

O período imperial era predominantemente agrário. A maioria das pessoas trabalhava na terra. As plantas crescem melhor quando os dias são longos e as noites não tão frias. Então o verão é o momento de cuidar dos campos. Naquela época, as crianças não eram as pequeninas coisas frágeis e especiais que desde o final da Segunda Guerra Mundial pensamos que sejam. Em vez disso, elas trabalhavam durante o período de cultivo do verão. Usar as crianças para trabalhar tinha as suas vantagens. As crianças eram menores e, portanto, para elas era mais fácil plantar e colher. Elas tinham uma visão melhor da parte de baixo das plantas e podiam detectar pragas para remoção.

As crianças eram fáceis de transportar de um campo para outro e eram jovens e animadas. Tirar pedras de um acre ou dois de terra por semana não era assim tão cansativo para elas. E, finalmente, como **eram** suas e você **tinha** que **obrigatoriamente** alimentá-las, você também poderia extrair algum trabalho delas. Para as crianças daquela época, o verão era um período de trabalho, em vez de ficar flanando por aí.

Para essas crianças a educação era um luxo. **Se** você fosse bom, e tivesse terminado suas tarefas, e tivesse tirado todas as lagartas da parte de baixo de **todo** o milho plantado, então **talvez** pudesse estudar sua matemática depois do jantar. Para essas crianças, aprender era a recompensa por um árduo dia de trabalho, em vez da punição que alguns parecem considerar hoje em dia. As gerações mais jovens gostam de zombar ao ouvir as gerações mais velhas falando sobre como a vida é mais fácil para as crianças "de hoje em dia". Antes do século XX, os nossos bisavós eram fortes e determinados quando crianças. Eles comiam "o pão que o diabo amassou" no café da manhã, e pediam mais.

Figura 15.1: O trabalho infantil era a regra por quase toda a história humana.

Nós não precisamos de nenhuma educação

Para a trindade da terra controlar esse período agrário, a educação não era apenas um obstáculo, era subversiva. Um plebeu com conhecimento advindo de livros era uma coisa perigosa. A aristocracia rural certamente gostava de saber uma coisa ou outra sobre o mundo através de seus conselheiros, emissários e talvez até de seus xerifes e homens de armas. Mas para a grande maioria, seu conhecimento do mundo raramente se estendia para além de alguns quilômetros em qualquer direção, ou algumas estações climáticas no tempo. Os líderes da época achavam isso bom; uma mente ociosa é a oficina do diabo! Analfabetos labutando na terra eram menos propensos a perceber sua triste sina na vida. Isso conferia estabilidade à era imperial e sua trindade da terra.

Modernamente, o Shire em *O Senhor dos Anéis* de J.R.R. Tolkien é uma excelente representação da vida nesta época. Todos se conheciam entre si, os livros eram a província de poucos e de pessoas estranhas, e as terras além da próxima colina eram fonte de admiração e temor. Quando todo o seu mundo eram plantas crescendo a seus pés, ou animais da fazenda se alimentando em suas mãos, não havia necessidade ou tolerância para grandes pensamentos.

Figura 15.2: Quem você está chamando de coisinha frágil? Não existiam "zonas seguras" nas fábricas de munições do século XIX.

Antes da Revolução Industrial, quase ninguém ia para a faculdade. Havia três razões para isso. Em primeiro lugar, não havia necessidade de aprendizado abstrato, além da agricultura. A nobreza precisava de poucos homens de livros para executar a sua vontade e fazê-la prevalecer. Além desses poucos cargos cobiçados, quase todas as ocupações da classe alta eram aprendidas através da **prática** e não da educação formal.

Você podia passar anos aprendendo por tentativa e erro sob o olhar atento de um mestre. Você fazia as coisas várias vezes da maneira errada antes de acertar. Havia alguns trabalhos que exigiam a aprendizagem em livros, como contadores, astrólogos e médicos. Mas ter uma educação até mesmo para essas funções era uma espécie de formalidade. Caso fosse um bom ator, você poderia atravessar para o outro lado da colina, dizer a todos na próxima aldeia que você era um cirurgião do cérebro e as pessoas não se incomodariam – pelo menos não antes do tratamento e certamente não depois. Para muitos camponeses doentes, os "médicos" eram os príncipes nigerianos desamparados da época.

Em segundo lugar, não existiam muitas faculdades ou universidades. Em outro caso de oferta e procura, ou melhor, do que veio antes, o ovo ou a galinha, não havia uma necessidade de educação e, portanto, não havia necessidade de educação. Ir para a universidade significava que você era ridiculamente rico ou que pretendia entrar para a igreja, ou ambos, dependendo de seu direito de primogenitura. Não havia mobilidade social para os camponeses fora do clero, e um forte desincentivo para as pessoas entenderem algo além de sua sorte na vida.

Figura 15.3: Publicidade e *marketing* não são coisas novas.

A terceira razão para a pouca educação formal era que um populacho bem informado era uma ameaça para os que estavam no poder. A trindade da terra do hereditário, edito e violência só funcionava se os controlados não soubessem demais. A ignorância era uma bênção – para os governantes e os governados.

Deslocamento antes do Waze

A sociedade permaneceu muito tempo assim até a **era dos descobrimentos**. A nobreza ficou encantada ao descobrir que havia todo um novo mundo para dividir entre si. Mas isso exigia pessoas que pudessem construir navios e fabricar velas, viajar pelo vasto oceano, encontrar ouro e fincar bandeiras, declarar sua soberania e trazer para casa as riquezas sem se perder. Eles também precisavam de pessoas que pudessem controlar a riqueza portátil necessária para pagar por tudo isso ao longo do caminho. Assim nasceram os bancos e o capitalismo.

A descoberta do Novo Mundo significou que o sistema imperial de repente se tornou muito mais difícil. Todas essas tarefas novas exigiam uma nova mão de obra com novas habilidades, incluindo saber escrever. Muito tesouro estava em jogo. Reis e rainhas queriam inspecionar os livros de seus exploradores ao invés de acreditar em todas as suas histórias. Tudo isso deu origem a uma demanda por mão de obra qualificada e educada, e assim nasceu a **classe média**. A nobreza percebeu que era arriscado criar esta nova classe. Mas isso se justificava para acompanhar as disrupturas radicais que o Novo Mundo lançava sobre o Velho.

À medida que a era dos descobrimentos deu origem à exploração e ao colonialismo, a necessidade de alfabetização continuava também a crescer. Os colonos foram ficando cada vez mais inteligentes, na medida em que a tolerância e os tesouros da nobreza permitiam, e logo o Novo Mundo tinha tantas instituições de ensino quanto o Velho. Conforme discutido anteriormente, a sociedade foi evoluindo mais rapidamente. Os campos de aprendizagem plantados pelos nobres para alimentar sua conquista do Novo Mundo deram origem a uma colheita de uma população de sujeitos instruídos que concluíram que toda essa coisa de nobreza era desnecessária.

Figura 15.4: O príncipe Henrique dirigiu uma escola de navegação que ajudou a acabar com a trindade da terra.

Ansiedade adolescente, com mosquetes

Analisando as lideranças das rebeliões dos séculos XVIII e XIX, muitas delas vieram da classe recém-instruída dos comerciantes e cavalheiros. Assim que colonos como Washington, Jefferson, Franklin e Adams aprenderam uma ou duas coisas sobre o mundo, perceberam que não estavam sendo bem tratados pela trindade da terra. Esta percepção, nascida da educação autorizada de forma tão temerosa e relutante pela nobreza rural, acabou gerando as guerras que representaram o fim da trindade da terra, substituindo-a por algo novo. Portanto, as angústias dos nobres em relação à educação eram bem fundadas.

Essas pessoas recém-libertadas e educadas estabeleceram as bases para a trindade analógica: ciência, comércio e capitalismo. Isto aumentou a necessidade de uma população instruída. Nos EUA, a escola pública para todas as crianças começou como uma ideia nova, uma meta para algum dia ser alcançada. Mas logo se tornou uma espécie de direito, exceto durante o verão, quando as crianças eram necessárias nos campos. Comparando com os 500 anos anteriores, o ritmo das novas descobertas na Revolução Industrial foi assombroso, e a educação passou a ser o caminho para se libertar do trabalho agrário.

A faculdade ainda era quase inacessível para as massas, mas cada vez mais pessoas podiam pelo menos tentar pegar esse barco do rio que dividia os ricos dos pobres. Uma dessas pessoas foi um menino de baixa posição, que primeiro veio aprender e depois conquistar as palavras, em sua busca por uma vida melhor. Ele escreveu sobre essa luta para ganhar posição e *status* através da aprendizagem, e foi um pilar da sociedade ao alcançar todos os três em sua vida. Suas palavras ainda ecoam até hoje, e ele se tornou um dos mais amados autores do mundo.

"Nunca deixei a minha escola interferir na minha educação."

"Primeiro obtenha os fatos e depois você pode distorcê-los à vontade."

"Sempre faça o que é certo. Isto gratificará algumas pessoas e surpreenderá o resto."

"O segredo para chegar à frente é começar."

"Se você diz a verdade, não tem que se lembrar de nada."

Seu nome era Samuel Clemens, mas seu pseudônimo era Mark Twain, em deferência ao seu trabalho como capitão de barco fluvial durante a sua escalada para a celebridade. Eu cresci perto de sua antiga casa de verão em Elmira, Nova York, onde lia suas histórias na rede da varanda dos fundos. **Coincidentemente, eu tive mais tarde a sorte de casar com sua tataraneta!**

Quando os capitalistas do século XIX deram a partida em seus motores analógicos para o crescimento, quanto mais educação uma pessoa recebia, mais alto ela podia aspirar. Este era um cenário de pesadelo para todos os nobres remanescentes da era da terra. Eles perderiam seu poder e riqueza depois de um século de guerra que culminou em duas guerras mundiais.

Figura 15.5: Samuel Clemens em sua casa de verão em Elmira no Estado de Nova York, onde eu cresci.

Ressonância no investimento

No início do século XX, ir para a faculdade tornou-se um pouco mais comum. As escolas públicas nos EUA aumentaram a capacidade do país para ganhar um aproveitamento sobre o capital. Isso gerou a demanda por ainda mais trabalhadores qualificados. Uma ressonância positiva desenvolveu-se entre os retornos sobre a educação e os retornos sobre o capital; os investimentos em um deles produziam retornos mais elevados do outro. Logo, universidades e faculdades começaram a surgir nas sociedades capitalistas como mudas após um período de chuvas. A aprendizagem havia se mudado das corporações de ofício para as salas de aula e, de repente, pegar alguns anos da força de trabalho para obter uma educação era um investimento que valia a pena fazer.

Ganhos similares vinham sendo obtidos na própria educação. À medida que o capital fluía para as instituições de ensino, os educadores conseguiam desenvolver o seu conhecimento do universo, encontrando meios cada vez mais eficazes de extrair valor do capital e da trindade analógica. Os avanços em todas as formas de ciência e de profissões liberais conduziram a ganhos adicionais na compreensão, e nossos investimentos nesta ressonância aumentaram enormemente.

Os capitalistas descobriram que fazer "grandes apostas" em novas tecnologias geralmente valia a pena, desde que os riscos e recompensas fossem compreendidos. Avaliar esses aspectos positivos e negativos tornou-se extremamente competitivo, à medida que universidades e professores disputavam o financiamento para seus experimentos e projetos favoritos. Essa ressonância entre investimento de capital e inovação tecnológica criou uma nova entidade educacional chamada **universidade de pesquisa**. Estimuladas pela necessidade de inovação técnica por duas guerras mundiais, essas universidades logo se tornaram máquinas de pesquisa bem azeitadas, sugando cada vez mais subvenções de capital e cuspindo inovações cada vez mais avançadas e caras.

As apostas para o financiamento de pesquisa ficaram maiores durante o século XX, assim como os custos e os riscos. À medida que ficavam mais sofisticadas em sua gestão dos fluxos de capital através da sempre crescente trindade analógica, as pessoas também começaram a perceber o risco crescente de fracasso. Uma coisa era financiar Thomas Edison em seus milhares de experimentos levando à lâmpada incandescente. Outra coisa muito diferente era apostar uma proporção substancial do produto interno bruto dos EUA na ideia maluca de que um átomo poderia ser dividido em dois.

Retorno sobre o investimento (ROI): tão fácil quanto 1-2-3

De radares e transistores até *lasers* e metalurgia, passando por química orgânica e medicina, todos os campos da tecnologia avançaram. O mesmo ocorreu com os riscos e os possíveis custos do fracasso. Assim, a gestão de riscos se tornou uma enorme parte do jogo da inovação. A modelagem financeira desses riscos e recompensas tornou-se uma ciência em si mesma, ou pelo menos uma pseudociência, não diferente da frenologia na forma ou eficácia. Os empresários viam os riscos crescentes associados com suas "grandes apostas" na inovação, e os mecanismos de governança da trindade analógica assumiram a partir daí.

Logo, as mesmas burocracias, processos e regras que eram utilizados para controlar a compra e uso de lápis e grampeadores também estavam sendo usados para gerenciar o processo de **inovação disruptiva**. Quando criar algo do nada pode custar milhões de dólares, é melhor você não voltar com nada. Conforme discutido anteriormente, o período entre a década de 1960 e a década de 1980 assistiu à introdução da TI no mundo dos negócios. Essa tecnologia logo foi aplicada ao processo de previsão de retornos sobre a inovação, acabando por originar a planilha eletrônica.

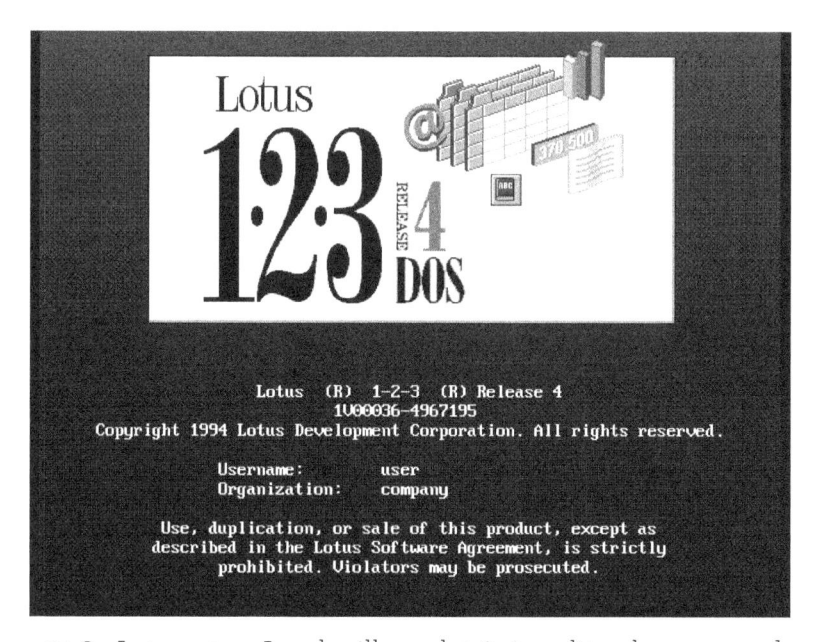

Figura 15.6: *Lotus 1-2-3*. As planilhas eletrônicas literalmente mudaram o mundo.

VisiCalc, *Lotus 1-2-3* e o *Excel* da Microsoft permitiram que a trindade analógica fosse aplicada não só ao presente, como também ao futuro. Esse processo de tentar prever os resultados de investimentos estimados em inovações desconhecidas foi lançado como ciência de modelagem financeira e **gestão de recursos empresariais** (ERM, da sigla em inglês). A frenologia financeira havia sido automatizada.

À medida que o processo de gestão de risco avançava, ele demonstrava enormes retornos sobre o investimento, ou pelo menos uma enorme redução de perdas. Essas ferramentas e técnicas ainda controlam a gestão de trilhões de dólares de capital. No início do século XXI, nenhuma empresa analógica que se preze consideraria gastar um capital apertado ganho com muito sacrifício em algum projeto de pesquisa que carregasse um grande risco de fracasso.

Aprender e depois fazer

Para as empresas analógicas só vale a pena fazer pesquisa se houver p de perda significativa. Mas a única maneira de assegurar que não haja nenhuma chance de perda significativa é assumir uma perda significativa em uma dúzia de análises feitas por ano, e gastar uma pequena fortuna fazendo modelos para demonstrar que não haverá nenhuma perda. Isso é um absurdo, mas é um absurdo oficialmente aprovado pelas mesmas burocracias, processos e regras que nos trouxeram a equipe de especialistas e as reuniões fora da sede da empresa. **O mesmo faz o mesmo!**

Eu vi esse mesmo pensamento preconceituoso da inovação prevalecer quando comecei minha carreira na indústria espacial no início da década de 1990. O raciocínio era que pelo fato de os foguetes serem caros e só poderem ser utilizados uma vez, você não poderia se dar ao luxo de desperdiçar um deles. Isto significava que ao projetar um satélite para ir junto com sobre o foguete, você tinha que se certificar de que o satélite fosse perfeito, e que duraria muitos anos. Para tanto, você projetava o satélite com muitas redundâncias, para garantir que funcionasse ao entrar em órbita. Mas essa redundância acrescentava peso, o que tornava mais caro o lançamento, que aumentava o risco de fracasso, que aumentava o desejo por redundância, e assim por diante.

Esse trem veloz de aversão ao risco estava tão fora de controle que você acabava projetando algo como o ônibus espacial. O ônibus espacial foi muitas vezes chamado de a máquina mais complexa já inventada; isso não está longe da verdade. Milhões de peças tinham de funcionar perfeitamente, toda vez, para assegurar que o ônibus fosse lançado sem explodir. A NASA mantinha uma equipe de dezenas de milhares de engenheiros e técnicos, apenas para manter o ônibus operacional, e cada lançamento individual custava bem mais de um bilhão de dólares. Administrado pela trindade analógica, o ônibus foi uma vitória enorme da inovação industrializada sobre o básico bom senso.

Figura 15.7: O ônibus espacial. Ele funcionou, mas somente devido o excepcional trabalho de milhares de engenheiros.

Isso também me faz lembrar a história da "caneta espacial" da NASA dos anos Apollo, Na década de 1960, quando os EUA e a URSS (União das Repúblicas Socialistas Soviéticas) disputavam quem chegaria primeiro à Lua, os dois países perceberam um problema: os astronautas precisariam escrever coisas em gravidade zero. Os engenheiros da NASA gastaram centenas de milhares de dólares e anos de esforço para projetar uma caneta espacial, um utensílio de escrita que pudesse escrever em gravidade zero, no vácuo, de cabeça para baixo, debaixo de água e temperaturas abaixo de zero. A caneta espacial foi um milagre do comitê de inovação, muito antes de qualquer pessoa ter um modelo de ROI no Excel. Os russos assumiram uma abordagem diferente e chegaram a uma solução igualmente versátil. Eles deram **lápis** aos seus cosmonautas.

Figura 15.8: A caneta espacial. Inovação cara feita por comitê.

Por fim, eu pessoalmente passei pela extrema adversidade ao risco e atitude "**aprender e depois fazer**" da NASA e da indústria espacial quando trabalhei com isso logo depois da faculdade. Conforme mencionei anteriormente, fui designado para o satélite *Earth Observation System* (*EOS*) da NASA. Minha tarefa era projetar o equipamento que seria usado para construir, manejar e testar o satélite. Não era a parte mais *sexy* de trabalhar em uma espaçonave, mas como funcionário novo em qualquer tempo e lugar, fui tratado como um iniciado em uma fraternidade.

Apesar da falta de *glamour* na minha tarefa, assumi o trabalho com dedicação. A parte mais desafiadora da tarefa era projetar uma ferramenta de montagem para o que nós chamamos de módulo de propulsão. Este módulo tinha os tanques de combustível, os motores do foguete e os computadores que iriam impulsionar a espaçonave. Devido à sua complexidade, o módulo de propulsão seria construído separadamente do resto da espaçonave e depois inserido quando ambos estivessem concluídos.

Para dar uma ideia do que seria isto, considere o seguinte: o módulo de propulsão custaria US$50 milhões e o resto da espaçonave US$950 milhões. Assim, juntar corretamente essas duas coisas era um problema de projeto de um **bilhão de dólares**. Eu era um engenheiro de 22 anos de idade recém-saído da faculdade e tinha que executar esse projeto corretamente. Quando falo de risco, sei do que estou falando.

O desafio do projeto era o seguinte: o módulo de propulsão pesava cerca de uma tonelada, e para que a montagem fosse correta, sua posição no espaço tridimensional tinha que ser precisa e controlável até um décimo de milímetro. Isso era uma coisa complicada e fiquei pensando como fazer por vários dias.

De repente, tive uma grande ideia. Se pendurássemos o módulo em um conjunto de cabos, cada um com um tensor ligado nele (ver Figura 15.9), o grupo de tensores poderia ser utilizado para ajustar a posição do módulo em três dimensões. Não vou entrar na matemática aqui, mas o projeto permitiu um posicionamento extremamente preciso e era bastante inovador.

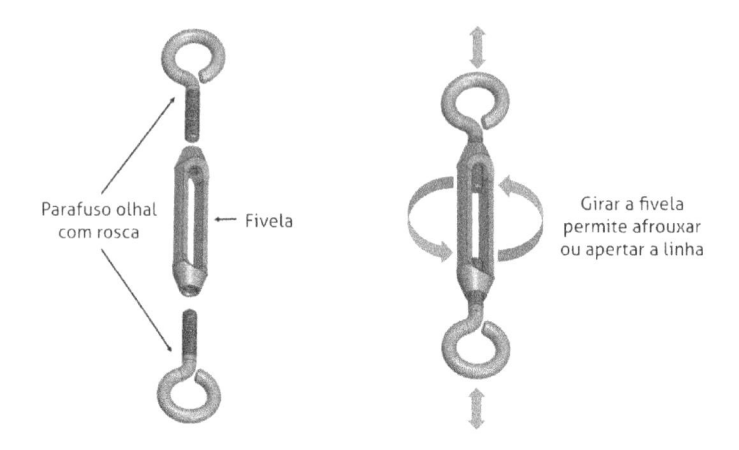

Figura 15.9: Diagrama de um tensor. Tecnologia da era espacial!

No entanto, houve um problema. Para a NASA a solução era inovadora **demais**! Quando apresentei o projeto em nossa avaliação preliminar do projeto (PDR, da sigla em inglês), os engenheiros seniores da NASA não ficaram nem um pouco impressionados. Eles imediatamente zombaram de meu projeto e me disseram: "Você não pode acionar um tensor sob carga, filho." A tradução disso do engenheirês para o português é: "Você não pode girar um tensor quando algo está pendurado nele." Eles então me disseram: "Além do mais, isso nunca conseguiria orientar o módulo corretamente." A tradução disso do engenheirês para o português era: "**Filho, você é um idiota**."

Os engenheiros seniores disseram ao meu chefe que deveríamos voltar para a prancheta de cálculo, desenvolver um conjunto inteiramente novo de projetos para eles analisarem, e que trataríamos novamente desse assunto em seis meses, na próxima reunião de avaliação. Ah, e que eu deveria enviar para os meus superiores da NASA relatórios semanais sobre o andamento dos projetos para que pudessem acompanhar o nosso "progresso".

Não recebi bem esse *feedback*. De fato, na hora do almoço, fui até a loja local de artigos de arte, comprei alguns materiais para execução de modelos e, em seguida, fui até a loja de ferragens e comprei um tensor e dois blocos de cimento. Enquanto meu chefe e os engenheiros da NASA almoçavam, voltei à minha mesa e construí um modelo em escala do meu projeto. Fiz o módulo e minha instalação com cartolina e usei uma série de clipes de papel para simular os tensores. Depois de uma hora eu estava pronto para voltar ao ringue.

Figura 15.10: Eu como um jovem engenheiro espacial. O modelo em cartolina está pendurado sobre a minha cabeça.

Voltei para a reunião e pedi que me dessem mais 15 minutos da ordem do dia. Meu chefe não ficou feliz comigo, mas ele percebeu que eu não aceitaria um "**não**" como resposta. Usando o modelo em cartolina, **demonstrei** aos engenheiros da NASA que o projeto efetivamente permitia controlar a posição do módulo em três dimensões. Em seguida, peguei o tensor, pendurei os dois blocos de cimento e entreguei ao sujeito mais graduado da NASA. Pedi então para ele girar o tensor e, de fato, o sistema funcionou como eu havia previsto.

Figura 15.11: Um soldado apertando um tensor carregado. Desculpe NASA, ele funciona!

A NASA queria gastar centenas de milhares de dólares adicionais para "**aprender e depois fazer**". Em vez disso, gastei US$25, "**fiz e depois aprendi**" e economizei uma pilha de dinheiro dos contribuintes dos EUA no processo. Quando saímos da reunião, a NASA aceitou meu projeto (que mais tarde provou funcionar exatamente como eu previ) e meu chefe decidiu que era hora de eu trabalhar em outro projeto. Acontece que como economizei um monte de dinheiro para a NASA, nossa empresa teria de devolver este dinheiro, e meu chefe não gostou nada disso. Ah, as consequências indesejadas de ser jovem, ingênuo e ter um pouco de caráter.

Disruptura digital na inovação

Durante dois séculos, os analógicos têm provado iterativamente a si mesmos que para inovar você primeiro tem que aprender e, então, você pode aplicar esse aprendizado. O investimento de tempo e tesouro na criação da inovação é algo muito caro às suas sensibilidades centradas no capital. Nenhum risco permanece impune no mundo dos relatórios fiscais trimestrais. Por causa disso, o curso de ação das empresas analógicas tem sido o de aprender e depois fazer – e somente com o máximo de cautela e análise.

Na maioria das sociedades ocidentais, ir para a faculdade no século XXI não significa muito. Este é um negócio de pouco valor para o pessoal da geração do milênio e da geração Z, e eles justificadamente não estão felizes. Nas empresas analógicas o processo de assumir riscos ficou tão oneroso e o medo de fracasso tão alto, que os recém-formados da faculdade não conseguem entrar nos cargos iniciais das organizações. As empresas estão transbordando de gerentes de nível intermediário e superior, cujo único objetivo é garantir que nunca aconteça nada, principalmente uma pesquisa ou inovação que não seja testada, comprovada ou verificada em modelos.

Isso é muito ruim, pois as crianças atualmente estão muito mais perto dos artesãos da era da terra do que dos burocratas da era analógica. As crianças de hoje crescem em um mundo onde praticamente todas as respostas estão a um clique de distância. Você poderia pensar que isso as torna totalmente diferentes dos aprendizes da era da terra, mas isso não é necessariamente verdade. Enquanto aqueles aprendizes viviam onde as matérias-primas da inovação eram ferro, pedra, vento e água, as crianças de hoje vivem em um mundo alimentado pela informação.

Os jovens de hoje têm sido aprendizes sobre esta matéria-prima desde seu primeiro clique do *mouse*. Isto é muito mais cedo do que a chance que qualquer aprendiz de ferreiro teve de dar uma pancada em um metal quente. As pessoas da geração do milênio estão tão ligadas às ferramentas deste mundo digital que os adultos à sua volta os tomam como sem instrução ou talvez até mesmo como sendo estúpidos. Apesar desta percepção, no momento em que se formam no ensino médio, os jovens de hoje não são aprendizes na manipulação da matéria-prima da trindade digital. Eles são mestres.

O grau com que os jovens modernos entendem o universo e acham natural essa compreensão é chocante para os analógicos. Claramente, os jovens não compreendem os prós e contras da gestão de capital no mundo complexo de hoje. Somente após anos trabalhando como auxiliar e coadjuvantes, e vários diplomas avançados, é que estes jovens passam a ser confiáveis para administrar partes substanciais da riqueza de capital.

A visão de que os "**nativos digitais**" das gerações do milênio e Z são considerados com ceticismo pela geração X e dos *baby boomers* é bastante simples de entender[17]. Eles não pensam menos, eles apenas pensam diferente (como dizia Steve Jobs). A verdade é que essas pessoas são hiperinstruídas em como manusear as informações, são mestres em entender o valor da informação e praticamente definiram cada elemento dos seis novos normais. O mundo inteiro disruptivo para a trindade analógica foi criado por esses inovadores supertreinados a fim de manter a viabilidade da trindade analógica. Isto é exatamente igual ao modo como os revolucionários recém-formados e necessariamente instruídos do século XVIII acabaram com o domínio da nobreza da Terra.

A juventude de hoje conhece muito mais sobre como o mundo **funcionará** do que as pessoas que querem controlá-los sabem como o mundo funciona **agora**. Para esses jovens *jerks*, aprender como fazer modelos de custos e retornos de enormes projetos de capital no século XXI faz tanto sentido quanto obter um diploma em filosofia da Grécia antiga para um ferreiro do século XVI. Em um mundo de aplicativos, nuvens,

---

17 NT: Geração do milênio – geração das pessoas nascidas entre os anos 1980 e 1990; geração Z – pessoas nascidas entre meados da década de 1990 até 2010; geração X – pessoas nascidas entre o início dos anos 1960 até o final dos anos 1970; *baby boomers* – pessoa nascida entre 1946 e 1964, durante o grande aumento da natalidade após a Segunda Guerra Mundial.

crowdsourcing e microcréditos, caso queira tentar inovar, é melhor você simplesmente tentar.

Fazer e depois aprender

O capital é caro e desperdiçá-lo é algo profundamente desaprovado. A informação é em grande parte gratuita e desesperadamente quer ser compartilhada, analisada e usada. Na era do capital, estar errado sobre uma hipótese poderia custar milhões de dólares – e possivelmente sua carreira. Na era digital, estar errado sobre uma hipótese poderia lhe custar US$1,25 e o esforço de uma manhã para estabelecer uma solução de computação em *cluster* em alguma terra distante. De qualquer modo, isso foi pago pelos seus amigos no Facebook.

Para o custo de gerar mais uma iteração de outro modelo ROI para provar a outro vice-presidente de **gestão de risco** que alguns investimentos bem definidos valem a pena a hipotética ausência de risco, os *jerks* podem rodar milhares de hipóteses extremamente diferentes usando dados reais e *feedback* em tempo real, para pescar *insights* para perguntas que eles nunca pensaram em formular. A partir desses *insights* surgem novas ideias, novos modelos e novas tecnologias, produtos e serviços que nunca veriam a luz de um dia quente de verão caso viessem de dentro de um processo bem concebido de análise de risco de uma empresa analógica. Em vez disso, eles ficariam adormecidos sob um monte de papelada, relatórios brancos como a neve e *PowerPoints*, como uma semente no inverno esperando pela primavera.

Resumo do capítulo:

1. As empresas analógicas são fortemente recompensadas por evitar riscos e proteger seu capital. Após 200 anos de otimização, sua tendência para evitar riscos e o medo do fracasso estão altamente desenvolvidos.

2. Os analógicos tendem a analisar exaustivamente **o que** poderia acontecer se eles agissem, bem antes de fazê-lo.

3. Os *jerks* fazem o oposto. Os *jerks* experimentam, assumem riscos e aprendem o que gera ou não os resultados desejados.

4. Os *jerks* assumem pequenos riscos, prontamente, para que rapidamente possam convergir para a resposta correta à questão em mãos.

Capítulo 16
Jerks olham para frente e não para trás

> *"Para realizar uma ação positiva devemos desenvolver aqui uma visão positiva."*
> **Dalai Lama**

> *"As revoluções não vão para trás."*
> **Ralph Waldo Emerson**

Este capítulo é o fim da Seção II. Este último princípio – a regra nº 12 – sobre os *jerks* – olhar para frente e não para trás – pode parecer curioso, dada a quantidade de história discutida nos onze capítulos anteriores. Chegarei a isso em um momento.

Os *jerks* são extremamente focados em para onde vão e não tanto em onde estiveram. Isto se deve à velocidade com que atuam enquanto metabolizam as informações com a trindade digital. Também se deve a querer atender as necessidades de seus clientes na velocidade da luz, ou até mais rápido, de acordo com os seis novos normais. Depende do fato de que o contexto e a correlação estão mudando constantemente, e na nova era da informação, o contexto e a correlação são a nova moeda do poder. E, finalmente, ocorre em função do velho ditado: "Você obtém aquilo no que está focado." Ou como disse Mark Twain: "Não há visão mais triste do que um jovem pessimista."

Os *jerks* se preocupam com o futuro, de modo que é aí que se concentra a sua atenção. Os analógicos geralmente se preocupam com o passado, de modo que é para lá que suas mentes costumam ir. Isso é extremamente importante para entender a diferença no modo como os analógicos abordam seu trabalho e seu mundo, e a forma como alguns *jerks* fazem o mesmo com os deles. Para os *jerks*, relatórios sobre o que aconteceu no passado são como estatísticas para um astro de esportes profissionais. Elas são boas para acompanhar a pontuação. Tirando o fato de ser um método razoavelmente interessante para acompanhar o seu desempenho, ou a velocidade que você está se movendo, os relatórios são basicamente sem valor para os *jerks*. Eles estão muito ocupados trabalhando.

Essa atitude é completa e totalmente mistificadora para os analógicos, além de irritá-los. Dizer a um analógico que seus relatórios empresariais são inúteis é como dizer a um religioso devoto que sua santa escritura é pura ficção. Isso geralmente provoca uma forte reação negativa. Para os analógicos, os relatórios são escrituras. Elaborar relatórios é venerar no altar do capitalismo.

Como chegamos a esse ponto? Como os analógicos ficaram tão profundamente ligados a relatórios, e os *jerks* tão violentamente contrários? Novamente, um breve exame da história pode ser revelador. Além disso, caso seja um *jerk*, eu prometo que será esclarecedor para você e que vale a pena o seu tempo. Não me descarte ainda!

Contadores apaixonados

Analógicos adoram relatórios. Eles vivem e morrem por relatórios. Para eles, o sol nasce e se põe por meio de relatórios, como o capitão de um navio *Clipper* perdido no mar, desesperado para que o sol se ponha para que ele possa fixar um rumo com seu sextante e descobrir onde está.

Para os analógicos, os relatórios são a incorporação do poder da trindade analógica. Eles são para as organizações capitalistas o que os atestados de nascimento ou um selo real eram para as pessoas sob a trindade da terra. Eles são o que os crânios secos, penas coloridas, garras de urso e chocalhos eram para os xamãs na trindade da ferramenta. Em suas respectivas trindades, esses objetos eram manifestações físicas da alocação de poder. Para um analógico, elaborar um relatório realmente bom é como um xamã se deparando com uma pena de águia quando sob o efeito de *ayahuasca* ou *peyote*: **o seu mojo agora está forte!**

Busca de visão de futuro analógica

Considere o relatório anual. Analise-o com um olhar ligeiramente crítico. Os paralelos com as ferramentas xamanísticas não saltam à vista para você? Quando queriam demonstrar o seu poder e valor para a tribo, os xamãs procuravam fazer uma cerimônia de busca de visão do futuro. O xamã preparava uma bebida psicodélica secreta feita de ervas, cactos, sapos venenosos e coisas assim. Então, o xamã convocava uma reunião da tribo, geralmente em um lugar sagrado, com significado cósmico para a tribo. Talvez houvesse uma formação rochosa nas proximidades lembrando o formato de uma pessoa ou de um pássaro. Ou talvez fosse um lugar em que, em determinadas épocas do ano, o sol ou a lua se alinhavam perfeitamente. Onde e quando a busca desta visão do futuro ocorria era importante para o efeito geral.

Figura 16.1: Roupa de xamã. O relatório anual da trindade da ferramenta.

Uma vez iniciada a cerimônia, todos davam um gole na bebida sagrada do xamã. Ela provocava um curto-circuito na capacidade de pensamento crítico do lobo frontal dos participantes. Quando todos estavam um pouco atordoados, o xamã usava seu pé de corvo, pena, rocha incrustrada de gema ou tantã mágico para começar a invocar o controle sobre os espíritos nos quais a tribo acreditava. Ele proferia cânticos sagrados, entoava canções rituais familiares a todos, como caminho para a iluminação, e todos cantavam em uníssono sua crença no poder exercido pelo xamã em seu nome.

Na manhã seguinte toda a tribo acordava, balançava a cabeça e tentava lembrar-se dos detalhes do que tinham visto na noite anterior. Alguns detalhes eram lembrados, e guiariam suas atividades para os próximos meses. Outros detalhes ficavam nebulosos, mas pareciam falar de visões, estratégias, colaboração e foco. Esses pensamentos como que flutuavam ao redor da periferia de suas dores de cabeça, formando uma associação psíquica um pouco negativa para as visões e estratégias dos membros da tribo.

Quando olho para uma reunião executiva de uma empresa analógica, vejo uma cerimônia de busca de visão de futuro de um xamã. O CEO ou o presidente do Conselho é o xamã tentando convencer a tribo de que a próxima colheita será abençoada. Há bebida mística suficiente para compartilhar entre os crentes. A maioria de nós conhece a expressão "beber o Kool-Aid"[18] quando o executivo se prepara para manejar as bugigangas mágicas que incorporam seu poder. Essas bugigangas são relatórios amorosamente, magistralmente, cuidadosamente, diligentemente elaborados por exércitos de assistentes, contadores, auditores e administradores.

Tendo produzido as relíquias mágicas para a apresentação, o executivo começa os cantos místicos, falando coisas estranhas sobre estratégias e previsões, sazonalidade e concorrência de outras tribos, sobre os recursos que possuem e os esforços que precisam fazer. Isso mostra para a organização

---

18 NT: "*Drinking the Kool-Aid*", no original em inglês, é uma expressão idiomática utilizada nos EUA para se referir a qualquer pessoa ou grupo que conscientemente aceita uma ideia condenável ou perigosa por causa da pressão dos colegas. Corresponderia um pouco com a expressão "Maria vai com as outras", utilizada no Brasil.

que eles estão no controle da situação. Depois que cada relíquia sagrada é exibida (neste caso, os demonstrativos de receitas, balanços patrimoniais e assim por diante), o executivo anuncia que a próxima colheita será melhor do que a anterior. Isso será verdade desde que a tribo continue a se concentrar no que é importante, e continue rezando para seus deuses coletivos.

Após a cerimônia, o executivo retorna para a sua grande cabana com painéis de madeira, que neste caso é um jato executivo da Gulfstream, satisfeito com o fato de os deuses terem sido apaziguados (analistas financeiros e jornalistas). As relíquias são penduradas de volta na grande cabana e ficam guardadas ali até a próxima cerimônia, quando serão atualizadas com uma nova pena ou bugiganga ou balangandã pego ao longo do caminho (novas métricas), demonstrando um novo e melhorado nível de poder para a tribo. A tribo, terminada a cerimônia de adoração, retorna às suas tarefas diárias, imaginando como estas poderiam mudar baseado na estratégia e visão que acabaram de ser compartilhadas. Dentro de poucos dias, tudo volta a ser como era antes, salvo algumas ressacas persistentes, e a tribo segue com sua vida até a próxima reunião anual.

Não importa como o mundo ao nosso redor se modifica, uma coisa permanece praticamente inalterada: algumas de nossas tradições remontam à nossa história e ainda causam impacto em nossas vidas. Visto desta forma, os relatórios empresariais são os mensageiros da primavera para os analógicos e nada pressagia uma colheita abundante como um balanço patrimonial bem formatado.

Relatórios: rituais da igreja do capitalismo

Nós já discutimos a natureza crítica dos relatórios para o controle do capital. Como os relatórios são importantes, as organizações investem uma enorme quantidade de capital para controlar esse mesmo capital. Scrooge e Marley[19] passavam seus dias contando suas riquezas e atualizando seus livros porque esta era a encarnação de seu poder sobre a comunidade. Um

---

19 NT: Personagens da história *Um Conto de Natal*, de Charles Dickens.

centavo economizado é um centavo ganho, mas somente se os seus livros assim o disserem! Para ser poderoso você precisa mostrar seu poder, e nada mostra o seu poder como o saldo bancário ou a carteira de ações.

As empresas adotaram a TI em meados do século XX quando a aplicaram na gestão de informações centradas no capital. Os computadores eram mais rápidos e mais precisos do que um exército de contadores, levando a relatórios mais rápidos e precisos. Na década de 1980, essas ferramentas haviam avançado tanto que todo um negócio analógico passou a ser replicado em *software* e monitorado *online*, nascendo assim o *software* de Planejamento de Recursos Empresariais (ERP, na sigla em inglês) – uma inovação colossal para aplicar a trindade analógica. As organizações ainda mantinham suas enormes burocracias, processos bizantinos e regras arcaicas (afinal, continuam sendo relíquias do poder). Mas agora foram automatizadas pelo ERP, tornando-os mais eficientes, eficazes e rápidos. Logo os relatórios não levariam mais meses ou anos para serem criados. Eles poderiam ser feitos em menos de uma semana! Xamãs e executivos exultaram.

Inteligência empresarial?

Na década de 1990, os executivos estavam intoxicados pela transparência que o ERP emprestava à trindade analógica. Os dirigentes podiam gerar relatórios e se alegrar com a forma como sua riqueza e poder cresciam. Eles prestavam grande atenção no desempenho da organização em comparação com períodos anteriores. Isso quantificava seus aumentos de riqueza e poder. Cada trimestre deveria ser melhor que o anterior. As tecnologias ERP significavam que informações muito mais detalhadas poderiam ser mantidas e reutilizadas na busca por mais crescimento do capital. A análise de dados antigos poderia revelar tendências benéficas que de outra forma poderiam ser perdidas. A análise de dados antigos em busca de joias de eficiência escondidas tornou-se automatizada e industrializada, nascendo o conceito de **inteligência empresarial** (BI, na sigla em inglês). BI é a noção de que analisando o desempenho passado, as organizações poderiam melhorar o seu desempenho hoje. A identificação de fontes de ineficiência ou desperdício de capital permitiu que a trindade analógica se ajustasse para um desempenho melhor. A "inteligência" da BI vinha da ideia de que este processo de análise do passado para otimizar o presente era semelhante ao modo como as pessoas pensam e, portanto, é uma forma de inteligência. Em pouco tempo, os profissionais de BI se tornaram os novos xamãs de suas tribos, à medida que se tornaram novas fontes de riqueza e poder.

Eu adoro a expressão **inteligência empresarial**. Ela é tão sutil e carregada com manipulação subconsciente que é quase impossível você não querer usá-la. O próprio rótulo implica que se você não estiver fazendo inteligência empresarial então você não deve ser, propriamente, inteligente. Isto era *marketing* por excelência, pois os fornecedores de tecnologia corriam para criar sistemas e soluções que impediriam que os analógicos permanecessem "burros". Logo as organizações estavam armazenando todos os seus dados em gigantescos "bancos de dados" e contratando uma nova raça de xamãs, o temido "**cientista de dados**", para peneirar e recuperar capital que havia sido perdido por meio de supervisão e decisões estúpidas. Qualquer empresa com expectativa de ter uma **boa busca de visão de futuro trimestral** simplesmente tinha que ter esta nova raça de xamã como parte da cerimônia.

Megadados (*big data*)

No início do século XXI, a BI tinha inculcado todo o mundo analógico com a noção de que nenhuma decisão poderia ser tomada sem uma exploração completa do passado. Peneirar dados antigos empilhados em enormes bancos de dados era fundamental para encontrar e recuperar capital antigo, perdido ou mal alocado.

Da mesma forma que a maioria das coisas que são empilhadas em grandes quantidades e deixadas por si mesmas, grande parte desses dados antigos começou a decair e apodrecer. Com o tempo, essa compostagem de dados antigos significou que novas técnicas de exploração e descoberta seriam necessárias, nascendo assim a mineração de dados. Analistas foram treinados para vasculhar pilhas cada vez mais profundas de dados em uma tentativa de encontrar pedaços que de alguma forma pudessem ser úteis para o crescimento do capital. Nesses lagos enormes de informações antigas, os mineradores de dados procuravam pedaços de dados correlacionados flutuando em vastos corpos de dados abertamente não correlacionados.

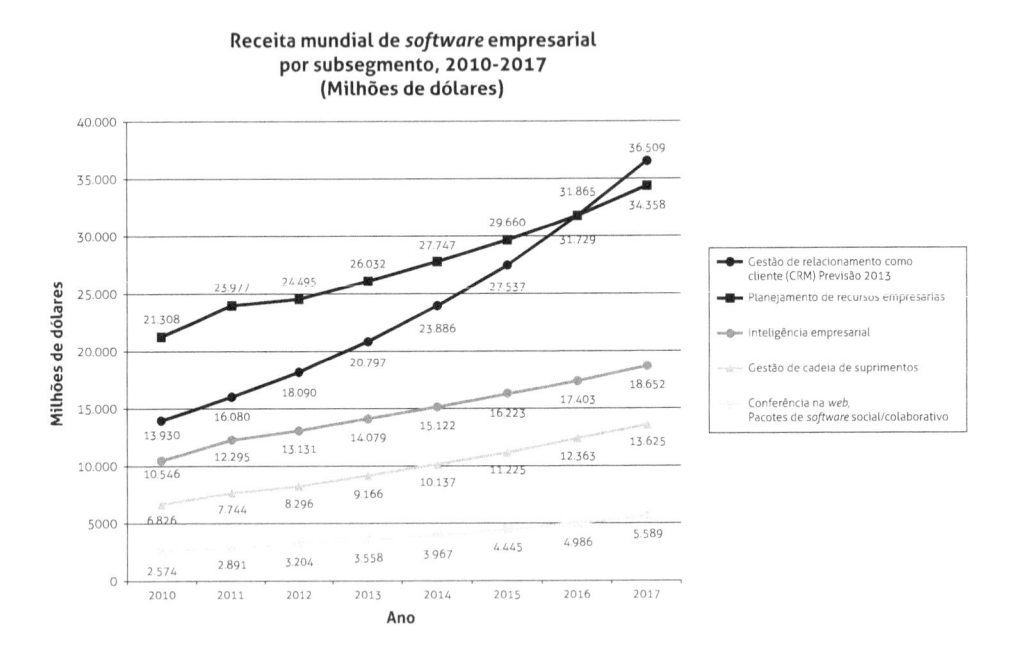

Receita mundial de *software* empresarial por subsegmento, 2010-2017 (Milhões de dólares)

Ano	Gestão de relacionamento como cliente (CRM) Previsão 2013	Planejamento de recursos empresariais	Inteligência empresarial	Gestão de cadeia de suprimentos	Conferência na web, Pacotes de software social/colaborativo
2010	21.308	13.930	10.546	6.826	2.574
2011	23.977	16.080	12.295	7.744	2.891
2012	24.495	18.090	13.131	8.296	3.204
2013	26.032	20.797	14.079	9.166	3.558
2014	27.747	23.886	15.122	10.137	3.967
2015	29.660	27.537	16.223	11.225	4.445
2016	31.865	31.729	17.403	12.363	4.986
2017	36.509	34.358	18.652	13.625	5.589

Figura 16.2: O mercado para *software* de planejamento de recursos empresariais.

Esse processo teve suas primeiras raízes na virada do século, no que ficou conhecido como "**megadados**" (*big data*). Três características convergiram para representar os desafios enfrentados pelos mineradores de dados à medida que cavavam em enormes quantidades de escória não correlacionada. **Volume**, **velocidade** e **variedade** definiam o escopo do problema enfrentado pelos mineradores. Como a quantidade de cada um desses **Vs** crescia exponencialmente no mundo pós-Internet 1.0, esse problema de ingestão, digestão e compreensão de muitos dados foi chamado de megadados (*big data*).

Os megadados eram, e continuam sendo, uma enorme tendência no mundo empresarial, e eu sou uma espécie de profissional neste campo. Organizações em todo o mundo estão procurando implantar as chamadas soluções de megadados, para que possam ter seus recém-contratados cientistas de dados nadando nos lagos de dados, procurando correlações que foram perdidas ao passar pelas entranhas de seus sistemas digestivos analógicos. Em 2016 é muito bom dizer que você é um cientista de dados, pois atrai ofertas de emprego. É ainda melhor se você realmente tiver habilidades neste tipo de trabalho, pois, no final, uma falta de progresso ou de resultados aparecerá em algum relatório.

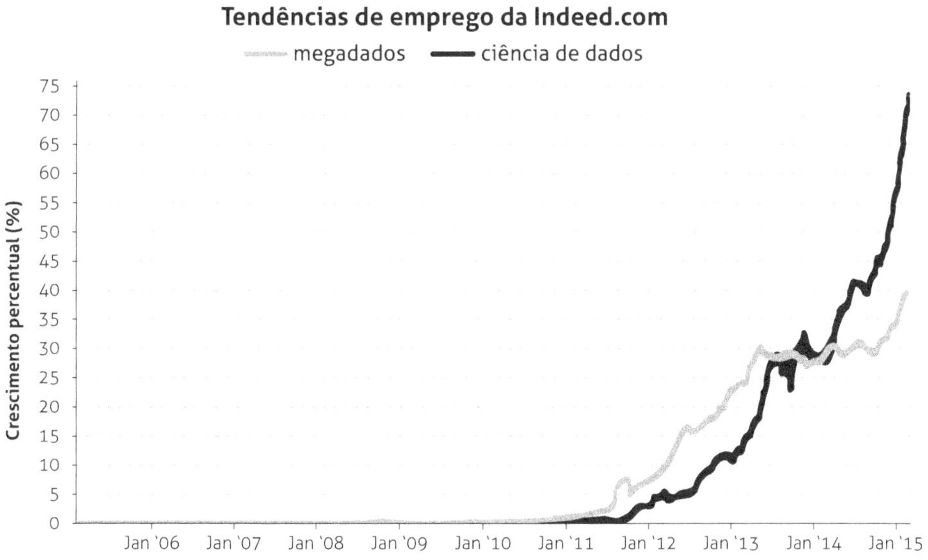

Figura 16.3: Crescimento de empregos em megadados.

Eu prevejo que esta mania atual sobre megadados continuará, pelo menos por um tempo. O interesse em megadados é uma extensão lógica de tentar aplicar princípios analógicos para um mundo caminhando em direção à digitalização. Conforme discutido no capítulo anterior, os nobres no século XVII tentaram ampliar e manter a influência da trindade da terra dando pequenos passos em direção à trindade analógica. Eles criaram instituições de ensino e populações de pessoas instruídas a fim de expandir a quantidade de terras que controlavam. De modo semelhante, os esforços atuais de analógicos para implementar soluções megadados são uma tentativa de usar ferramentas da esperada trindade digital para expandir o alcance e controle da trindade analógica e para gerar mais capital como resultado.

Assim como a adoção parcial das ferramentas analógicas acabou ensejando o final da trindade da terra, as organizações centradas no capital que estão parcialmente adotando a trindade digital através da implementação de megadados estão assegurando sua própria destruição. Mudar de uma estrutura de poder para outra não é algo para se ficar no meio do caminho. Como uma bola de neve rolando por uma colina, quando você começa essa transição, a sua conclusão é inevitável. Os megadados representam uma má aplicação, morna e tênue, da trindade digital, em uma tentativa de otimizar o velho aplicando aspectos seletivos do novo.

Infelizmente, esta abordagem é como uma espécie de gravidez. Se você subverter suas crenças de como você gera riqueza e poder, não tem volta. Uma vez parando de beber do copo de bebida mágica do xamã, grande parte do efeito da cerimônia desaparece. Uma vez parando de acreditar que a pena de águia seja algo mais do que uma pena, o *show* inteiro começa a parecer um pouco ridículo. Uma vez havendo uma mudança em sua perspectiva sobre como são gerados a riqueza e o poder, ainda que pequena, o cortejo todo começa a parecer como se estivesse parado. O mestre de cerimônias está em conluio com os concorrentes para produzir um *show* melhor.

Um foco no passado

O argumento é que todos os relatórios têm um foco sobre o passado. Tentar ficar mais esperto sobre o presente olhando para o desempenho passado tem sido um método extremamente eficaz para recuperar o capital que anteriormente foi perdido, ou em encontrar maneiras de utilizá-lo de forma mais eficaz no presente. Da inteligência empresarial, passando pela mineração de dados, para a mania atual que é megadados, as empresas analógicas têm misturado dados antigos com técnicas novas a fim de aplicar a trindade analógica de modo mais eficaz.

Este foco maníaco sobre o passado é fundamental para os capitalistas, porque o capitalismo tem tudo a ver com fazer a manutenção dos livros.

Quanto mais riqueza seus livros, balanços patrimoniais ou sistemas ERP dizem que você tem, mais poder você tem de fato. É assim que o capitalismo funciona, e é como o capitalismo veio a ultrapassar e depois substituir o período imperial e sua trindade da terra. Para os analógicos, o passado não é apenas nostalgia; na verdade, é a base de como eles avaliam a sua própria existência, e como está sendo o seu desempenho nela.

De volta para o futuro

Esta visão de mundo é estranha aos *jerks*. Os *jerks* simplesmente não se preocupam muito com o passado. Todo o **tempo**, **esforço** e **espaço** que utilizamos na discussão do passado neste livro não tiveram como objetivo o benefício dos *jerks*. Na verdade, fiz isso para tentar ajudar os analógicos a entender por que eles pensam deste jeito e por que esse pensamento, outrora tão certo, agora é tão errado.

Os *jerks* se preocupam com o aqui e agora; lembre-se do foco deles no contexto e nas correlações. Mas eles se preocupam com o aqui e agora porque são as bases de suas previsões. O **aqui**, o **agora** e o **futuro** são o foco de seus clientes, conforme definido pelos seis novos normais. Para que os *jerks* atendam com eficácia as necessidades e expectativas de seus clientes, eles precisam agir aqui, agora, de forma perfeita e invisível; assim dizemos todos.

Os *jerks* efetivamente encontram algum valor em dados mais antigos, mas somente para planejar suas análises. Os *jerks* usam dados antigos como qualquer outro ser humano. Quando percebemos algo novo para nós, não temos nenhum conhecimento a respeito e, assim, não temos certeza sobre como reagir. Quando uma criança vê pela primeira vez um fogão aceso ou uma chama, isto é uma experiência nova. Ela continua acompanhando este novo fenômeno desconhecido e potencialmente fascinante, até se queimar. Ao se deparar novamente com uma chama, esta criança vai lembrar **exatamente** do que esse fenômeno é capaz, e seus dedos ficam a uma boa distância dele.

Os *jerks* utilizam informações antigas para incutir memória em suas análises. Os *jerks* poderiam começar sem nenhuma informação histórica e apenas utilizar o seu melhor palpite na entrega de um produto ou serviço. Mas ao utilizar informações antigas sobre nossos desejos e necessidades, os *jerks* conseguem acelerar seu ciclo tentar/errar/aprender/repetir e encontrar novas soluções mais rapidamente. Os *jerks* podem usar dados antigos para entender melhor o presente, mas para os *jerks*, usar dados antigos tem tudo a ver com voltar para o futuro mais rapidamente.

Dados, DeLorean do Doc e afogamento digital

Para os *jerks*, informações antigas em relatórios analógicos também são bastante irrelevantes por causa da lei da relatividade geral de Einstein. Einstein postulou, e pesquisadores e engenheiros confirmaram recentemente, que quando você se aproxima da velocidade da luz, todo o resto parece diminuir a velocidade. Este é o impacto da relatividade, o *insight* que lançou Einstein para a imortalidade. À medida que você se move através do espaço e do tempo, tudo o mais também se move, em relação a você. Seus movimentos através dessas dimensões podem ser captados medindo-os, capturando suas mudanças no contexto. Se você acelerar o seu ritmo de mudança de contexto, todo o resto começa a parecer mais lento. Isto é a relatividade em ação. Na verdade, Einstein previu que esta desaceleração não é apenas uma percepção, ela é real. À medida que você acelera o seu ritmo de mudança de contexto e se aproxima da velocidade da luz, o universo inteiro realmente desacelera em relação a você.

Isso também é verdade para o mundo dos *jerks*. Os *jerks* lidam com informações – e a informação, o sangue vital da trindade digital, praticamente se move à velocidade da luz. Quanto mais rápido os *jerks* conseguem se mover na análise de nosso contexto em mudança no universo, mais nós parecemos desacelerar em relação a eles. Essa desaceleração relativa ajuda os *jerks* a nos conhecer e a nos responder melhor, levando aos resultados que mais desejamos.

Para os *jerks*, quanto mais rápido atuam no presente, mais cedo podem chegar ao futuro. E quando chegam lá, as coisas – pelo menos do ponto de vista deles – desaceleram a um ponto em que tanto eles quanto nós podemos relaxar e apreciar os resultados. Quando os analógicos olham para trás dentro de seus armazéns de megadados, tudo o que veem é um *flash* momentâneo à medida que o *jerk* e seus clientes passam zumbindo, como Doc e Marty McFly[20] em uma máquina do tempo em um carro DeLorean envenenado. Quando a distração passa, os mineradores de dados analógicos calmamente retornam à sua escavação, à procura de pepitas de capital mal aplicado escondido no fundo de algum lago de dados.

Naturalmente, os *jerks* ainda geram relatórios, mesmo porque eles devem permanecer pelo menos parcialmente ligados ao vagaroso mundo analógico. Mas além da criação mínima de tais relíquias, e da participação superficial nesses rituais capitalistas, os *jerks* têm coisas melhores para fazer com seu tempo. Os *jerks* estabelecerão uma ponte entre esses dois mundos o tempo que for necessário. Será apenas o minimamente necessário para sobreviver enquanto ocorre a transição do analógico para o digital. Felizmente para eles, os *jerks* provavelmente terão que jogar a charada deste xamã por apenas mais um curto período de tempo. O futuro está chegando mais rápido do que a maioria dos analógicos poderia possivelmente imaginar.

Figura 16.4: Doc descobriu que o futuro está cheio de "cientistas de dados".

---

20 NT: Personagens do filme *De Volta para o Futuro* de 1985, dirigido por Robert Zemeckis.

Resumo do capítulo:

1. Os analógicos utilizam relatórios empresariais para assegurar que estão aplicando a trindade analógica de forma eficaz e eficiente.

2. Os relatórios inevitavelmente se concentram no que já aconteceu, e não no presente ou no futuro. Assim, os relatórios reforçam a fixação dos analógicos no passado.

3. Os *jerks* sabem que os dados históricos têm apenas um uso: fazer melhores previsões do futuro.

4. Além de fazer previsões, os *jerks* ignoram completamente os relatórios e as informações velhas e desatualizadas abrangidas por eles.

SEÇÃO III

Os seis "amortecedores digitais"

Se você for um analógico pode ter achado a Seção II perturbadora. Existe uma fórmula para provocar a ruptura de seu mundo e seu negócio. Se existe uma fórmula, então está vindo contra você também.

O que um analógico deve fazer? Dada a inevitabilidade da ocorrência desta mudança, e a facilidade com que as "**Doze práticas sujas**" podem ser usadas, que possível resposta sobra para os analógicos? Como os analógicos podem atrasar, se não impedir, a ruptura que os *jerks* estão trazendo?

Para responder a isso eu apresento os seis "**amortecedores digitais**". Esses seis princípios podem ser a única resposta a ser usada pelos Analógicos para atrasar, por um tempo, o impacto que os *jerks* terão em suas organizações, seus setores de atividade e suas vidas.

Na engenharia, um amortecedor é um dispositivo que absorve energia cinética e converte essa energia em outra coisa, geralmente calor. Os absorvedores de choques em seu carro são amortecedores. Quando o seu carro atinge um buraco, a energia que sobe para a sua roda é introduzida no absorvedor de choques como energia cinética. O absorvedor de choques literalmente absorve o choque e o movimento, e os converte em calor. O amortecedor pega a força do golpe e o transforma em calor residual. O amortecedor pega a velocidade do movimento e a desacelera, diminuindo seu impacto sobre o restante do carro.

Os analógicos também podem usar esses seis amortecedores digitais para desacelerar os *jerks* e desviar parte de sua força disruptiva. Essas estratégias não vão parar os *jerks*, pelo menos não todos eles. Mas irão eliminar alguns *jerks* e desacelerar e retardar outros o suficiente para que os analógicos possam formar outro comitê, elaborar outra análise, criar outra análise ROI e colocar isso tudo em outro relatório sobre o que não fazer. Brincadeirinha. Essas estratégias podem lhe proporcionar algum tempo para começar a escolher como mudar, ao invés de ser forçado a mudanças que você possa não gostar.

Os seis "amortecedores digitais" são:

1. DIE enquanto você pode.
2. Reescreva seus livros.
3. Quebre suas regras.
4. Aniquile seus processos.
5. Fracasse rapidamente.
6. Busque o desconforto.

Na Seção III analisaremos um de cada vez.

Capítulo 17
Use o capital para DIE

> *"Se eu tivesse perguntado às pessoas o que elas queriam, elas teriam dito cavalos mais rápidos."*
> **Henry Ford**

> *"Não é o que você não sabe que vai colocá-lo em apuros. É aquilo que você tem certeza que não vai."*
> **Mark Twain**

Bem-vindo à saraivada de abertura da Seção III. O que é que você pode fazer a respeito desses *jerks*? Caso esteja se fazendo esta pergunta, vou supor que você ocupa um lugar dentro de uma organização analógica. Os *jerks* podem ler a Seção III para se divertir durante uma breve sessão de mobilização relâmpago (*flash mob*) de codificação semi-legalizada, induzida por maconha, em sua casa movida a energia solar, fora da rede elétrica, com trabalhadores voluntários e café orgânico, mas, se não for esse o caso, este material não se aplica a eles.

A Seção III não se aplica aos *Jerks* porque eles não arrastam por aí uma bagagem analógica. Talvez tivessem começado como digitais e sempre foram assim, como os da geração do milênio e os da geração Z. Ou são antigos analógicos que viraram as costas para os velhos caminhos e foram expulsos por seus senhores analógicos como hereges e deixados para vagar no deserto digital (seguramente, como este que vos escreve). Os *jerks* têm sensibilidades diferentes dos analógicos e estão livres das garras de dois séculos de história capitalista.

Os *jerks* também não obterão muito valor a partir da Seção III porque também não possuem os mesmos pontos fortes que os analógicos. A Seção II pode ter parecido uma invectiva contra o grande capital, mas esta não foi minha intenção. Na verdade, a Seção II pretendeu ser uma análise sobre como exatamente o grande capital chegou ao que é hoje. Devemos reconhecer o sucesso de seus esforços antes de sua queda no esquecimento. No momento existem certas vantagens desfrutadas pelas organizações analógicas ricas em capital. Colocar em prática essas vantagens é a chave para ampliar seu poder e riqueza no mundo, pelo menos por um pouco mais de tempo.

Uma das principais vantagens dos analógicos é possuir muito capital, que supostamente devem aproveitar para gerar ainda mais riqueza. Geralmente, ao buscar retornos sobre o investimento de capital, os analógicos gostam de voltar ao mesmo poço antigo. Conforme discutido na Seção II, os analógicos gostam de continuar com aquilo que é conhecido quando se trata de investir. Isso significa que não há necessidade de revisar seus modelos ROI, nenhuma necessidade de modificar seu processo de análise de investimento, nenhuma necessidade de alterar seus fluxos de trabalho de aprovação e nenhuma necessidade de treinamento em alguma nova tecnologia confusa como Hadoop, Hive ou Pig. Quando o seu sistema ERP já possui uma linha do documento para compra de letras do Tesouro dos EUA é mais fácil jogar um pouco mais de dinheiro neste lançamento contábil, não obstante as taxas de juros negativas.

Uma breve nota sobre DIE

Então, será que existe uma maneira de reinvestir capital de volta para o capital que gere resultados do tipo digital? A resposta é, enfaticamente: "**Sim!**" Infelizmente, ao investir, muitos analógicos seguem o caminho de menor resistência; eles continuam fazendo a mesma coisa que faziam antes, só que um pouco mais rápido, um pouco mais enxuto, um pouco mais *offshore* ou com um pouco mais de qualidade. Para analógicos centrados no capital, voltados para trás, com aversão ao risco, a mudança é uma coisa assustadora.

Mas à medida que nos aproximamos do fim da era do capital, obter retornos decentes nesses métodos de investimento testados e aprovados fica cada vez mais difícil. Quantas vezes você pode fazer uma barra de Snickers 3% menor antes de chegar ao ponto em que seu velho chocolate de "tamanho divertido"[21] não consegue mais alimentar um *hamster* para dar mais algumas voltas em sua roda? Para provocar a disruptura nos *jerks* você precisa desequilibrá-los, desequilibrando a **si próprio**. Você precisa vencer Bruce Lee no ringue de sumô chegando perto e esmagando-o com seu imenso volume. Plaft!!!

A forma de causar esse desequilíbrio é mudar as regras analógicas de gestão de capital para que elas atuem a seu favor. As empresas que ocupam o espaço entre analógica e digital, como Amazon, SpaceX, Tesla Motors, Google e Apple fazem exatamente isso, e têm uma extraordinária capitalização de mercado como resultado. Essas empresas utilizam imenso capital para gerar disrupturas a partir de **suas** regras, ao invés das regras de alguns *jerks*. Ao fazê-lo, elas conseguem manter suas vantagens para si próprias por mais tempo.

Figura 17.1: Barras Snickers de "tamanho divertido".

Como é a estratégia de investimento dessas empresas que ocupam o espaço entre analógicas e digitais? O que leva essas organizações a investir

---

21 NT: A barra de chocolate Snickers é fabricada em diversos tamanhos, sendo as barras menores classificadas pelo *marketing* da empresa como de "tamanho divertido" ("*fun-sized*", no original em inglês).

no movimento entre as fases DIE, ao invés de dentro de uma fase? Bem, eu não participo de suas reuniões de diretoria, mas de meu ponto de vista, essas empresas **DIE**[22] literalmente morrem muito. D-I-E entretanto significa **descobrir** (*discover*), **infiltrar** (*inflitrate*) e **explorar** (*exploit*). Estas são as três fases de como a nossa sociedade pega novos insumos, chega a compreendê-los e depois os utiliza. Eu escrevi um pouco sobre esta abordagem em outro lugar, mas vamos revisitá-la brevemente abaixo. Digite DIE no Google se você quiser se aprofundar um pouco mais neste processo.

DIE é como encontramos, invadimos e dominamos novos territórios, barreiras, fronteiras etc. Este processo é inato. Temos feito isso por quase toda a nossa história e é a base de grande parte do nosso sucesso como uma espécie. À medida que avançamos nossas fronteiras, **descobrimos** novos territórios a explorar, nos quais nos **infiltramos** perambulando ao redor, verificando todos os lugares, picos e vales. Finalmente, uma vez conhecendo a configuração do terreno, começamos a realmente **explorar.** É o que fazemos e, para o bem ou para o mal, somos bons em DIE. Veja na história como assumimos o controle de qualquer nova terra ou tecnologia, e a maneira que procedemos é a de acordo com DIE.

Transições são assustadoras

Embora os seres humanos se sintam à vontade com este processo DIE, nem todos os aspectos dele são confortáveis para nós. Pode haver muitas incógnitas. Quando os europeus começaram a explorar o oceano Atlântico a seu oeste, muitos estavam aterrorizados com o desconhecido que encontrariam para além do horizonte. A maioria dos marinheiros da época parecia acreditar que passando esta borda haveria terríveis monstros marinhos que engoliriam pessoas inteiras, digerindo-as por dentro e cuspindo-as em alguma costa estrangeira. Hoje nós chamamos esses monstros de navios de cruzeiro, mas eu divago.

---

22 Nota do Tradutor: O autor faz um jogo de palavras com a sigla DIE, que em tradução literal para o português é **morrer**. Mantivemos a grafia original por causa da explicação e do uso que o autor apresenta em seguida.

Quando as empresas analógicas começam um novo processo DIE, ou quando fazem a transição de **descobrir** para **infiltrar** e **explorar**, elas ficam alarmadas com a incerteza, dúvida e risco. Estas são três qualidades com as quais os analógicos adoram fazer modelos em suas calculadoras de ROI. Ao vir para análise, o investimento inevitavelmente leva a um sonoro "não"! Para a maioria dos analógicos, investir em um movimento de uma fase DIE para outra é o caminho certo de fazer o xamã de sua tribo jogar algum vodu horrível em seu relatório de investimento.

Figura 17.2: Carroções cobertos indo para a Califórnia, iniciando uma exploração incerta...

Por outro lado, ao nos movimentarmos dentro de cada fase do processo DIE, nós costumamos nos sentir bastante confortáveis. Uma vez sabendo que há um novo mundo do outro lado do oceano, saltar em um galeão não é tão assustador. Se eu sei que estou pegando um carroção coberto para o oeste da Califórnia, já aceitei que posso enfrentar habitantes locais hostis ao longo do caminho. Uma vez estando realmente dentro de uma determinada fase deste processo, eu provavelmente tenho todas as variáveis de risco pertinentes estabelecidas em meus modelos ROI. Assim, produzir uma justificativa para mais um investimento dentro da fase só demandaria **uma** equipe de especialistas para calcular, em vez de oito ou nove.

Os analógicos adoram investir dentro de uma fase DIE porque é fácil, menos arriscado e menos perturbador. Não há um monte de incógnitas e, portanto, você não está assumindo muitos riscos. Os analógicos gostam disso. O problema é que os investimentos dentro da fase no DIE são necessariamente menos arriscados, mas também são necessariamente menos disruptivos, tanto para os analógicos quanto para os *jerks* com os quais estão competindo.

Os *jerks*, praticamente por definição, não trabalham dentro das fases DIE. Na verdade, eles atuam quase que exclusivamente **entre** as fases DIE, e por uma boa razão. Os analógicos não vão lá. As companhias de táxi poderiam facilmente ter criado um aplicativo conectando os passageiros com os motoristas de forma tão rápida e conveniente como o Uber. Isto teria sido uma coisa muito entre as fases DIE para elas fazerem. Em vez disso, para obter retornos melhores sobre o seu capital, elas trocaram os grandes sedãs de tração traseira por bonitos híbridos com menor consumo de combustível. Esta foi uma abordagem de investimento absolutamente dentro de uma fase DIE, o que era muito mais confortável.

As companhias de táxi já contavam com infraestruturas da trindade analógica para avaliar sua estratégia de investimento. Era simples atualizar as entradas de dados para preço, consumo de combustível, manutenção e seguro em seus modelos de investimento com os novos valores para táxis híbridos. Nem sequer lhes ocorreu criar um modelo ROI completamente novo para um aplicativo confuso, construído com novas tecnologias, fazendo algo que nunca foi feito antes e que não era garantido que funcionasse. Os analógicos continuam sendo superados pelos *jerks*, não porque sejam burros, ou lentos, ou retrógrados, ou por falta de inovação. Mas isso descreve as ferramentas que eles usam. Na verdade, os analógicos são superados porque têm aversão ao risco, se sentem confortáveis com o *status quo* e são recompensados por impedir que o capital fique se movimentando. Isso, casado com sua obsessão por melhorias incrementais, no estilo *kaizen* (melhoria contínua), leva a escolhas ruins de investimentos.

O Uber é apenas um dos muitos exemplos de *jerks* bem sucedidos, já lá fora ou esperando sob as asas, causando disruptura para as empresas existentes no mercado. Eles utilizam informações e a trindade digital para gerar inovações entre as fases DIE, ao invés de dentro de uma fase DIE. As empresas analógicas não gostam de ir lá.

Deixe o seu capital DIE

Figura 17.3: O *Newton* da Apple. A versão 0 (zero) do *iPhone*.

Então, como os analógicos podem vencer os *jerks* em seu próprio jogo? Simples, basta fazer o que os *jerks* fazem, só que maior e melhor, como no sumô. As empresas analógicas precisam concentrar suas reservas extremamente maiores de capital no objetivo de se mover entre as fases DIE, ao invés de simplesmente dentro de uma fase DIE. Se você já descobriu um novo produto ou serviço, use o seu capital para conduzir esta inovação para a fase **infiltrar** em que as economias de escala e escopo ainda são importantes. Isto é o que a Apple fez com o *iPhone*, e o *Blackberry* ficou sem saber o que o atingiu.

Se você já esgotou a fase **infiltrar**, invista em reduzir ao máximo o custo e o preço o mais rápido possível. Arraste todo o setor para a fase **explorar** e torne impossível para uma empresa *jerk* manter uma vantagem competitiva a partir de sua destreza digital. Se isso lhe parece estranho como o que a Amazon fez com as empresas de varejo (fora do setor de livros) uma vez tendo dominado os conceitos básicos do comércio eletrônico, não é por acaso.

Investir dentro de uma fase DIE é sedutor porque é fácil. Há poucos riscos em fazer a mesma coisa antiga, só que um pouco melhor. Você provavelmente manterá os mesmos clientes antigos dos quais depende, ainda que diminuindo suas barras de chocolate Snickers de tamanho divertido, anos após ano. O investimento dentro de uma fase DIE compensa em termos de minimizar o risco de curto prazo, o que parece ótimo para a próxima Busca Trimestral de Visão de Futuro de sua tribo. Mas caso queira continuar tendo Buscas de Visão de Futuro por mais de um ano ou dois, e que os cânticos sejam os do sucesso contínuo e do crescimento da tribo, você precisa concentrar seus dólares de capital em investimentos entre as fases DIE, apesar dos riscos e incógnitas.

Resumo do capítulo:

1. A humanidade segue um processo de três fases para expandir seu alcance: descobrir, infiltrar e explorar.

2. Na fase **descobrir**, nós identificamos novas tecnologias ou fronteiras que anteriormente eram desconhecidas. Na fase **infiltrar** nós aprendemos a amplitude e profundidade da nova descoberta e enriquecemos nossa compreensão de suas possibilidades. Na fase **explorar** nós tiramos o máximo proveito da nova descoberta.

3. Inovar dentro de uma fase tende a ter menores riscos, mas também produz recompensas menores. Inovar entre as fases é mais arriscado, mas pode render grandes recompensas.

4. As empresas analógicas tendem a inovar dentro de uma determinada fase DIE. As empresas *jerk* tendem a inovar entre as fases, ou iniciar fronteiras DIE inteiramente novas.

Capítulo 18
Reescreva seus livros

"Observe em relação ao que as pessoas são céticas e muitas vezes se pode descobrir o que lhes falta."
George S. Patton

"Na teoria não há diferença alguma entre teoria e prática. Na prática, existe."
Yogi Berra

O Capítulo 17 explicou por que mudar sua estratégia de investimento de dentro de uma fase DIE para entre as fases DIE é essencial para lutar contra os *jerks*. Ao fazer isso, você multiplica o poder de sua principal força que é o capital. Mas, conforme observado anteriormente, isso geralmente vai contra todas as crenças de analistas, contadores, controladores, administradores e executivos. Para possibilitar que esses analógicos estejam dispostos a fazer essa alteração na estratégia de investimento, você precisa adicionar novos termos nas equações ROI. Sem isso, a matemática deles simplesmente nunca fecha e não permite que façam essa alteração.

A diferença no perfil de risco entre investimento dentro e entre fases DIE é simplesmente grande demais para a maioria dos analógicos. O que pode estar do outro lado de um espaço entre as fases é muito difícil de caracterizar e, ao mesmo tempo, os investimentos dentro de uma fase são muito **fáceis** de caracterizar, gerando um enorme sentimento de medo do desconhecido. Lembre-se de que a única coisa que os analógicos odeiam mais do que o risco é o fracasso em obter retorno sobre o investimento, e fica fácil de ver porque eles quase nunca saltam nesse espaço entre as fases.

Durante a Seção II discutimos o contexto histórico para os medos de risco e fracasso; estas características têm servido bem os analógicos ao longo de dois séculos de ascendência do capitalismo. Para essas pessoas, a noção de que esta ascensão de alguma forma atingiu um pico e que uma queda agora é iminente, simplesmente não faz sentido. Seus modelos dizem que isso não é verdade! E lembre-se de que esses mesmos modelos foram construídos, nutridos e amorosamente adotados pelos analógicos por décadas, se não mais. Não é fácil dizer a alguém que seu bebê é feio, especialmente depois que ele ganhou um ou dois concursos de beleza.

Pressupostos, e você e eu

Precisa ser mostrado aos analógicos que eles desconsideraram algumas variáveis importantes em suas equações. Eles também precisam verificar seus pressupostos. Aqui, em meados da década de 2010, há uma tremenda turbulência no mundo. Conflitos abertos entre Estados-Nação e novos semi-pseudo-tipo-Estados-Nação; os preços das *commodities* alternadamente despencando e subindo; o petróleo bruto perdendo mais de 80% do valor acordado em menos de um ano; taxas de juros **negativas** decretadas pelos bancos centrais (um momento OMG!!! para os analógicos, se é que isso existe); e climas políticos mudando de direção de uma forma não vista desde os últimos dias da trindade da terra. Tudo isso leva a pensar que não apenas alguns dos pressupostos que os analógicos têm usado em seus modelos podem estar errados. Ah, não! Parece que **todos** os pressupostos podem estar errados. Assim, tudo que sai dos departamentos de contabilidade e finanças está fora de esquadro.

Observação importante: Se isso também soar como um ângulo interessante a adotar em toda essa coisa de esperança e mudança, fique atento ao meu próximo livro, "*Ruptura*", que tratará dos impactos sociais e políticos da trindade digital e a mudança para a era da informação.

Esses formuladores de modelos, diligentes em seus esforços e estoicos em suas crenças, estão se deparando com os pressupostos não apenas se movendo para fora dos valores normais esperados, mas realmente se movendo para territórios inexplorados, no estilo DIE. Uma pequena variação é esperada; em cada distribuição um pouco de cauda deve **cair**[23]. Mas essas grandes oscilações nos pressupostos que os analógicos usam para alimentar suas equações e calcular riscos e retornos é "um pouco demais" para a maioria deles.

Esta aniquilação dos pressupostos analógicos de entrada pode ser usada a nosso favor, e retornaremos a esse pensamento daqui a pouco.

Acrescente variáveis

Para ajudar os analógicos a diminuir sua aversão ao risco e à mudança, você tem que atingi-los onde eles vivem: em suas planilhas eletrônicas e modelos. Você precisa lembrar que durante toda a carreira, essas pessoas têm sido avaliadas, recompensadas, pagas ou punidas em função da suposta precisão desses modelos. Elas foram ensinadas a levar esses modelos muito a sério, e é o que fazem. Pedir-lhes para ignorar, descartar ou, então, fazer uma redução nos resultados desses modelos simplesmente não vai convencê-los. Eles estão muito envolvidos em seu trabalho. Para conseguir que seus analógicos façam esta mudança psíquica, você precisa primeiro mudar a matemática deles.

Os formuladores de modelos analógicos trabalham arduamente para replicar a realidade nos modelos que constroem. Isso é essencial para alimentar as necessidades da governança da trindade analógica, pois livros contábeis precisos representam a base do capitalismo. Repetidas vezes tenho visto gestores analógicos literalmente passando horas analisando cada detalhe em um modelo financeiro, apenas para descobrir por que alguns cálculos deram US$1.235.600 ao invés de US$1.235.599,53 (**Sugestão:** Isso se chama arredondamento, **Einstein**).

Tive um gerente que era fanático a esse respeito. Ele literalmente disse que arredondamento não existia. Ele também era um antigo oficial de

---

[23] NT: Aqui o autor faz um jogo de palavras com um verso da canção *Rains Must Fall* da banda britânica Queen: *But into every life a little rain must fall* (Mas em cada vida um pouco de chuva deve cair).

artilharia do Corpo de Fuzileiros Navais, o que não é muito abonador para esta outrora organização de elite. Eu costumava tremer de raiva ao pensar em alguns pobres fuzileiros pedindo apoio de artilharia deste gênio. Eles teriam sido dominados pelo inimigo muito antes desse oficial terminar de calcular a localização exata para lançar as ogivas de artilharia, com sua régua de cálculo, bússola e anemômetro. Em um mundo analógico centrado no capital, a precisão é boa, mas a falsa precisão está próxima da divindade.

Para fazer com que os analógicos tenham uma mudança de atitude em relação ao risco, você precisa acrescentar novas variáveis em suas equações. Seus modelos existentes quase sempre darão preferência aos investimentos dentro de cada fase DIE em relação aos investimentos entre as fases DIE, porque a variável desconhecida, **risco**, tende a ser majorada. Lembre-se de que a única coisa que os capitalistas odeiam mais do que o risco é a perda devida ao risco; por isso tendemos a exagerar o tamanho e a forma dos riscos para evitar o erro. A adição de novos termos às equações utilizadas pelos analógicos pode permitir que eles, através de você, superem a tendência a inflacionar o risco, e levá-los a considerar novas respostas. O fato de que esta abordagem quase sempre leve a uma melhor representação ou realidade é um bônus adicional.

Figura 18.1: Acurácia *versus* precisão. Formuladores de modelos financeiros, por favor, tomem nota.

A alavanca já está ficando mais longa

O filósofo da Grécia antiga, Arquimedes, escreveu certa vez: "**Dê-me uma alavanca suficientemente longa e eu poderia mover o mundo**." De fato, ele estava correto no sentido físico. Desde que a alavanca seja forte o suficiente para movimentar a carga, você pode fazer coisas enormes se moverem, muito mais facilmente do que você poderia imaginar. Mudar as atitudes das pessoas também pode requerer muito esforço, especialmente ao tentar mudar décadas de pensamento do tipo rebanho que são recompensados, no estilo Pavlov, com esta coisa que chamamos de "**renda**".

Fazer com que os analógicos mudem seus modelos requer que eles mudem seu pensamento. Minha observação geral é que os analógicos odeiam ambos em igual medida. Caso queira fazer mudanças substanciais no modo como os analógicos medem riscos e recompensas, você precisa descobrir o que isso representa para eles. Eles são bons em fazer esses tipos de cálculos – **é o trabalho deles!**

O argumento que encontrei que funciona melhor é que algo novo aconteceu que requer um repensar. Não é que o modelo esteja errado. Na época em que foi criado era uma perfeição em si. Na verdade, o mundo mudou um pouco desde aquela época e para manter a acurácia e evitar risco e perda de capital (**que horror!**) pode ser necessário fazer algumas modificações. Pressupostos à deriva é o cavalo de Tróia da mudança.

Figura 18.2: Fazer mudança pequena, sutil e inevitável.

Dado o enorme grau de mudanças disruptivas no mundo, os pressupostos que os Analógicos têm usado em seus modelos não estão à deriva, eles estão se movimentando como Chuck em um jogo *Angry Birds*. Se há necessidade de uma alavanca para mover o pensamento de um formulador de modelos analógicos, então eu diria que taxas de juros negativas, o Estado Islâmico (EI) e o petróleo bruto mais barato do que água mineral são alavancas poderosamente longas. Com estas mudanças em andamento, este é o momento certo para inserir algumas outras disrupturas, no estilo troiano!

Bombardeio de saturação analítico

Tendo em conta a ocorrência de mudanças radicais ao nosso redor, e que os Analógicos precisam contabilizá-las em sua busca pelo crescimento ideal sem nenhum risco, atualmente é o momento certo para dar-lhes disruptura com o máximo de energia possível. Estou seguro em fazer a previsão de que em se tratando de disruptura, não vimos nada ainda. Entre agora e cerca de 2030, há muito mais disruptura para vir à medida que nossa sociedade e economia mudam da era capitalista para a era da informação. Coletivamente já passamos por isso antes, quando mudamos primeiro das ferramentas para a terra e depois novamente da terra para o capital; mudança social e econômica não é nada de novo, graças ao nosso amor pela tecnologia.

Eu apresentei essa noção ao longo da Seção II e espero ter argumentado de forma decente. Se, de fato, há mais disrupturas por vir, nós veremos mudanças semelhantes em amplitude, ou intensidade, àquelas que vimos no passado – só que isso acontecerá cerca de um milhão de vezes mais rápido. Agradeça ao Albert Einstein e sua velocidade da luz por isto. Se já estamos em uma era em que será necessário mais ou menos jogar fora as estruturas analógicas que construímos e confiamos, talvez este seja o momento de inserirmos algumas novas variáveis que tornam os investimentos entre as fases DIE realmente **mais atraentes** e **menos arriscadas** do que os investimentos dentro de cada fase DIE.

Eis como isso pode funcionar: digamos que sua tribo analógica tivesse imaginado que com os preços do petróleo abaixo de US$25 o barril, as taxas de juros das letras do Tesouro dos EUA acima de zero, o desemprego geral continuando a cair, o mercado de ações da China se estabilizando e o Irã não explodindo sua primeira bomba atômica, você pode vender seu bagulho com um lucro bruto de 20%. Este é um exemplo de uso inteiramente plausível que deve soar familiar a todos os meus colegas analógicos.

O que eu acho interessante aqui é que esses tipos de interdependências, essas variáveis extremamente entrelaçadas e codependentes, são algo com que os formuladores de modelos financeiros começaram a trabalhar em meados da década de 1990, logo depois que a Guerra Fria terminou e muitos cientistas de foguetes como eu tiveram que procurar emprego em outro lugar. Projetistas de foguetes realmente assustadores, sinistros e frios, aqueles que programaram sistemas de orientação e navegação, foram todos para Wall Street e inventaram algo chamado **derivativos**. Como resultado de seu trabalho, todos fizeram uma fortuna e alguns até conseguiram manter parte dela após os dois colapsos do mercado de ações que os seus modelos ajudaram a criar. A matemática é uma coisa poderosa!

Figura 18.3: Calvin, um dos principais economistas do mundo.

De volta ao hipotético. Considerando todas essas variáveis na equação, seus formuladores de modelos analógicos e os tomadores de decisão terão que preparar modelos para todos os cenários possíveis a fim de gerenciar o risco. Se qualquer um desses dados de entrada ultrapassar os limites dos pressupostos originais, as outras variáveis tenderão a também sofrer impactos, exigindo alguma modificação no modelo. Se uma quantidade suficiente dessas variações e interdependências convergir, é chegado o momento de reescrever; a alavanca finalmente ficou grande o suficiente para mover a sabedoria convencional do grupo. Os modelos serão refeitos, reformulados, reorganizados e recalculados para assegurar que o risco seja evitado e o crescimento do capital seja mantido. Em essência, faça com que os requisitos dos formuladores de modelo sejam de tal forma que eles precisem redesenhar completamente seus modelos para se adaptar a uma nova realidade. Eles farão isso, e assumirão isso, mudando o pensamento da organização da noite para o dia. A mudança tem que ser o resultado, não a causa.

Considerando que a frequência e a intensidade das mudanças disruptivas provavelmente aumentarão ao longo das próximas décadas, agora é o momento de forçar essas mudanças no pensamento tradicional e nas crenças de seus analógicos, a fim de mudar suas estratégias de investimento. Mudanças que eram inconcebíveis apenas alguns anos atrás (e, portanto, permanecem fora dos modelos e talvez nem sejam passíveis de fazer parte de um modelo) são agora algo a considerar. Uma porta para mudança política e analítica foi escancarada. Se você vê isso, é hora de atacar. É hora de bombardear seus analógicos com mais variáveis que tenham mais valores extremos do que jamais foi considerado possível, pois essas coisas são os novos normais. Seus analógicos foram treinados para atuar de forma meticulosa, diligente e consciensiosa sobre considerar todas as possibilidades, **dentro do domínio do razoável**. Para mudar a capacidade de sua empresa analógica de se adaptar a esse mundo em mudança, você deve fazer coisas que era ridículo chegar a considerar como concebíveis, se não francamente prováveis.

Se você fizer isso, sua organização se reorientará para essas mudanças. Seus mecanismos de controle, definidos pela trindade analógica irão se reorientar, realinhar e adaptar por si só, para garantir que os riscos sejam eliminados e o crescimento do capital seja mantido, exatamente como pretendia o velho e bom capitalismo. Se acontecer que um dos resultados desse recálculo seja o de que os investimentos entre as fases DIE fazem mais sentido do que os investimentos dentro de cada fase DIE, culpe apenas o cavalo de madeira; afinal, ele parece mesmo ser o culpado.

Use um toque suave

Ao longo de minha carreira de consultor, construí centenas, se não milhares, de modelos financeiros. Como outros analógicos, dediquei inúmeras horas para tornar esses modelos o mais precisos possível, para permitir que os clientes pudessem tomar boas decisões de negócios. O trabalho muitas vezes pode ser entediante, mas também pode ser estranhamente interessante. A construção desses modelos e o teste de seu funcionamento como que estabelecem um vínculo entre o formulador e o modelo. Quanto mais tempo um formulador dedica a um modelo, mais forte e mais pessoal fica esse vínculo quando você quer levá-los a fazer uma mudança.

Caso convença seus guardiões da coroa do capitalismo a mudar seus modelos em nome da **acurácia**, **precisão**, **redução de risco** e **maximização do capital**, vá devagar com eles. Sim, seus bebês podem precisar de um pouco de educação corretiva a fim de acompanhar um mundo em mudança, mas eles também devem pelo menos receber um troféu pela participação, para que não se sintam como sendo o tipo errado de especial.

Resumo do capítulo:

1. As organizações analógicas são bem versadas no uso de medições, modelos e matemática para controlar o capital. Utilize essas ferramentas para fazer com que a organização mude de uma maneira que de outra forma não mudaria.

2. Desempenho inovador requer métricas inovadoras. Estabeleça metas que exijam o dobro ou o triplo de desempenho, ou mais, a fim de obter ideias inovadoras.

3. Se a organização responder que essas novas metas são impossíveis, então você está no caminho certo.

Capítulo 19
Quebre suas Regras

"A mudança é a lei da vida. E aqueles que olham apenas para o passado ou para o presente certamente perderão o futuro."
John F. Kennedy

"Parabéns. Eu sabia que o recorde seria mantido até que fosse quebrado."
Yogi Berra

Por 200 anos, a trindade analógica nos ensinou a acreditar que as regras são uma coisa boa. As regras são fundamentais para garantir **estabilidade**, **tranquilidade** e **previsibilidade** em um mundo focado no capital. As organizações utilizam regras para assegurar que o capital cresça e que nunca seja desperdiçado. Isso é eminentemente racional em uma sociedade centrada no capital.

Certamente, as regras podem ser um entrave às vezes. Elas podem nos impedir de explorar caminhos mais curtos ou meios mais rápidos para chegar ao nosso destino, mas permitem que nos sintamos confortáveis em nossas conchas. Quando se trata de minimizar riscos e garantir retornos de capital é melhor ser lento e estável. **Mas e se as coisas mudarem?** E se as regras pelas quais vivemos, o caminho que temos seguido, não funcionarem mais para nós? Qual a probabilidade de entendermos e abraçarmos essas mudanças, desistindo de tudo o que conhecemos a fim de adotar o novo? Isso parece bastante descabido para a maioria de nós.

Considerando os seis novos normais, há uma orientação interessante para esta questão. Os quatro primeiros novos normais sugerem que as regras da trindade analógica não apenas funcionaram como talvez tenham funcionado bem demais. O sucesso em nossa busca pela qualidade perfeita levou os clientes a simplesmente esperar a perfeição. Como as empresas têm trabalhado para atender a demanda dos clientes de ter o que querem, onde querem, a ubiquidade agora é simplesmente esperada. Atender as necessidades dos clientes o mais rápido possível ensinou-os a esperar ainda mais. E seguir as regras nos tornaram tão bem-sucedidos que os clientes hoje não se importam em saber o quanto trabalhamos para chegar até aqui.

Para oferecer mais do que suas regras atuais permitem, você precisa mais do que apenas novas regras. Novas regras não ajudam. Novas regras são fáceis de conseguir; basta pedir ao Congresso. Para as legislaturas globais da era do capital, nada é mais gratificante do que cuspir algumas centenas de novos regulamentos todos os dias antes da hora do almoço – as consequências indesejadas que se danem.

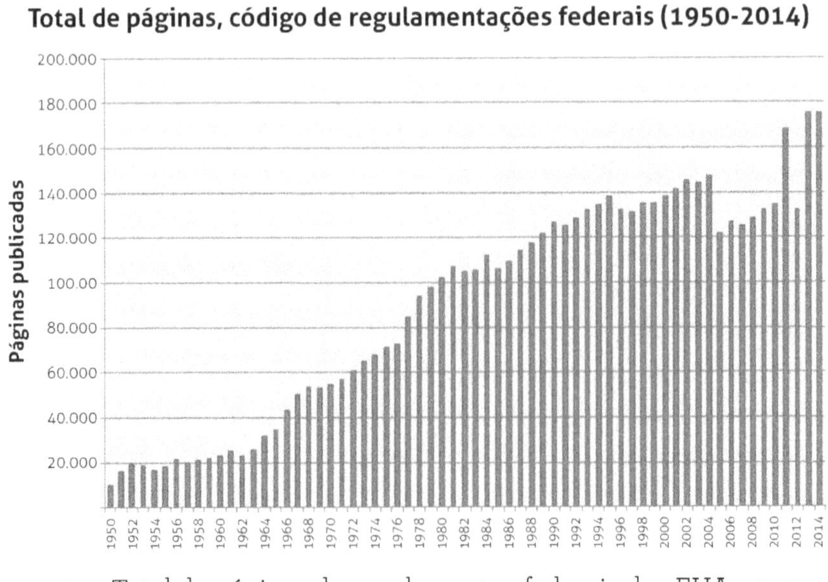

Total de páginas, código de regulamentações federais (1950-2014)

Figura 19.1: Total de páginas de regulamentos federais dos EUA por ano.

Não! Para a obtenção de novos resultados que atendam a necessidades novas ou não satisfeitas, você precisa fazer algo mais. Você precisa quebrar suas regras antigas. Por definição, regras novas se somam às restrições que você já tem, ao invés de alterar as restrições existentes. Novas regras dificultarão o ajuste à mudança, em vez de ajudar com o seu objetivo de responder à mudança. Novas regras são reconfortantes para nós, pois a trindade analógica foi idealmente ajustada para permitir novas regras. É assim que você gerencia melhor o capital ao longo do tempo. Por outro lado, a trindade analógica não gosta de eliminar regras antigas, pois aquilo que funcionou no passado também deve funcionar no futuro. O controle se desenvolve e amadurece ao longo do tempo.

Esses *jerks* não têm regras

Ao observar *jerks* brotando em todo o mundo, em todos os países e setores de atividade, vejo continuamente os poderes analógicos estabelecidos reclamando deles. Queixam-se dos métodos utilizados pelos *jerks*, seguido rapidamente por uma enxurrada de ordens judiciais, injunções e notícias negativas. Este ponto de vista está completamente errado, naturalmente, conforme discutimos na Seção II. Os *jerks* efetivamente seguem regras, ou pelo menos princípios. Só que são completamente diferentes das que os analógicos seguem.

Você poderia ser o maior golfista do mundo e isso não teria a menor importância se o jogo repentinamente mudasse para polo aquático. Talvez a sua boia de pneu o ajude a flutuar, mas fora isso você estará em águas profundas até aprender o bê-á-bá. Novas regras o colocam em águas profundas, com bolas de ferro nas pernas. Mas novas regras também podem permitir que você se mantenha à tona, talvez o tempo suficiente para permanecer no jogo.

Para dificultar ainda mais a vida com os *jerks*, você precisa adotar, ou pelo menos se adaptar, às regras que eles seguem. Estas necessariamente vão contra o seu modo de vida analógico, de modo que tal tarefa não será fácil. Porém, é imperativo que você faça algumas mudanças básicas na forma como atua sob a trindade analógica para poder acompanhar a trindade digital.

Figura 19.2: Às vezes, boas ideias não funcionam bem na prática.

Fazer a mudança

Conforme discutido no Capítulo 17, a principal vantagem dos analógicos neste jogo é o acesso ao capital. É fundamental que os analógicos usem esta vantagem o máximo possível, e de forma diferente do que antes. Os seis novos normais nos mostram que nossos investimentos anteriores na melhoria da trindade analógica foram extremamente bem-sucedidos, e que agora são praticamente irrelevantes. As mudanças de regras a serem feitas pelos analógicos precisam permitir que eles reorientem e se concentrem nos seis novos normais o mais rápido possível, enquanto ainda são normais.

Então digamos que você decida agir segundo este conselho, e comece a procurar regras para eliminar. Você pode descobrir que muitas levam a resultados questionáveis ou não fornecem mais os resultados pretendidos, ou que não têm mais utilidade, no estilo seis novos normais. Você pode escolher uma série de regras para retirar dos livros da organização, em um esforço para reagir aos *jerks*. Afinal, a disruptura externa requer disruptura interna do mesmo tipo, certo?

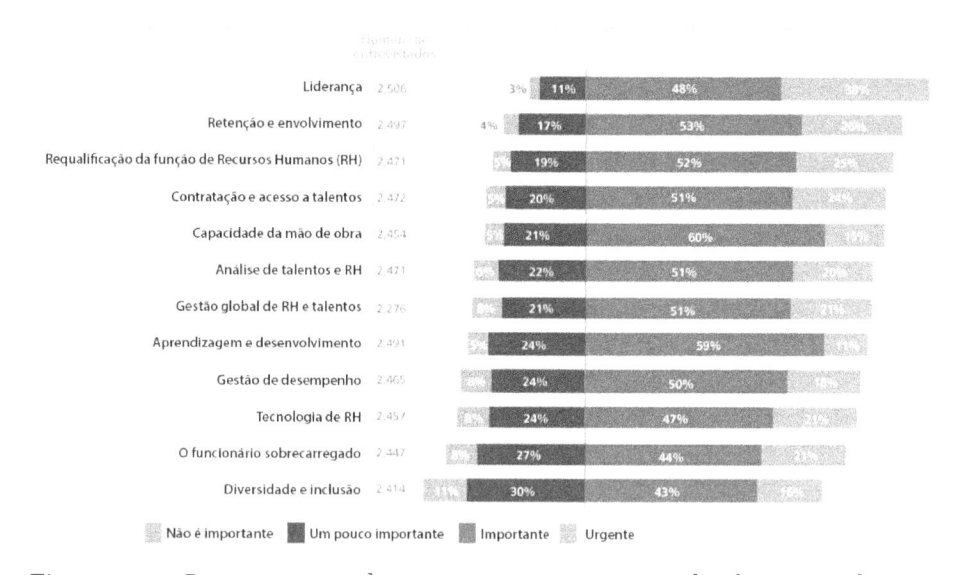

	Número de entrevistados				
Liderança	2.506	3%	11%	48%	
Retenção e envolvimento	2.497	4%	17%	53%	
Requalificação da função de Recursos Humanos (RH)	2.471		19%	52%	25%
Contratação e acesso a talentos	2.472	5%	20%	51%	
Capacidade da mão de obra	2.454		21%	60%	
Análise de talentos e RH	2.471		22%	51%	
Gestão global de RH e talentos	2.276		21%	51%	21%
Aprendizagem e desenvolvimento	2.491		24%	59%	
Gestão de desempenho	2.465		24%	50%	
Tecnologia de RH	2.457		24%	47%	
O funcionário sobrecarregado	2.447		27%	44%	21%
Diversidade e inclusão	2.414		30%	43%	

■ Não é importante ■ Um pouco importante ■ Importante ■ Urgente

Figura 19.3: Preocupações dos executivos com a mão de obra. A se destacar o custo, por sua ausência.

Você pode falar aos subordinados sobre os seus planos, e superficialmente eles concordarão. Mas posso quase garantir que ao dizer que algumas das regras que eles têm seguido ou aplicado estão sendo eliminadas, eles provavelmente se sentirão **intimidados**[24]. Enquanto estão lá diante de você, e você lhes conta o seu plano, eles de repente se sentem como se tivessem dado à luz meia tonelada de uma vaca leiteira já crescida.

Se você começar a mudar algumas das regras de sua organização analógica, cada parte da organização reagirá de forma diferente, de acordo com sua função na trindade. O pessoal de finanças produzirá uma pilha de relatórios (sempre relatórios) que claramente mostram que sua nova decisão diminuirá o ROI, desperdiçará capital e trará os quatro cavaleiros do Apocalipse. A contabilidade pensará que você passou por algum tipo de traumatismo craniano, ou acidente vascular cerebral, e retornará aos seus livros, imperturbável. O pessoal responsável pelo cumprimento das normas (*compliance*) tentará apavorá-lo com alguns cenários do tipo galinho Chicken Little, certamente com referências a multas elevadas e

---

24 NT: Ao longo desses próximos parágrafos o autor fará um jogo de palavras utilizando o duplo sentido da palavra em inglês "*cow*": substantivo "vaca" e verbo "intimidar" ou "atemorizar".

prisão. O jurídico começará a compilar uma lista de todas as leis que você pode estar quebrando, diligentemente indexadas e com notas de rodapé para facilidade de leitura. O *marketing* insistirá em convocar uma reunião fora da empresa, em um local aprazível e exótico, para fazer um *brainstorming* sobre como aproveitar a nova abordagem inovadora que você está promovendo. Na realidade eles irão afogar as ansiedades causadas por você bebendo alguns coquetéis de frutas enfeitados com um guarda-chuva de papel. E, claro, o RH começará a documentar sua insanidade, em antecipação à sua partida involuntária. Não esqueça que seu gerente de RH foi treinado para pensar que os **seres humanos** são **recursos** a serem **gerenciados**, no estilo analógico. Pense nisso um pouco... eu aguardo...

Nenhum desses analógicos demonstrará claramente sua rejeição por essa noção de desistir das regras antigas. Isso seria impróprio. Eles tentarão esconder de você o fato de que sofreram um trauma por sua tentativa de eliminar (**gulp**) um controle. Eles dirão que essa é uma boa ideia, vamos pensar nisso, vamos lhe entregar o nosso relatório com recomendações, e assim por diante. Trivialidades vêm em nosso auxílio quando tivemos um abalo psíquico não planejado e não queremos que os vizinhos descubram algo a respeito.

Deu leite?

Onde você começa a mudar as regras para voltar a engajar os clientes e mantê-los longe dos *jerks*? Como você aproveita a vantagem de seu capital para conseguir o máximo de tempo possível? Os seis novos normais fornecem a resposta. Os seis novos normais são o resultado do sucesso da trindade analógica. Esses novos normais só existem porque as empresas analógicas atenderam, e muitas vezes superaram, as nossas necessidades maslowianas de grau inferior, e assim o nosso foco passou para outras coisas. Para atender essas novas necessidades, para recuperar a atenção de seus clientes, você precisa se comportar de forma diferente. Você precisa quebrar suas regras.

Pense no primeiro novo normal, qualidade. Conforme discutimos na Seção I, as empresas analógicas têm feito um trabalho tão bom de implementação da qualidade ao longo do último meio século que você e eu simplesmente esperamos a perfeição. As empresas analógicas não ganham pontos pela perfeição. Em vez disso, recebem muitos pontos negativos quando algo dá errado. Não importa mais o que você faz para impedir que coisas ruins aconteçam – eu **simplesmente espero isso.** Mas, se e quando algo acontece de dar errado, **a forma como você responde a esse problema significa tudo para mim.**

Figura 19.4: A forma como você reage a uma falha não planejada diz muito a seu respeito.

Isso é exatamente o oposto do que a maioria dos analógicos tem feito em sua busca pela qualidade. Quase todas as empresas analógicas têm criado burocracias que operam processos, controlados por regras, cujo objetivo é garantir que nada aconteça de errado, nunca. Isso é o que elas chamam de "**qualidade**". Os analógicos trabalham incansavelmente para assegurar que as coisas sempre funcionem como o esperado, que sejam confiáveis, previsíveis e estáveis. Como clientes, nós gostamos disso. Mas quando algo dá errado, e algo **sempre** dá errado, esse alinhamento na direção da prevenção acaba impedindo uma ação apropriada. Os nossos esforços para alcançar a qualidade, através da trindade analógica, têm impedido nossa capacidade de responder quando a qualidade sai do recinto.

Você questiona essa hipótese? Pense na última vez que algo deu errado em seu mundo e você tomou medidas para corrigir. Você provavelmente chamou um suporte ao usuário, ou procurou um representante do atendimento ao cliente, ou de alguma forma se envolveu com um mecanismo de apoio controlado pela trindade analógica. Os analógicos consistem de medições, processos e controle do capital, de modo que quase invariavelmente a conversa começa com amabilidades, ("Olá, como posso ajudá-lo?") e, em seguida, rapidamente vai direto ao assunto ("Eu preciso de ajuda da pessoa X").

Neste ponto, o representante do atendimento ao cliente tem apenas um único trabalho: descobrir que outro recurso ou recursos corrigirão o problema do cliente ao **menor custo de capital possível e com o menor risco possível.** Enfatizo isso porque esses dois princípios que regem a trindade analógica determinam tudo o que acontece em seguida. Quando o representante do atendimento ao cliente entende o que você poderia exigir, seu trabalho é encaminhá-lo para a solução menos onerosa e menos arriscada. É aqui que eles começam a encaminhá-lo para outros recursos na organização que foram concebidos para entregar uma solução ao menor custo possível **para a organização.**

Há pouca ou nenhuma consideração sobre o custo **do cliente**, pois isso é irrelevante para o analógico. Naturalmente, existem algumas medições a esse respeito, como o tempo de espera ao telefone, que supostamente asseguram que os clientes tenham uma boa experiência quando buscam resolver seus problemas. As empresas estão repletas dessas medições supostamente centradas no cliente. Mas se você analisar de perto, o seu propósito é quase sempre dissimulado. A medição de espera ao telefone, supostamente selecionada para que os clientes não esperem muito para receber atenção, realmente destina-se a minimizar o custo total da prestação do serviço. Em algum momento, ao conceber esse serviço, algum analista constatou que a redução do tempo de espera ao telefone de alguma forma reduzia o custo para fornecer a solução. **Por quê?** Porque isso é o que as empresas analógicas fazem!

Figura 19.5: Equipe de especialistas do atendimento ao cliente.

Como eu sei disso? Porque já fiz centenas dessas análises em minha carreira, com o objetivo de efetuar exatamente esse cálculo. As empresas analógicas interligam cada medição em suas organizações com a eficiência do capital, pois é por isso que elas existem. Se algo tão esotérico quanto a qualidade deve ser medido, isso tem de se relacionar com algo que os analógicos se preocupam, e eles se preocupam com o capital. Assim, as intermináveis idas e vindas e preenchimento de formulários e filas que todos nós experimentamos ao tentar corrigir o nosso problema não têm nada a ver com realmente corrigir o nosso problema. Na verdade, trata-se de como os analógicos conseguem resolver o seu problema por um custo de capital o mais baixo possível. Se não atender ao telefone levasse a um menor custo total de capital para a empresa analógica, então a sua chamada nunca seria atendida (lembre-se de nossa discussão anterior sobre o custo de manter em comparação com conquistar clientes).

Na continuação de sua conversa com o representante do atendimento ao cliente, no final vocês chegam a um ponto em que há a compreensão do que você precisa. Neste momento acontece uma das seguintes opções: a) o representante do atendimento ao cliente tem controle suficiente do capital para realmente corrigir o seu problema; ou b) ele lhe dirá que não pode ajudá-lo. Quantas vezes você já ouviu isso antes? "Eu não posso ajudá-lo", ou então, "Não estou autorizado a fazer isso". A fala analógica é: "A solução para o seu problema custa mais capital do que fui autorizado a gastar, ou seja, que a trindade analógica permitiria."

Você se lembra da última vez que teve essa experiência? Provavelmente você não gosta de pensar muito nisso. Foi muito chato, não foi? Claro que foi. Você espera a perfeição e quando não a obtém, não pode ficar feliz. Naquele momento, a pior coisa que um analógico podia fazer é dar-lhe mais desculpas sobre por que ele não funcionou perfeitamente, e como não consegue resolver o problema. Mas devido aos controles de capital, otimizados por meio de milhares de horas de análises e relatórios, esta pessoa simplesmente não tem permissão e **não pode** ser permitida a resolver o seu problema.

E se você mudasse tudo isso? E se, por um momento, esse representante da linha de frente tivesse permissão para realmente resolver o problema do cliente, independentemente do custo para a empresa analógica? **Será que o mundo acabaria?** Provavelmente, não. Será que a organização seria engolida por algum tipo de buraco negro de falência causada pela satisfação do cliente? Provavelmente, não. Na verdade, se esta pessoa tivesse permissão naquele momento para resolver imediatamente o problema do cliente, a empresa estaria atendendo aos seis novos normais do cliente, e estaria gerando uma tremenda boa vontade em consequência.

Agora, uma resposta analógica típica para isso seria: "Você pode se dar ao luxo de fazer isso uma vez. Mas e se cada cliente exigisse uma solução mais cara para seu problema, nós com certeza iríamos à falência!" Realmente, segundo seus modelos de aversão ao risco, pior cenário, conservar o capital a todo custo, funcionários com poder condenariam a empresa analógica a uma espécie de ruína financeira; é o que está lá escrito nos modelos.

Mas o que não está no modelo é a visão da trindade digital desta transação. Na visão da trindade digital, este cliente feliz e satisfeito está agora contando a todos os seus amigos, parentes e outras pessoas a respeito de sua ótima experiência, o que gera riqueza de informações através do contexto e da correlação. Ao invés de afastar clientes com uma avaliação negativa de seu serviço, eles estão criando correlações positivas que atraem clientes **para** você. Isso não está em nenhum lugar em seus modelos analógicos, mas é um efeito real e imensamente valioso, conforme discutido na Seção II. **Além disso**, dado o uso constante das mídias sociais, cada experiência – boa ou má – é tornada pública.

> **Dave & Buster's**
> @DaveandBusters
>
> Nenhum Juan nunca disse "Eu odeio tacos"
> #TacoTuesday #DaveAndBusters

Figura 19.6: A mídia social é permanente, global e implacável.

Se você for uma pessoa de sorte, em algum momento você já conheceu um representante do atendimento ao cliente que saiu de sua pequena caixa, foi além de sua autoridade e realmente resolveu o seu problema por conta própria. Essas pessoas, em um momento de raiva contra a máquina, realmente deram um clique no botão "aprovar" quando não deveriam, ou deixaram você embarcar em seu avião depois do "horário permitido". Eles deixaram você sair do estacionamento sem cobrar porque você não encontrou uma vaga, e assim por diante. De vez em quando algum analógico sai da linha em nossa defesa, para o horror total dos analógicos em todos os lugares.

Quando essas minúsculas rebeliões ocorreram em seu favor, como você reagiu? Se você for como eu, depois de passado o seu assombro, você contou aos outros sobre a experiência. A trindade analógica foi concebida exatamente para evitar esse tipo de experiência de assumir o encargo, e para a maioria dos clientes é o que eles mais anseiam. Por isso que é um dos seis novos normais. A trindade analógica nos ensinou a esperar um conjunto de resultados previsíveis, que não mais nos satisfazem. Na verdade, nós queremos o oposto do que estamos acostumados, ou queremos algo completamente diferente do que afirmamos.

Afrouxar as correntes para permanecer no controle

Para usar sua vantagem de capital e se manter competitivo com os *jerks*, você precisa efetivamente utilizar sua vantagem e convertê-la em vitórias na trindade digital. Isto significa empurrar a autoridade de uso do capital para mais perto possível dos clientes, tanto no tempo quanto no espaço. Para ter uma chance de manter seus clientes, você precisa se certificar de nunca usar as palavras "Eu não posso ajudá-lo" ou "Eu não estou autorizado a fazer isso." Porque, em um mundo cada vez mais repleto de *jerks*, os clientes conseguem imediatamente achar alguém que não esteja tão sobrecarregado.

Isto não significa que o pessoal de atendimento ao cliente tem que sair por aí alugando jatos particulares para seus clientes, ou qualquer um dos cenários de pesadelo que seus veteranos analógicos possam sonhar. Não estou sugerindo que você permita que as pessoas sejam imprudentes com as decisões sobre capital. Elas não serão, pois estarão apavoradas. Mas, afrouxar os controles firmemente atados que você tem otimizado por décadas, usando a trindade analógica, pode ser exatamente o necessário para permanecer relevante aos clientes que agora têm opções menos rígidas.

Reduzir o controle eliminando regras desatualizadas parece heresia. No altar da trindade analógica, realmente é uma heresia. Sua burocracia rejeitará esses esforços, exatamente como têm sido treinados para fazer por um tempo muito longo. As pessoas reclamarão. As pessoas argumentarão contra isso. As pessoas entrarão em pânico. Estas reações são coisas boas, pois são sinais de que você está indo na direção correta!

Quando isso acontecer – e se você estiver eliminando regras é mais provável que certamente acontecerá – não deixe de compartilhar com aqueles que protestam as palavras imortais do astro da televisão, Bart Simpson: "**Não tenha um ataque, cara!**"[25].

Eles terão um ataque porque este tipo de comportamento incentiva o livre arbítrio, o pensamento criativo, a reflexão independente, a experimentação e, acima de tudo, a quebra de regras. Além disso, como sua avó costumava dizer, esses comportamentos só podem levar a coisas ruins, como a gravidez na adolescência. Este é o tipo de coisa realmente incentivado pela trindade digital, que a torna tão atraente para nós, e tão eficaz. Você pode manter em mente um axioma favorito meu. Se os seus funcionários fazem algo estúpido, são duas as razões possíveis:

---

25 NT: Novamente, o autor usa o duplo sentido da palavra "cow". No original, a expressão idiomática de Bart Simpson é: "*Don't have a cow, man!*".

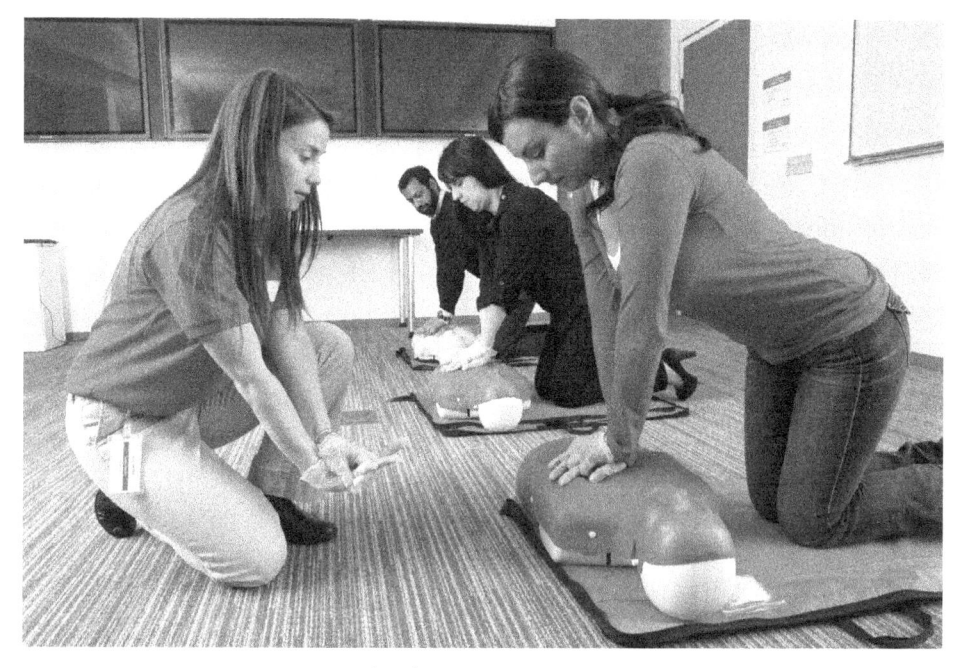

Figura 19.7: Treinamento de funcionários para a eliminação de regras analógicas desnecessárias aos negócios.

1. Eles são estúpidos.
2. Eles trabalham para uma organização que os recompensa pela estupidez.

Se você remover restrições obsoletas de seus funcionários, e eles agirem como se fossem loucos, então você tem as pessoas erradas ou você não cortou suficientemente a estupidez para que a inteligência pudesse surgir.

Isso vai horrorizar o RH, confundir a sua gerência de nível médio e revoltar os gerentes da linha de frente. Todas essas reações são bons sinais. Dê um pouco de espaço para que seu pessoal ande por conta própria depois de remover algumas de suas correntes, e procure ver o que acontece quando o fazem (**fazer**, e depois **aprender**).

Quando eles efetivamente utilizarem um pouco de sua nova liberdade, comemore. Enlouqueça. Socialize, dê uma festa, dê-lhes recompensas psíquicas. Lembre-se, a primeira vez que forem além de seus antigos limites, eles estarão aterrorizados, como um animal de estimação que foi abusado, com medo de seu dono. Você deve enchê-los de elogios, se quiser que sua pequena rebelião valha a pena. Em breve, sua organização poderá se sentir confortável para eliminar mais restrições sobre o capital, e você poderá conseguir dar a volta por cima na sua luta contra os *jerks* que tiram os clientes da sua empresa.

Assuma os novos normais

Neste capítulo, concentrei-me no exemplo de apenas um dos seis novos normais: a **qualidade**. Há inúmeros exemplos adicionais para este normal, e para os outros também. Ao procurar regras para eliminar, enquanto você tenta decidir quais das vacas sagradas analógicas abater, deixe que as expectativas de mudança delineadas nos seis novos normais o guiem onde buscar. Certamente, você não quer de forma equivocada transformar a sua vaca leiteira em hambúrgueres, mas você quer ter certeza de que as regras opressivas, excessivamente conservadoras e restritivas, façam sentido em um mundo centrado na informação, governado pela trindade digital. Eu suspeito que elas já não fazem mais sentido – e os *jerks* estão apostando que você só vai descobrir isso quando for tarde demais para detê-los.

Resumo do capítulo:

1. As regras são um princípio fundamental da trindade analógica. Sejam elas regras empresariais, leis, regulamentos ou tradições, as regras seguidas pelas organizações analógicas têm sido usadas para controlar e promover o crescimento da riqueza de capital.

2. Essas mesmas regras que geram riqueza e poder baseados no capital são quase sempre um obstáculo para a geração de riqueza e poder baseados na informação. O capital quer permanecer imóvel; a informação quer ser livre.

3. Os analógicos dedicam recursos enormes para seguir as regras, enquanto os *jerks* as ignoram ou ativamente as desrespeitam. Para responder a isso, as empresas analógicas devem começar a questionar a sua adesão às regras que não fazem sentido na era digital.

4. Ao analisar novas estratégias de negócios, ofertas, soluções e proposições de valor, force os limites do que normalmente seria aceitável. Se o pessoal de recursos humanos, do jurídico, do cumprimento das normas (compliance) ou da contabilidade estiver totalmente contra o que você pretende fazer, então é provável que você esteja no caminho certo. A força de sua oposição provavelmente é diretamente proporcional ao "acerto" e ao valor gerado pela sua proposta disruptiva.

Capítulo 20
Aniquile seus processos

"Nunca interrompa o seu inimigo quando ele está cometendo um erro."
Napoleão Bonaparte

"Todos os homens estão preparados para realizar o incrível se seus ideais estão ameaçados."
Maya Angelou

"Pouquíssimos grandes homens seriam aprovados pelo departamento de Pessoal."
Paul Goodman

No Capítulo 19 tentamos golpear as regras, o método de controle de riqueza na trindade analógica. Agora, vamos lançar um olhar crítico sobre os processos da trindade analógica. O processo empresarial é um tema muito próximo e caro a mim. Durante quase toda a minha vida adulta, tenho definido e aperfeiçoado processos para ajudar as empresas analógicas a serem mais eficazes. Para um engenheiro ligeiramente extrovertido como eu, projetar processos empresariais é um sonho tornado realidade. Trata-se de um cruzamento interessante de ciência, matemática, engenharia, sociologia, política, *PowerPoints* e luta semiprofissional na lama. Eu adorava esse trabalho na época e o adoro ainda mais agora, porque hoje estamos aniquilando o que fizemos no passado a fim de torná-lo ainda melhor.

Quando as empresas analógicas implantaram a TI nos anos 1980 e 1990, a automação dos processos empresariais foi a terceira área de foco mais comum, depois de informações financeiras e informações sobre a cadeia de suprimentos. Essas três áreas representavam as três pernas da trindade. Os processos estavam sendo automatizados para aplicar e fazer cumprir a trindade analógica de forma mais eficaz. Uma vez conseguindo monitorar o seu capital de forma mais rápida e com maior precisão (com o planejamento dos recursos da empresa) e podendo gerenciá-lo melhor enquanto ele se movimentava (gestão da cadeia de suprimentos), você então necessitava garantir que seus métodos de controle de capital (burocracia, processos e regras) conseguissem acompanhar. Consequentemente, na década de 1990, todo mundo começou a automatizar suas trindades usando as novas tecnologias do computador pessoal, redes e software de negócios.

Reengenharia do processo empresarial

Esse impulso para automatizar a trindade analógica (mas não transformando em digital a trindade analógica, o que seria um disparate) varreu o mundo dos negócios como um incêndio, levando a uma nova tendência empresarial na época chamada de reengenharia de processos de negócio (BPR, na sigla em inglês). Empresas de todos os lugares pularam para dentro do trem da BPR, e esta tendência foi tão popular nos anos 1990 que fazia parte do currículo de qualquer escola de negócios que valesse a pena cursar. Fui fisgado pela BPR quando ela entrou em cena, completamente encantado pela noção de aplicar as novíssimas tecnologias de TI aos controles de negócios da trindade analógica. A BPR era a Cientologia da época.

O problema com a BPR é que se tratava de um equívoco completo. Qualquer um que passasse algum tempo trabalhando nisso, rapidamente chegava à conclusão de que não estávamos fazendo a "reengenharia" de nada. Os elementos da trindade analógica nos quais estávamos trabalhando, nunca tinham passado por um processo de engenharia, quanto mais reengenharia! Na maioria dos casos, as burocracias, processos e regras que estávamos analisando e automatizando nunca tinham sido implantados com propósito e intenção, que são as características de algo que foi projetado como uma obra de engenharia. Na verdade, eles resultaram de dois séculos de tentativa e erro, do acaso e de doses frequentes de política corporativa. Na maior parte da era capitalista, os mecanismos da trindade analógica cresceram enormemente porque em um mundo centrado no capital, quanto mais controles, melhor. Burocracia, processos e regras cresceram completamente fora de controle, como se fossem uma trepadeira organizacional.

Como provavelmente deve se recordar qualquer pessoa que trabalhou com isso na época, a automatização foi um pesadelo total. Nós tínhamos que tentar replicar os processos e regras mais idiotas que se pudesse imaginar, e colocá-los dentro de computadores e *softwares* que só funcionavam com fatos cabíveis de quantificação. Apesar de seu foco em livros, planilhas eletrônicas e medições, as empresas analógicas eram, a rigor, muito... **analógicas.** A resposta para cada pergunta era, geralmente, "depende". Documentar essas afirmações condicionais de modo que o computador pudesse segui-las era uma tarefa de Sisifo, pois cada vez que tentávamos implantar um novo processo ou sistema automatizado, algum analógico aparecia e dizia, "sim, mas...". Eu logo aprendi a apaixonadamente odiar esses "sim, **mas**".

Figura 20.1: Crescimento urbano. A única coisa pior do que o fracasso não planejado é o sucesso não planejado.

Colocar o lixo para fora

Embora tivesse levado quase duas décadas, praticamente todas as organizações analógicas automatizaram a sua trindade analógica. Aquelas que fracassaram nesta transição, efetivamente faliram, como revela uma rápida consulta à lista das 500 maiores empresas da revista *Fortune*. De acordo com um estudo feito pela empresa de *software*, SAP, 40% das empresas que estavam na lista das 500 maiores da *Fortune* em 2000, estavam fora da lista em 2010. Em 2015, esse número cresceu para 52%. Entre 2000 e 2015, era mais provável que as empresas da *Fortune 500* falissem do que não. Estou relativamente seguro de que um fator-chave nisso era a lentidão do metabolismo organizacional, impedindo-as de competir. De fato, ser uma empresa ineficiente mais rápida, em certa medida, significava que ela era mais ineficiente, mas, desafiando a fábula de Esopo, as empresas analógicas não automatizadas eram tão mais tartaruga do que lebre que logo se tornavam irrelevantes.

As empresas analógicas que foram rápidas em implantar a automação também foram mais rápidas em adotar duas tendências que surgiram em paralelo: internacionalização e terceirização. Ao automatizar sua trindade analógica, ficava mais fácil subdividi-la em pequenos pedaços e enviá-los para fora para serem processados de forma mais barata por outrem. Este era um conceito horrível para as empresas analógicas antes do computador. Terceirizar significava que necessariamente perderiam o controle sobre o seu capital, enquanto estivesse nas mãos de outra pessoa. Mas com os novos sistemas de informação, as empresas analógicas poderiam agora manter a visibilidade e o controle de seu capital, enquanto outros mexiam com ele, de forma mais barata.

Passei a maior parte da primeira década do século XXI ajudando as empresas a internacionalizar, terceirizar, reduzir de tamanho, adotar o tamanho certo, reorientar e assim por diante, à medida que elas buscavam maneiras mais baratas de manter as suas estruturas de controle da trindade analógica. Essa dança de processos empresariais era um enorme negócio para as empresas de consultoria e serviços, e continua a crescer ainda hoje. Empresas como Salesforce.com, Workday e ADP estão tornando a automação da trindade analógica mais barata e rápida, ainda que não necessariamente melhor. Lembre-se do aviso da NASA sobre escolher apenas dois dentre rápido, bom e barato.

Snickering (diminuindo) o seu caminho para o sucesso

Como você já deve ter percebido, eu gosto um pouco de contrariar. Ao contrário da maioria das pessoas, sinto-me à vontade para aceitar novas ideias, aprender com elas e adaptá-las enquanto avanço. Ao verificar a onda atual de terceirização, internacionalização, utilização da nuvem e assim por diante, não vejo muito progresso. Em vez disso, vejo organizações fazendo a mesma coisa de sempre, só que um pouco mais rápido e um pouco mais barato.

Mudar é difícil!!! As pessoas não gostam de mudança, pelo menos não em grandes pedaços. Assim, exatamente como as pessoas do *marketing* de produto, os engenheiros têm recorrido à mesma prática do chocolate Snickers em seus processos de negócios, em vez de mudá-los em seus fundamentos. Fazer como o chocolate Snickers[26] é tornar o produto ou serviço uma pequena porcentagem menor a cada ano para criar a ilusão de progresso. Bem, as empresas analógicas têm feito isso com os controles da trindade analógica.

Todos os anos, as empresas analógicas cortam 1% ou 2% do custo de operação de sua trindade analógica, e declaram o resultado como um "**sucesso**". Quando eu me dedicava aos contratos de internacionalização e terceirização na década de 2000, essa atividade tinha um pouco de *snickering*. Esta espécie de pequenas melhorias, ano após ano, era tão fundamental para o pensamento das empresas de terceirização que eram escritas nos contratos da época. Os fornecedores estavam sendo contratualmente obrigados a fazer como o chocolate Snickers, e se não o fizessem, seria um inferno para receber o pagamento. Os terceirizados eram livres para fazer o que fosse necessário para atingir esses objetivos, desde que não mexessem com a trindade analógica do cliente, e desde que pudessem garantir sua capacidade de agir como o Snickers.

---

26 NT: O autor chama essa ação de diminuir de tamanho a cada ano de *snickering*.

Armageddon analógico

O problema com *snickering* é que, no final, não resta nada para cortar. Uma vez tirando o último amendoim da barra de chocolate Snickers em nome da "melhoria" incremental, você tem uma barra do Milky Way e não uma barra do Snickers. Se os seus clientes realmente adoram amendoim, eles irão procurá-lo em outro lugar.

A era da automatização da trindade analógica está rapidamente chegando ao fim, precisamente por este motivo. Quando você corta a gordura, o músculo e o tendão da trindade analógica, tudo o que lhe resta são os ossos. Esqueletos são fortes, mas são praticamente inúteis sem músculos e órgãos para movê-los e dar-lhes vida. As empresas analógicas mantêm as estruturas e controles de sua trindade analógica, mas para quê? Tradição? Percepção? Conforto?

Quando, ao promover o *snickering* em seu negócio, você tira todos os ornamentos dos dois séculos de construção do império corporativo (burocracia), tudo o que lhe resta são as regras e os processos. Regras e processos não são custos **propriamente ditos** (as empresas analógicas não gastam dinheiro nesses elementos como fazem com as pessoas), de modo que não são eliminados pelo Snickering como as pessoas. Toda semana eu caminho pelos corredores de empresas analógicas em todo o mundo e inevitavelmente vejo fileiras de cubículos vazios, com seus antigos ocupantes há muito tempo eliminados pela dança das cadeiras dos processos analógicos. Todos os *hamsters* foram removidos de suas gaiolas, mas as gaiolas, rodas e outras medidas de confinamento permanecem. Do mesmo modo permanecem as regras e os processos, um legado de dois séculos tentando gerenciar e promover o crescimento do capital da forma mais eficaz possível.

Eliminar a engenharia dos processos

Não importa o quanto sejam eficazes os esforços de internacionalização e terceirização das organizações, no final não há mais espaço para melhorias. No final, não há mais pessoas para cortar. Uma vez que todos os frutos tenham sido colhidos, é hora de buscar uma nova árvore. Isto é exatamente o que Edwards Deming previu nos anos 1950, e o que toda pessoa com treinamento em

melhoria da qualidade dos processos na década de 1990 convenientemente esqueceu. Eliminar pessoal da trindade analógica veio facilmente para nós porque era fácil de medir em termos de custos diretos de capital.

Processos e regras são muito mais difíceis de quantificar como despesas de capital e, portanto, tendem a ficar por aí. Isso é duplamente ruim para os analógicos atuais, pois chega a ser quase impossível para eles a remoção desses controles. Os controles são tudo o que resta entre eles e seu inevitável futuro digital. Para sobreviverem, as empresas analógicas devem usar o capital em seu benefício contra os *jerks*. Como os analógicos podem fazer isso? Eles devem esmagar o que resta de seus esqueletos analógicos enquanto ainda há tempo para isso.

Os analógicos devem eliminar a engenharia dos mesmos processos em que fizeram a reengenharia no final do século XX. Eles devem examinar incisivamente cada processo e cada regra deixados daquela época, e eliminar todos os que não são imperativos para a sobrevivência. As empresas analógicas devem eliminar essas regras e processos com extremo preconceito. Elas precisam assumir que cada processo dificulta o futuro do negócio, ao invés de garanti-lo. As empresas analógicas precisam se ajustar à ideia de que após 20 anos praticando o *snickering*, o que resta da trindade analógica não é o aperfeiçoamento final do controle, é o miserável refúgio. É o esqueleto de Jacob Marley, com correntes e tudo, deixado para trás para nos assombrar – enquanto os *jerks* utilizam a trindade digital para assumir.

"Nós consideramos todos os riscos possíveis, exceto o risco de evitar todos os riscos."

Figura 20.2: Os analógicos raramente medem o risco de não assumir um risco. Os *jerks*, sim.

Aniquilação de processos

Como você se liberta dessas cadeias analógicas? Como você elimina essas relíquias analógicas de seu negócio para permanecer relevante em nosso mundo cada vez mais digital? Você precisa explodir seus processos e regras com as mesmas ferramentas utilizadas para criá-los: **medições**. Pense nas regras e processos que você usa para conduzir o seu negócio como se você estivesse construindo um muro. As regras são os tijolos e o processo é a argamassa. Sua organização analógica construiu muros de controle em torno do capital: tijolo a tijolo, espátula a espátula.

Sua organização desempenhou involuntariamente tanto o papel de Montresor quanto de Fortunato do conto *O Barril de Amontillado* de Poe, construindo alternadamente o muro que empareda e morrendo por ficar emparedado. Você precisa derrubar esse muro rápido, enquanto ainda pode. As medições que você usou para construir esses muros da forma mais rápida e eficiente possível podem ser as próprias ferramentas para se libertar.

O caminho para derrubar seus muros passa por selecionar, medir e recompensar medições que sejam tão radicais que seus processos existentes não consigam cumpri-las. Você precisa ter a expectativa, até mesmo exigir, que o processo tenha um desempenho tão extraordinário que suas regras e processos existentes não consigam atender, sendo este, exatamente, o objetivo.

Você precisa estabelecer metas tão radicais que exijam um pensamento radical e soluções radicais: em vez de reengenharia, eliminar a engenharia. Você precisa exigir um Almond Joy, uma barra de chocolate com nozes completamente diferentes, ao invés do Snickers mais barato, com cada vez menos amendoim. Você destrói os processos antigos e apaga as regras antigas somente definindo novas medições que exijam sua destruição. As pessoas se livrarão de suas antigas restrições somente quando essas restrições passarem a ser uma fonte de desconforto, ao invés de conforto. Você precisa fazer seus funcionários analógicos procurarem uma nova árvore, em vez de esperar que sua árvore de galhos nus dê mais frutos.

> *"Sem dados você é apenas outra pessoa com uma opinião."*
> **W. Edwards Deming**

Figura 20.3: Somente através de novas medições radicais é que novos resultados podem ser alcançados.

Como você faz isso? Escolha medições radicais. Se você passou anos tornando seus produtos, serviços ou processos 1% a 3% melhores, exija agora que eles sejam duas vezes melhores ou duas vezes mais rápidos. Se você tem tolerado pequenas melhorias **incrementais** na satisfação do cliente, procure duplicá-la ou triplicá-la, em um ano ou menos. Para destruir as muralhas de regras e processos que foram construídos ao longo do tempo você precisa assustar de verdade o seu pessoal analógico. Isso é exatamente o que as novas medições radicais podem fazer.

Não se finja de morto

Ao escolher metas que irão dinamitar e abrir uma saída de suas catacumbas analógicas, não deixe sua organização se fingir de morto. Os gambás são marsupiais pouco inteligentes. Quando ameaçados, eles caem e se fingem de morto, esperando que a ameaça perca o interesse e siga adiante. Muitas pessoas em uma organização analógica utilizarão essa tática para evitar as mudanças que você está tentando fazer.

Essa de **se fingir de morto** geralmente é algo com o que os analógicos se mostram muito familiarizados e por isso é tão eficaz. Os analógicos se fingem de morto quando criam equipes de especialistas, nomeiam comitês especiais, geram avaliações de impacto, criam ROIs ou agendam reuniões fora da empresa. Essas táticas são usadas para criar a aparência de trabalho e observância das normas. O que realmente representam são métodos para permanecer ocupado, e parecer estar atendendo a uma demanda por mudança – quando na verdade estão se fingindo de morto.

Há uma maneira fácil de evitar isso: fazer a medição correta. Os *jerks* são conhecidos pela velocidade. Lembre-se de que o capital gosta de se mover lentamente, enquanto a informação quer se mover à velocidade da luz ou mais rápido. Durante décadas, as organizações analógicas trabalharam na melhoria da qualidade, valor, percepção do cliente, reputação, eficiência e eficácia. Os analógicos que gostam de medições são apaixonados por relatórios. Dê-lhes uma nova medição e eles encontrarão uma maneira de satisfazer essa métrica, ou pelo menos de parecer fazê-lo.

Se há uma coisa que aprendi em um quarto de século tentando ser um bom analógico é o seguinte: você pode falsificar qualidade, valor, preço, que você se importa, que você é verde e assim por diante. Os analógicos são bons na criação de medições que mostram progresso, ou pelo menos a ilusão dele. Mas uma coisa que **não pode ser falsificada** é a **velocidade**. Não importa o quanto você tente fingir que é rápido, não importa o quanto você aperte o seu cronograma, não importa o quão bem você justifique por que se atrasará um pouco, você não pode falsificar a velocidade. **Por quê?** Porque nós humanos somos criaturas conscientes do contexto. Para o bem ou para o mal (e há argumentos em ambos os sentidos), os seres humanos são muito conscientes e sensíveis ao tempo. E como o tempo é um recurso que nunca volta para trás depois de decorrido, e você não consegue obter mais depois que ele se esgota, nós o valorizamos profundamente.

Os *jerks* se movem rápido demais

Como somos criaturas do tempo, mas bastante resistentes à mudança, o tempo torna-se a alavanca com a qual você pode remover os seus muros da trindade analógica. Você faz isso estabelecendo metas ridículas e esperando que as pessoas as cumpram. Em *Data Crush* eu falei sobre um princípio que chamei de **acelerar**, em que eu aconselhava os leitores a cortar cada ciclo de tempo em suas organizações pelo menos pela metade, pelo menos a cada 18 meses e preferencialmente a cada 12 meses. Desta forma, uma organização podia sacudir sua letargia analógica induzida pelo capital, e começar a se mover tão rápido quanto a informação permite.

O *feedback* que recebo deste conselho é bastante consistente: eu devo estar louco! Os analógicos constantemente me dizem que esse conselho é irracional, inatingível, incompreensível e assim por diante; portanto, para eles é assim. Por outro lado, eu sei quando estou falando com um *jerk* porque sua resposta é diferente. Quando menciono **acelerar** para um *jerk*, a resposta é mais tipicamente: "Sim, já fizemos isso na semana passada, qual o problema?". O problema é o seguinte: para um *jerk*, uma aceleração constante, incessante, implacável é normal. Eles estão constantemente tentando se aproximar da velocidade da luz (a velocidade da informação). Para os analógicos, que dedicaram suas carreiras à ideia de que o capital só é valioso quando está em repouso, e que o capital deve ser maximizado, a noção de uma constante aceleração **radical** é inaceitável. O problema deles é o seguinte: **os *jerks* não apenas aceleram, eles saltam à frente!**

Quando quis sacudir ainda mais a indústria automobilística do que já tinha feito, Elon Musk passou a usar uma das principais vantagens dos veículos elétricos: **torque**. Os motores de combustão interna costumam ter mais potência e mais torque quanto mais rápido giram. Todos nós conhecemos este efeito, pois já o sentimos um milhão de vezes quando um motorista "pisa fundo" no acelerador. Os carros elétricos não fazem isto. Os motores elétricos na realidade produzem seu torque máximo quando não estão girando; eles produzem o impulso máximo a zero rotações por minuto (RPM). Assim, os motores elétricos conseguem acelerar um carro a partir do repouso muito mais rapidamente do que um motor a gasolina.

Elon Musk aproveitou este ponto da física para mais uma vez suplantar a indústria automobilística analógica. A Tesla redefiniu alguns dos parâmetros de seus motores e baterias para que pudesse usar esse recurso de torque máximo dos motores elétricos para fazer seus carros acelerarem como nenhum outro. Quando configurado corretamente, o automóvel modelo S da Tesla consegue acelerar de 0 a 100 km/hora em **menos de três segundos**, o que supera os carros a gasolina mais exóticos e caros já fabricados. Ele rotulou esse modo de condução do veículo como "velocidade absurda", em deferência a sua aparente impossibilidade. Os motoristas analógicos ficaram para trás na estrada, dizendo a si mesmos que isso não poderia ser feito.

Figura 20.4: "Rápido Demais", ou mais rápido do que a velocidade da luz. Do filme *S.O.S. – Tem um Louco Solto no Espaço*.

Como um analógico em processo de recuperação, eu não escrevo apenas a esse respeito, eu vivo isso também. Ao escrever *Data Crush* eu disse à minha editora que prepararia o livro em seis semanas. Sua resposta foi um exasperado: "Isso não é possível, não pode ser feito." Comecei a escrever e passados 41 dias, pouco menos de seis semanas depois, eu havia terminado. Ela ficou espantada. Quando chegou a hora de escrever este livro, percebi que precisava seguir meu próprio conselho deste capítulo, o de **acelerar,** e estabeleci a meta de escrever *jerk* em metade deste tempo, ou 21 dias, do início ao fim. Mais uma vez, todo mundo me disse que eu estava louco, pirado, maluco, *loco* e não batendo bem da cabeça. Isso não poderia ser feito, eu estava estabelecendo uma expectativa muito alta para mim mesmo e poderia me decepcionar.

No momento em que digito essas palavras neste capítulo, estou no dia 18. Estou à frente do cronograma e, como da última vez, tenho quase certeza de que terminarei *jerk* um dia antes – só para poder dizer que consegui (Nota do autor: **efetivamente** terminei o livro em 20 dias). Agora planejo escrever mais livros e preparar o próximo em menos de 11 dias será **extremamente** difícil. Mas eu gosto de desafios. Passei 25 anos tentando ser o melhor analógico possível. Hoje, o meu desafio é ser um *jerk*.

> ### Resumo do capítulo:
>
> 1. O processo é outro pilar da trindade analógica. Por 200 anos as organizações trabalharam para otimizar seus processos a fim de gerar riqueza de capital.
>
> 2. Durante 60 anos as organizações seguiram a abordagem de melhoria constante e incremental a fim de tornar seus processos cada vez mais eficazes. Esta abordagem conseguiu, em grande parte, criar o mundo de hoje.
>
> 3. Para enfrentar um novo modelo econômico e social, e para competir com os *jerks*, os analógicos precisam alcançar um desempenho extraordinário a partir de seus processos. O desempenho do processo precisa duplicar, triplicar, até mesmo melhorar por fatores de 10 ou mais, a fim de permanecer competitivo.
>
> 4. Para adotar novos modos de desempenho disruptivo dos processos, implante novas medições e metas radicais que forcem o pensamento disruptivo. Se a sua organização lhe disser que tal desempenho é impossível, você está no caminho certo.

Capítulo 21
Fracasse rapidamente

> *"Eu não quero gente bajuladora ao meu redor. Quero que todos digam a verdade, mesmo que lhes custe o emprego."*
> **Samuel Goldwin**

> *"Quem nunca cometeu um erro nunca tentou algo novo."*
> **Albert Einstein**

> *"Por que perder tempo aprendendo quando a ignorância é instantânea?"*
> **Bill Waterson como Calvin em *Calvin & Haroldo***

Neste ponto eu espero que você concorde em certa medida que a mudança é inevitável, que é necessário agir e que a velocidade é imperativa. Caso contrário, então eu realmente preciso procurar novos editores, pois claramente não pode ser por culpa do que eu escrevi; meus pretorianos me disseram isso em nossa última reunião fora da empresa. Se você juntar mudança, ação e velocidade, você chega ao tema deste capítulo. Você precisa aprender como fracassar, e fazê-lo o mais rápido possível.

Fracasso rápido frequente[27] é um velho axioma da onda de qualidade e da BPR que decolou no início dos anos 1990. Essa frase era religião.

---

27 NT: *Frequent fast failure*, no original em inglês.

Na Lockheed Astrospace cantávamos essa frase repetidamente como se fossemos monges budistas, porque para nós fracasso rápido frequente era a escritura. Esse conceito também era interessante por ser um pouco contrário ao dogma da qualidade criado por Edwards Deming e depois pervertido pelos gestores analógicos à medida que adotavam seletivamente os ensinamentos de Deming. Deming sempre dizia que você tinha de "**quebrar alguns vidros**" e ser disruptivo, mas esses aspectos de sua abordagem ficaram perdidos na tradução analógica. Admiro profundamente W. Edwards Deming. Ele foi o arcebispo da igreja dos *jerks*.

Nerds na operação salvamento!

Fracasso rápido frequente era fundamental na indústria espacial, pois os custos e os riscos eram muito altos. Toda vez que você constrói e lança um satélite, alguma coisa – ou eventualmente muitas coisas – estão acontecendo pela primeira vez. Some esta constante novidade com o fato de que o simples ato de colocar um satélite em órbita custa dezenas de milhões de dólares, e você precisam ter tolerância zero para o fracasso. Quando um satélite é colocado em cima de um foguete (que não é nada mais do que uma lata gigantesca de refrigerante preenchida com explosivos de alta potência) e libertado dos fortes laços com a Terra, não há como voltar atrás. Tudo tem que sair perfeito, porque você não pode voltar atrás e consertar – embora isso também possa logo estar mudando.

Por não podermos nos dar ao luxo de que algo saísse errado após o lançamento, nós engenheiros testávamos, analisávamos, fazíamos modelos e testávamos novamente essas espaçonaves até a exaustão – nossa exaustão, naturalmente! Os modelos e análises que criamos e realizamos eram fantasticamente complexos. Até hoje acho que ainda não entendo metade da matemática que usávamos. Graças a Deus aqueles testes eram todos de gestão com **livro aberto**[28].

---

28 NT: Modelo de gestão dos anos 1980 (OBM), criado por Jack Stack, utilizando total **transparência, confiança e envolvimento** dos funcionários.

Figura 21.1: Falha de lançamento... um dia ruim para um cientista de foguetes.

Com apostas tão altas, só fazer o modelo não era o suficiente; você tinha que testar os seus modelos. Assim, nós constantemente fazíamos componentes e subsistemas reais baseados em nossos projetos e testá-los à destruição, literalmente. Atirar neles com o mais poderoso *laser* do mundo. Acontece que a engenharia espacial tinha suas vantagens também.

Conforme mencionado na abertura deste livro, *jerk* é a terceira derivada da equação do movimento. Vem depois da posição (sem derivada), da velocidade (primeira derivada) e da aceleração (segunda derivada). Bem, alguns PhDs, formuladores de modelos sobre o desempenho de espaçonaves faziam modelos para a sétima, oitava ou até mesmo a nona derivada, só para se divertir. Eu esqueci o nome de um desses PhDs com quem trabalhei, então vamos chamá-lo de Spiff.

O astronauta Spiff na operação salvamento

Spiff era um **extraordinário** matemático e formulador de modelos, e dirigia a equipe de engenharia mecânica do satélite *Earth Observation System* (*EOS*) mencionado anteriormente. Esse pássaro, renomeado *TERRA*, era uma das principais fontes de dados científicos que serviam de argumento aos que defendiam a contribuição humana para a mudança climática da Terra. Os cientistas ainda estão aprendendo sobre o nosso planeta a partir dos dados provenientes dos instrumentos do *TERRA* e estou orgulhoso de ter feito parte da equipe que o colocou lá em cima.

Spiff sabia praticamente tudo o que havia para saber, com a possível exceção de onde comprar sabonete. Durante uma revisão de projeto com o cliente do *EOS*, a NASA, estávamos discutindo os pontos positivos e negativos do novo projeto para o chassi (ou estrutura) da espaçonave, conhecido por nós como o ônibus. Tínhamos em grande parte convencido os caras da NASA de que o projeto inteiro era sólido e esta era a **revisão crítica do projeto** (CDR na sigla em inglês). Construímos um modelo matemático da estrutura e ficamos coletivamente satisfeitos com o teste deste modelo. Spiff foi uma exceção. Ele havia feito uma análise muito mais detalhada do projeto do que nós e acreditava ter encontrado alguns pontos fracos possivelmente perigosos.

Spiff disse aos engenheiros reunidos: "Este projeto parece bom no papel, mas descobri que existe uma ressonância harmônica da 9ª derivada que poderia permanecer subamortecida durante a fase de ascensão (lançamento em órbita). Devido a esta falha de projeto, na 9ª dimensão ele provavelmente falhará". Na 9ª dimensão? Sério? A ideia de Spiff de diversão era calcular coisas na 9ª dimensão, só para se divertir? E será que ele estava sóbrio na hora? Cientistas de foguete são festeiros como esse cara.

Figura 21.2: Fracassos espaciais costumam ser assuntos interessantes.

Independentemente disso, depois de Spiff efetuar sua análise e resultados, parece que realmente havia um ponto fraco no projeto. Mas já havíamos desembolsado milhões de dólares em horas de engenharia para chegar a esse projeto, e não estávamos preparados para admitir que tivéssemos cometido um erro tão grande (qualquer um casado com um engenheiro deve estar familiarizado com este seu traço de caráter).

Para nos convencer que estávamos certos, construímos um modelo em escala real de nosso projeto e o testamos em nossos laboratórios. Esse teste consistiu em prender o modelo a uma enorme mesa de aço, com dimensão suficiente para amarrar uma casa, e fazê-la vibrar por meio de grandes pistões hidráulicos. A mesa foi projetada para reproduzir a vida em cima de um foguete entrando em órbita. Esta não é uma viagem benigna e agradável como lançar-se para o hiperespaço no *Millenium Falcon* de Han Solo. É mais como estar dentro de uma coqueteleira gigante cheia de cubos de gelo e pregos... e a banda Motley Crüe, completa com sistema de som e fogos de artifício. Nós fixamos nosso modelo a esta mesa vibratória, sacudimos para valer, e esperamos para ver o que aconteceria.

Quando o teste terminou concluímos, um pouco envergonhados, que Spiff estava totalmente correto em sua matemática e em suas conclusões. Seu tempo gasto na 9ª dimensão fez com que todos nós parecêssemos macacos da idade da pedra. Eu não me lembro do momento, mas me recordo do olhar de vitória de Spiff depois que o teste terminou. Ele se sentou com um leve sorriso no canto da boca, parecendo como se tivesse acabado de explodir uma bolha de muco gelatinoso do planeta Anhooie-4 com o seu neutralizador de napalm atômico. Maldito astronauta Spiff!

Quando o fracasso não é uma opção

Gene Kranz, o mundialmente famoso controlador de missão da *Apollo 13* disse bem: **"O fracasso não é uma opção."** Quando ele disse isso, as vidas de três heróis norte-americanos estavam na palma de suas mãos e de sua equipe. E quando a missão terminou com esses três astronautas de volta a salvo para a Terra, os engenheiros provaram que o fracasso rápido frequente era a melhor opção.

Figura 21.3: Gene Kranz. Engenheiro, diretor de voo da NASA e herói norte-americano.

O fracasso a que Gene Kranz estava se referindo era o fracasso da execução final. A mensagem dele para sua equipe não era que eles não deveriam fracassar. Na verdade, sua mensagem era: "Fracassem pequeno. Fracassem logo. Fracassem rápido." Esses três astronautas estavam literalmente vivendo momento a momento com base nas decisões tomadas pelo controle terrestre. Se os engenheiros lhes dissessem para acionar este ou aquele interruptor, e estivessem errados, os três homens estariam mortos, tudo transmitido ao vivo pela televisão. Lembre-se de que isso ocorreu décadas antes de o filme *Jackass* ter virado um seriado.

Durante quatro dias naquele verão de 1970, milhares de engenheiros fracassaram, repetidamente. A probabilidade de salvar aqueles astronautas era de um milhão para um, talvez de um bilhão para um. Mas os engenheiros não se concentraram em uma solução certa. Não havia tempo para isso. Na verdade, eles miraram nos milhões de maneiras com que poderia dar errado, e foram cortando cada uma delas de sua lista de opções, o mais rapidamente possível. Tipo Thomas Edison. Eles testaram todos os cenários possíveis, tirando os milhares de cenários descartados, a fim de encontrar o **único** cenário que traria o seu pessoal de volta para casa. Então, e só então, eles executaram sua solução no ambiente mais implacável com o qual já se depararam – a **vida real**. O fracasso, de fato, não é uma opção.

Congelados de medo

Gene Kranz não estava dizendo ao seu pessoal para não fracassar, ele estava lhes dizendo para fracassar quando isso realmente não tivesse importância, para **não** fracassar quando isso **efetivamente** fosse importante! Isso é uma diferença enorme, mas trata-se de algo que parece ter sido completa, total e integralmente esquecido pelos analógicos fortemente otimizados. Conforme discutimos nos Capítulos 17 e 18, por 200 anos os analógicos foram treinados para evitar o risco a todo custo. Esse grande medo do risco, de cometer um erro, parece estar na base de cada decisão, cada opinião e cada pensamento dos analógicos. Isso colore a sua visão de mundo com o tom rosado de um investimento indo "para o vermelho" (prejuízo).

Ao longo de minha carreira, fui ensinado a analisar o risco do investimento até o enésimo grau, ou mais, para garantir que o capital não fosse desperdiçado. Decisões ruins ou incorretas deveriam ser evitadas a todo o custo, mesmo em detrimento de um progresso real. Participei de milhares de reuniões em que o principal tema da discussão era como evitar riscos em inovações, ao invés de como buscar suas possíveis recompensas. Nossos séculos de doutrinação na prevenção do risco foram incrivelmente bem-sucedidos. A maioria dos analógicos fica congelada de medo.

Assim, analisamos repetidamente os investimentos, ajustando nossos modelos para assegurar que não deixamos de considerar um possível modo de fracasso fiscal. Pesamos as probabilidades, avaliamos a gravidade da situação e elaboramos mais modelos para poder arcar com a responsabilidade de possivelmente estarmos errados. As próprias descrições de nossos processos de investimentos vêm carregadas com termos que implicam peso, inércia e massa. Essas decisões pesam enormemente em nossas mentes e muitos acham que é mais seguro não fazer nada do que arriscar alguma coisa.

A trindade analógica não só incentiva este tipo de pensamento, como praticamente o exige. Evitar o risco e a perda do capital é o objetivo primordial da trindade analógica, e construímos nossos monumentos à indecisão com precisão matemática. Utilizamos a melhor justificativa disponível para nos convencer a não fazer nada.

Quando chega o momento de fazer um investimento, eles alegremente investem dentro de uma pequena caixa segura, tipo dentro de uma fase DIE, em vez de buscar recompensas mais arriscadas que estão à espera na próxima caixa logo adiante. Temos ensinado a nós mesmos que se fingir de morto é o caminho para o sucesso com o capital. Fingir-se de morto, não tomando decisão nenhuma, parece ser mais seguro para nós do que assumir o risco de atravessar a estrada da inovação.

Mais humildade

Se esta discussão parece verdadeira para você, ainda que só um pouco, provavelmente é porque você teve muitas das mesmas experiências que eu, meu colega analógico. Repetidas vezes participei de reuniões, discutindo os prós e contras de fazer este ou aquele investimento. Repetidas vezes ouvi gerentes de negócios dizendo precisamente por que é melhor não fazer nada. Naturalmente, esses executivos não vêm a público e dizem: "Ei, eu estou com medo. Eu não acho que minha carreira resiste a assumir um risco e falhar." Mas essas pessoas não teriam alcançado o nível de sucesso que desfrutam agora se não fossem hábeis em utilizar um pouco de judô verbal.

Talvez você tenha passado por isso também. Durante uma reunião ou apresentação, um executivo pergunta: "O que faz você pensar que este investimento não vai falhar?". Ou talvez ele diga: "Com que retorno sobre o investimento você está se comprometendo?". O analista de dados dentro de mim dá risada com esses tipos de perguntas, pois elas são feitas de modo a direcionar a resposta. Na análise, chamamos isso de viés de seleção e/ou viés de variável omitida. A maneira pela qual a pergunta é feita influencia a resposta resultante. Tipo Heisenberg. Os executivos analógicos mais graduados são excepcionalmente talentosos nisso, assim como jornalistas e políticos, pois é uma forma de gerenciar as emoções mais básicas das pessoas (como o medo) sem agarrá-las e arrancá-las com força total.

É sutil, é manipulador e é eficaz, exatamente como pretendia Ebenezer Scrooge.

Figura 21.4: Viés de variável omitida. Uma pedra angular do jornalismo norte-americano.

Não existem perguntas estúpidas; o desejo de conhecer a verdade nunca deve ser minimamente considerado como indicando a falta de inteligência de alguém. Há, no entanto, questionadores estúpidos. Qualquer pessoa fazendo uma pergunta retórica é provavelmente um questionador estúpido. **Por quê?** Porque acreditam que já têm a resposta, e a pergunta é tendenciosa.

Fracassar rápido, com orgulho

Como meus colegas do setor de foguetes espaciais e eu descobrimos há muito tempo, **o fracasso rápido frequente** é uma metodologia extremamente eficaz para chegar a resultados que devem ser perfeitamente corretos. Somente através de repetidos fracassos incrementais é que podemos aprender o que ainda não sabemos, para que possamos gerar resultados melhores dos já alcançados. Caso não esteja fracassando, pelo menos ocasionalmente, como você pode acreditar que chegou a assumir algum risco, ou que aprendeu algo novo? O risco é parte inerente de qualquer exploração do novo. Se você já sabe o que vai encontrar, então para que explorar?

Por mais de 200 anos os analógicos ensinaram a si mesmos que correr riscos é ruim. A perda de capital ou mesmo apenas o seu uso menos do que perfeito, é um grande fator de recusa, e nós temos os relatórios para provar! Quando vemos os riscos e o potencial de perdas, é fácil nos convencer a não fazer nada ou o mais próximo de nada. Em um mundo de bons relatórios trimestrais ou a morte, *snickering* não se trata apenas de uma abordagem segura, fácil e confortável; trata-se da **única** abordagem aceitável.

O problema para os analógicos é o seguinte: aqui no início da era da informação, a sua barra de Snickers acabou de ficar sem amendoins. Não apenas você cortou todos os custos em excesso para fazer a mesma velha coisa, como você reuniu e manteve todos os mecanismos de controle que já foram úteis ao longo do caminho. Você continua a arrastar esses controles por aí, tipo Jacob Marley, na esperança de que eles o manterão seguro contra o risco e a perda. E, de fato, eles irão, por um tempo, até que alguns *jerks* os apontem para você, à medida que passam voando na velocidade da informação, como o astronauta Spiff lançando-se em mais uma aventura no planeta Zartok-3.

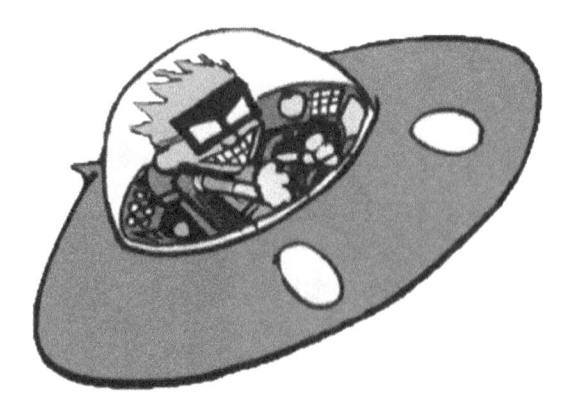

Figura 21.5: Astronauta Spiff ataca novamente!

Para acompanhar os *jerks* você precisa fazer a mesma coisa que analógicos inovadores como Deming e Kranz já sabiam: fracassar frequentemente e fracassar rápido. Esses primeiros *jerks*, mal localizados no espaço e no tempo, sabiam que assumir pequenos riscos, fracassar, aprender e arriscar novamente, era a chave para convergir até a resposta que no final é a correta. Relaxar, analisar seguidamente, preso no conhecimento do que você já sabe e tentar projetar isso nas coisas assustadoras que o futuro pode conter, é uma abordagem certa para levá-lo a ficar bem onde você está. Há segurança na familiaridade.

> "Continue faminto, continue tolo."
> **Steve Jobs**

Figura 21.6: Steve Jobs. Fracasso, disruptura, contestação. Em outras palavras, um verdadeiro *jerk*.

Mas caso opte por ficar exatamente onde está, assumindo pouco ou nenhum risco, e tentando sobreviver com base no que restou de uma barra de chocolate Snickers cada vez menor, enquanto faz o polimento das correntes que arrasta por aí, os *jerks* passarão correndo por você. E levarão junto seus clientes em sua corrida selvagem, arriscada e, em última análise, realizadora.

O fracasso não é o inimigo. É a indicação de que há mais para você conhecer e apreciar sobre o universo que nos rodeia. Dizer "Eu não sei" não deveria assustá-lo. Deveria incentivá-lo. Ou pelo menos deveria provocar ambos em igual medida. Se Maslow estava certo sobre alguma coisa, e eu acredito firmemente que estava, este processo de fracassar, aprender e tentar novamente se parece muito com algo que eu já ouvi sendo chamado de **viver**. Se você for um analógico convicto, eu sugiro que algum dia dê uma chance para a **vida**. Você não sabe o que está perdendo!

Resumo do capítulo:

1. A trindade analógica reforça a noção de que o capital nunca deve ser desperdiçado e que deve crescer com o mínimo de risco possível.

2. Ao longo do tempo, essa filosofia levou a uma mentalidade de evitar o risco, o que gerou ainda mais um medo extremo do fracasso. Na maioria das organizações analógicas, o fracasso é intolerável.

3. Evitar o risco e intolerância ao fracasso levou a uma série de comportamentos com os quais todos os analógicos estão familiarizados: Equipes de especialistas, comitês, análises ROI, modelos financeiros e assim por diante. Os analógicos investem pesadamente nesses comportamentos, ao invés de em investimentos reais.

4. Para competir com os *jerks*, os analógicos devem adotar a ideia de que para aprender algo que valha a pena, um pouco de fracasso deve ser aceito. Mas o fracasso deve ser pequeno, deve vir rápido e suas lições devem ser aplicadas imediatamente, a fim de gerar resultados muito melhores. É assim que os *jerks* fazem.

Capítulo 22:
Busque o desconforto

"Se você mudar o modo como olha as coisas, as coisas que você olha mudam."
Wayne Dyer

"Sempre vá ao funeral de outras pessoas, caso contrário elas não virão ao seu."
Yogi Berra

Esta, a última das seis recomendações para lidar com *jerks*, é de longe a mais difícil para os analógicos conseguirem, e por isso pode ser a sua arma mais potente. Você precisará disso, pois eu espero que a transição da trindade analógica para a digital que estivemos discutindo acontecerá em grande parte na próxima década. Ao sugerir que você busque o desconforto, estou dizendo que a sua defesa mais poderosa contra aqueles que procuram abalar você é simplesmente provocar primeiro a própria disruptura. Desta forma, você não se torna apenas **menos** previsível, você se torna **imprevisível**.

O que realmente pretendo ao dizer para buscar o desconforto é o seguinte: seja **imprevisível**. Faça coisas que superficialmente não têm qualquer sentido sob as regras da trindade analógica, e faça-as de forma bastante inconsistente. Isto será excepcionalmente difícil para você, pois cada célula em seu corpo e cada elemento em sua trindade, dirá que você está fazendo algo errado. Suas ações não devem apenas ser difíceis de justificar sob a trindade analógica, elas devem ser impossíveis de justificar, pelo menos por seus meios normais. As decisões que você toma não devem apenas parecer irracionais, elas devem **ser** irracionais.

Será incrivelmente desconfortável lutar contra suas regras, instintos e lições aprendidas. Por isso é que esta abordagem pode ser tão eficaz. De fato, quanto mais desconforto você sente nessas decisões, mais eficazes elas serão e desarmar e preocupar os *jerks* à sua porta. Esses *jerks* lá fora não só pensam que você é totalmente previsível, mas que eles podem **contar com sua previsibilidade**. Afinal, você é um analógico e todo o seu sistema de crenças, e todas as suas métricas, estão dizendo para você se mover lentamente, ser previsível e ficar dentro das regras. De modo semelhante a um motorista designado para ficar sóbrio na noite do baile, os *jerks* estão contando com que você siga as regras para que eles possam empurrar uma Lindsey Lohan ou Charlie Sheen sobre você e ainda chegar em casa com segurança.

Figura 22.1: Tom Cruise arrisca tudo no filme *Negócio Arriscado*.

A melhor maneira de arruinar a noite de baile de um *jerk* é não ser previsível; trata-se da última coisa que ele esperaria de um analógico e ele está completamente despreparado para o seu afastamento do seu "eu" normal. Mesmo que consigam se recuperar de sua manobra evasiva, isso abalará a confiança deles. Eles não terão ideia do que esperar de você ao lhe encontrarem na reunião da turma da escola na segunda-feira de manhã e ficarão preocupados com isso durante todo o fim de semana.

Sejamos todos codependentes juntos

Os *jerks* viajam quase à velocidade da luz. Os analógicos são só um pouco mais previsíveis. Eles são mais parecidos com buracos negros. Um buraco negro atrai a luz que passa, alterando seu caminho em função da massa e gravidade. A direção do feixe de luz muda, mas o faz de uma forma totalmente previsível e quantificável. Assim, embora o caminho do feixe seja alterado, tanto a sua trajetória quanto o destino podem ser determinados com precisão. Os *jerks* contam com o fato de os analógicos agirem como... analógicos. Esta é uma parte fundamental em sua estratégia para derrotá-los. Mesmo que um analógico consiga alterar o curso ou trajetória de um *jerk*, o *jerk* continua passando zunindo. Sua trindade os incentiva a serem flexíveis, dinâmicos e fluidos, ajustando-se às mudanças à medida que avançam.

Isso tudo é uma verdade universal, mas somente até certo ponto. Se um feixe de luz passar muito perto de um buraco de negro, ele fica preso. A gravidade do buraco negro pega o feixe de luz, segura e não o solta. Quando isso ocorre o feixe de luz está condenado. Ele é puxado para dentro do buraco negro até passar pelo horizonte de eventos, momento em que desaparece para sempre. Um feixe de luz que de alguma forma "erra o cálculo" de sua trajetória passando pelo buraco negro, pode acabar ficando preso por causa do erro. Quando isso ocorre, seu futuro está assegurado, e não parece muito brilhante.

Isso é praticamente o que acontece entre *jerks* e analógicos. Os *jerks* só podem ter sucesso se os seus planos garantirem que permaneçam fora do alcance da gravidade dos analógicos, ou de seus pontos fortes. Se um *jerk* errar o cálculo de sua trajetória, ou se de alguma forma o buraco negro não estiver exatamente onde deveria, o jogo pode acabar para o *jerk* e ele desaparecerá na escuridão.

O seu objetivo, se você for um analógico, é causar tal desvio ou erro de cálculo. Você quer fazer com que o feixe de luz passe um pouco perto demais do horizonte de eventos, para que seja extinto esmagado pela gravidade. Caso seja um lutador de sumô, você quer quebrar com a tradição e o protocolo, esticar o braço para o lado e pegar Bruce Lee com seu enorme antebraço carnudo pouco antes de se lançar para frente. Caso faça isso, você pegará Bruce Lee de surpresa e poderá retardar o suficiente para ficar no ringue.

Figura 22.2: Os buracos negros deslocam o espaço e o tempo ao seu redor.

Nada disso será fácil; pelo contrário. Existe uma codependência entre os portadores das tradições do passado e aqueles que desejam substituí-los. Enquanto ambos os lados jogam de acordo com suas próprias regras, o resultado caminha para uma conclusão inevitável. Mas se qualquer das partes da relação disfuncional não agir de acordo e fizer algo fora do esperado, o jogo inteiro entra em colapso, como um episódio do Jerry Springer. Quando isso ocorre, a parte com maior probabilidade de se beneficiar é aquela da qual menos se espera mudança. E no caso dos analógicos e dos Digitais, nós tipo que já estabelecemos quem poderia ser, não é mesmo?

Isso leva ao que eu chamo de **dilema do disruptor**, e é uma excelente estratégia quando você a utiliza direito. Basicamente, esse dilema diz que os disruptores só podem ser disruptivos quando são eles os que causam a disrupção. O que sofre a disrupção deve ser cúmplice para que a disrupção do disruptor funcione. Se e quando o que sofre a disrupção se mover primeiro, os papéis se invertem – geralmente de uma forma grande e fatal. Nada dessa abordagem será fácil. Se fosse fácil, não haveria dilema. Mas com um movimento de braço bem cronometrado, a luta pode acabar em um instante, e de forma a provocar a interrupção de outro Bruce Lee em potencial.

Figura 22.3: Dilema do disruptor. Às vezes o touro, ou o analógico, ganha.

Agir diferentemente do esperado para ganhar

Como você provavelmente já teve ter adivinhado, eu sou um grande fã da história. Exemplos do **dilema do disruptor** estão espalhados por toda a história humana, o que não deve ser nenhuma surpresa. O interessante é que muitas vezes você pode ver os dois lados de um conflito utilizando este dilema para obter vantagem, pelo menos por um tempo. Em muitos casos, as consequências da disruptura são quase inevitáveis. Mas pelo menos você pode manter as coisas interessantes até o seu final.

A chave para fazer o dilema funcionar a seu favor é utilizá-lo de forma moderada, decisiva e com empenho. Meias-medidas, fingimentos ou frequentes desvios do normal destroem toda a eficácia do jogo. Quando você muda a sua estratégia e faz o inesperado, isto tem que **ser inesperado.**

O filósofo guerreiro general chinês Sun Tzu era um mestre nessas táticas e por isso foi um dos mais lendários estrategistas de todos os tempos. Seus escritos estão repletos de exemplos do poder do dilema do disruptor, tanto em sua presença quanto em sua ausência.

- *"Se você conhece o inimigo e conhece a si mesmo, não precisa temer o resultado de cem batalhas."*
- *"Se você estiver longe do inimigo, faça-o acreditar que está perto."*
- *"Deixe seus planos escuros e impenetráveis como a noite, e quando você se mover, caia como um raio."*
- *"Envolva as pessoas com aquilo que elas esperam; é o que elas são capazes de discernir e o que confirma suas projeções. Isso as mantem em padrões previsíveis de resposta, ocupando suas mentes, enquanto você espera pelo momento extraordinário – aquele que elas não conseguem antecipar."*
- *"Ataque onde ele está despreparado, apareça onde você não é esperado."*
- *"A oportunidade de nos protegermos contra a derrota está em nossas próprias mãos, mas a oportunidade de derrotar o inimigo é proporcionada pelo próprio inimigo."*
- *"Assim, é de suprema importância na guerra atacar a estratégia do inimigo."*

E talvez, minha citação favorita de Sun Tzu:

- *"Cara, cadê o meu carro?"*

Pera aí! Isso é Ashton Kutcher...

A disruptura vem em muitas formas, e até mesmo os *jerks* podem sofrê-la.

Clinton contra um verdadeiro *jerk*

A história está cheia de *jerks* que causam disruptura e analógicos que causam disruptura. Na verdade, os primeiros analógicos causaram disruptura contra os da era da terra, e assim por diante. Alguns desta era sabiam que a virada fazia parte do jogo, e realizaram um trabalho razoável de bloquear os que estavam tentando atuar como *jerks* contra eles, pelo menos por um tempo.

Conforme mencionado antes, George Washington foi um *jerk* de primeira classe. Ele representava a próxima onda de analógicos que buscava promover a disruptura do pessoal da terra que na época estava no controle. Ele utilizou uma série de táticas e estratégias para provocar o que se acreditava ser impossível: derrotar o mais forte poder latifundiário do mundo e fazê-lo decisivamente em batalha. Apesar de ter vencido a guerra de Independência Norte-Americana, o próprio George Washington foi quase surpreendido por um astuto representante dos latifundiários chamado *sir* Henry Clinton. Há algo na mistura de um Clinton, o sul dos EUA e estratégias disruptivas que parece reverberar até os dias de hoje.

Nos primeiros anos da guerra de Independência dos EUA, também conhecida pelos britânicos como "**A suruba dos direitos**", George Washington e seus homens estavam indo muito bem com suas atuações disruptivas e rebeldes. Em março de 1776 eles surpreenderam a guarnição britânica em Boston, forçando-os a recuar em completa humilhação. Embora tendo sido uma vitória impressionante para os rebeldes coloniais, eles acabaram em grande parte cutucando com vara curta um velho urso um pouco mal-humorado, e posteriormente tiveram que enfrentar as consequências. Ao longo de 1777, os britânicos sofreram derrotas adicionais nas mãos desses pré-analógicos, piorando ainda mais o que ocorrera aos ingleses em Boston. Por mais de um ano parecia que George Washington e os meninos poderiam vencer e, em consequência, provocar a disruptura de toda a trindade da terra.

Embora alguns dos colonos do sul apoiassem a independência, o sentimento não era tão forte quanto no norte. Consequentemente, George Washington manteve a maior parte de suas forças nas colônias do norte, enquanto uma força simbólica mantinha a presença no sul. Foi aí que os britânicos agiram diferentemente do tradicional e, em consequência, quase esmagaram a revolução.

Figura 22.4: General *sir* Henry Clinton, comandante britânico do teatro sul da guerra na Revolução Norte-Americana.

É importante lembrar o fator tempo em tudo isso. As comunicações cruzando o Atlântico demoravam meses em trânsito, e qualquer reação significativa da coroa britânica levava muitos meses para organizar e executar. Enquanto os britânicos trabalhavam para reagir à crise na América, as forças já no local lutavam contra o exército esfarrapado de rebeldes em uma série de batalhas que eram previsíveis tanto na estratégia quanto nas táticas. Ambos os lados faziam mais ou menos o que o outro esperava.

Os britânicos, sobrecarregados por guerras em outros lugares e conscientes da relativa calma das colônias do sul, decidiram fazer o inesperado. Ao invés de colocar suas forças recém-chegadas no norte, onde estava sua principal oposição, o general Clinton desembarcou seus novos exércitos no sul, efetivamente cortando a rebelião em dois.

O movimento britânico foi um golpe de mestre no uso do dilema do disruptor. Até aquele momento, o foco principal da ocupação britânica nos EUA concentrava-se nas colônias da Nova Inglaterra. Ali estava a base da maior parte da oposição à coroa, e as tropas estacionadas lá representavam uma estratégia clássica da trindade da terra de manter o controle. As colônias do sul não eram tão contrárias ao domínio britânico, pois a Inglaterra era o destino principal da produção econômica de algodão, tabaco e grãos da região. O dinheiro faz bons amigos, pelo menos enquanto for conveniente.

Quando as forças de Clinton desembarcaram, os rebeldes na área foram pegos de surpresa, enquanto a maior parte do exército norte-americano estava muito distante ao norte, incapaz de reagir por vários meses. George Washington, pré-*jerk*, general **extraordinário** e pai da nação que resultou da guerra foi, no entanto, completamente surpreendido pelo movimento de Clinton. Embora Washington e seus colegas neo-analógicos tivessem no final prevalecido sobre o rei George III e seu império da terra, esse foi um desfecho mais apertado do que muitas vezes ensinado nas escolas norte-americanas.

O dilema do disruptor é que ao contar com que a oposição faça o previsível, você se coloca em extremo risco quando e se ela não o fizer. Há muitos exemplos adicionais que podem ser analisados, como o do Japão imperial nas décadas após a chegada à baía de Tóquio do almirante norte-americano Perry, à frente de uma frota de navios *Clipper* buscando o comércio com a terra do Sol Nascente. Em questão de meio século, o Japão passou de viver nas profundezas da trindade da terra para ser o garoto-propaganda da trindade analógica, com um pequeno evento disruptivo chamado Pearl Harbor ocorrendo no meio do caminho.

Os jihadistas do final do século XX enfrentam de forma semelhante os repetidos dilemas do disruptor à medida que seu sucesso ignóbil e covarde em 11/9/2001 levou à provavelmente inesperada invasão de seus santuários do Iraque e Afeganistão. Os mesmos territórios que eles libertaram da agressão soviética e que ocuparam depois da Primeira Guerra do Golfo, agora caíram firmemente nas mãos de seus principais opositores, com o então presidente norte-americano George Bush reagindo com muito mais força do que os jihadistas jamais acreditavam ser provável.

Assim como as batalhas entre Clinton e Washington foram um jogo de gato e rato de rupturas e contrarrupturas, dilema e resposta, a guerra atual entre os EUA e o Estado Islâmico assemelha-se à que ocorreu entre as forças da era da terra e as da nova era do capital. Esta guerra atual resultará na vitória dos exércitos da era do capital ou em sua capitulação diante das forças amorfas da nova era da informação? O tempo dirá. Eu sei para que lado estou torcendo, e espero que possamos usar o dilema do disruptor com permanentes bons resultados, exatamente como Sun Tzu nos ensinou há mais de 2.500 anos.

De volta aos negócios

O que tudo isso tem a ver com os negócios, você poderia perguntar. O que mosquetes e tanques M-1 têm a ver com ganhar dinheiro? Bem, estratégia é estratégia. E enquanto o mestre da estratégia militar Carl von Clausewitz chamou a guerra de a "continuação da política por outros meios", é justo dizer que os negócios são a continuação da guerra, com explosão de cupons e *drones*.

Eu utilizo especificamente este exemplo porque a Amazon é magistral no uso do dilema do disruptor para desestabilizar tanto os analógicos quanto os *jerks*. A Amazon confunde os dois grupos atuando no espaço entre eles. É atuar como um *jerk* tentar algo tão perturbador como entregar através de *drones* para obter uma vantagem sobre os varejistas existentes. No entanto, nenhum *jerk* teria os recursos para dizer à Administração Federal de Aviação (FAA) dos EUA como regulamentar os céus da maneira como a Amazon poderia fazer, e fez.

Muitos *jerks* tentaram implantar a entrega no mesmo dia de todos os tipos de mercadorias, porque os clientes exigem os novos normais da ubiquidade e imediatismo e estão dispostos a pagar por isso. Mas somente uma empresa tão grande quanto a Amazon possui os recursos para realmente lançar algo como a Amazon Prime e, assim, garantir que qualquer *jerk* que tente isso, provavelmente não consiga entregar com a mesma eficácia. O CEO da Amazon, Jeff Bezos, tem sido chamado de muitas coisas por todo tipo de gente que acha difícil seguir suas estratégias e táticas. Meu apelido para ele certamente seria "raposa", como em "louco como uma raposa"[29].

Figura 22.5: Entrega por *drones*. A Amazon fez o imprevisível a fim de permanecer à frente.

Preparar, apontar, fogo

Como entender as estratégias de uma Amazon, de um Google ou de uma Apple e fazê-las funcionar para você? Como os analógicos podem segurar os *jerks* na baía, ou pelo menos retardar suas contínuas investidas? Poderá uma organização centrada no capital, mergulhada no pensamento da trindade analógica, encontrar uma maneira de adiar o avanço implacável da era da informação e da trindade digital? Em longo prazo, eu apostaria

---

29 NT: Expressão em inglês (*fox*) para designar alguém que parece agir como um louco, mas que na verdade é muito esperto.

contra isso; a história como que se repete. No entanto no mundo de trimestre a trimestre da era do capital, os analógicos poderiam conseguir desferir alguns bons tiros antes de serem derrotados.

Para tanto, os analógicos precisam fazer o que mais odeiam: **ser imprevisível**. Eles precisam fazer uma finta quando o seu último relatório diz para se mover, eles precisam saltar quando suas equipes de especialistas sugerem que se finjam de morto. Os analógicos precisam fazer um "**dia de táxi grátis**" quando as regulamentações referentes às empresas de transporte forem à votação – só para fazer os caras do Uber dizerem, "**Que diabos???**". Veja bem, os analógicos não devem fazer muito deste tipo de coisa; quando exagerado, o disruptivo pode parecer louco. Mas quando feito ocasionalmente, de forma decisiva e aleatória, tais atos de insanidade intencional podem ser o curso de ação mais inteligente.

Puxar o gatilho do dilema do disruptor sobre seus concorrentes pode ser como disparar o primeiro míssil, do primeiro *drone Predator*, voando em sua primeira missão remota sobre os desertos do sudoeste da Ásia. Um pouco antes de o míssil atingir o alvo, algum *jerk* provavelmente foi ouvido dizendo "**Que diabos???**" e nada mais.

Resumo do capítulo:

1. A trindade analógica prospera com base na estrutura, previsibilidade e lentidão. A maior arma que um *jerk* possui na luta contra os analógicos é a expectativa de que os analógicos atuarão de forma previsível e com lentidão agonizante.

2. A maior defesa que um analógico possui contra o ataque de um *jerk* é aproveitar o **dilema do disruptor.** Um disruptor **precisa** que seu oponente aja como sempre, a fim de desestabilizá-lo. Para um *jerk* abalar um analógico, o analógico precisa ser cúmplice, e permitir que a disruptura ocorra.

3. Se um analógico se move primeiro, e de maneira inesperada, um *jerk* pode ser completamente anulado. Este é o dilema dodisruptor.

4. Os analógicos são normalmente muito melhor financiados do que qualquer possível disruptor. A utilização desta vantagem de capital, assim como o conhecimento do mercado afetado, pode derrotar qualquer ameaça *jerk*, mas o analógico tem que disparar primeiro, e de forma inesperada. Dê espaço demais para um *jerk* e aja de forma previsível e lenta em sua resposta, e você estará frito.

Capítulo 23
Conclusão

"Extinção é a regra. Sobrevivência é a exceção."
Carl Sagan

"Livre para vagar pelos céus, na nobre missão do homem de investigar a estranheza do universo!"
Astronauta Spiff de Bill Watterson de *Calvin & Haroldo*

Bem, você e eu chegamos ao final dos capítulos. E com alguma sorte, isso marca um começo também. Enquanto escrevo este livro, encontro-me, totalmente incrédulo, com 46 anos de idade. Estou simultaneamente no meio de minha carreira e no meio de minha vida. Posso estar no auge de meu jogo, no topo da montanha-russa, no apogeu de minha órbita, na corcunda em minha curva de distribuição normal. Não deixo de notar que ao mesmo tempo em que percorri um longo caminho, ainda tenho um longo caminho a percorrer, mas decidi tirar três semanas de férias para dar um tempo e viver um pouco. Tirei algum tempo para desfrutar a vista, para realmente viver, ainda que por um curto período.

Em outras palavras, bem-vindo à minha crise de meia-idade.

Acabei de pesquisar no Google a palavra "**crise**" e eis o que encontrei:

Uma crise (do grego κρίσις - *krisis*; plural: "crises"; forma adjetiva: "crítico") é qualquer evento que é, ou que se espera ser, uma situação instável e perigosa afetando um indivíduo, grupo, comunidade ou toda a sociedade.

Eu posso aceitar todos os aspectos desta definição, exceto um: a palavra "perigosa". Como afirma a bem conhecida maldição chinesa: "Que você viva em tempos interessantes...". Do mesmo modo que "interessantes", a palavra "crise" pode ter um duplo significado. Agora que cheguei à metade da vida, eu acho que as mudanças que você experimenta na meia-idade podem ser tanto a fonte de medo quanto de inspiração. Em ambos os casos, uma crise está em cima de você, mas a palavra "perigosa" não reflete a resposta que eu sinto cada manhã quando acordo, um dia mais velho do que a noite anterior.

Como eu disse anteriormente neste livro, a tecnologia não tem moralidade; ela apenas **é**. O mesmo se aplica à mudança. Para o bem ou para o mal depende de nós, e de como optamos enxergá-la, e usá-la. Se você vê a mudança como uma crise, cheia de perigos, então assim será. Se, em vez disso, você enxergar a mudança como uma oportunidade para aprender com os erros do passado, para crescer a partir deles e para tentar fracassar à frente e rápido, então talvez este "despertar" da meia-idade seja exatamente a "crise" que você precisa.

De qualquer modo, a coisa mais importante a ter em mente é que tudo é uma questão de seu estado de espírito. Caso se concentre no aspecto positivo, isto é o que você verá. Caso se concentre no aspecto negativo, você vai encontrá-lo. Com a presença de pensamentos negativos vêm neuroquímicos negativos e vice-versa. Os nossos cérebros são ambientes químicos movidos por estímulos; eles não conseguem dizer de onde vem cada substância química, apenas que ela está lá. O estímulo sem contexto pode ser emocionante ou terrível, dependendo de como o cérebro interpreta. Em nossas cabeças, assim como em nosso mundo, **o contexto é tudo**.

Do mesmo modo que na vida, assim é com os negócios, pois os negócios são apenas a manifestação econômica de como vivemos. Caso procure o risco, você irá encontrá-lo. Caso procure por oportunidade, certamente ela também estará lá.

O desconforto com a mudança estará lá, independentemente da fonte, quer seja o risco ou a oportunidade. O seu cérebro pode não saber a diferença, ele só sabe que o desconforto está lá. Em vez de assumir que o desconforto é ruim, você poderia obter algum resultado melhor dizendo a si mesmo para explorar um pouco mais esta fonte de desconforto, antes de fazer um julgamento. Trata-se de risco o que você está avaliando como automaticamente ruim a partir de seu último investimento, ou é uma oportunidade apenas mascarada pela confusão neuroquímica e organizacional? Os analógicos têm que lutar contra uma vida inteira de treinamento para alcançar este ponto de vista; os *jerks* simplesmente olham para isso como se estivessem buscando uma definição no Google.

Figura 23.1: Nossos cérebros registram "excitação!". Medo ou alegria é uma questão de interpretação.

Então você acha que é algum tipo de *jerk*?

A nossa sociedade sempre teve a sua quota de *jerks*. Seja na cauda superior ou na cauda inferior, os *jerks* são necessários para manter a saúde de uma população. Conforme discutimos anteriormente, os *jerks* mantêm o "normal" em uma distribuição normal. Quão fantástica precisa ser uma pessoa para ser considerada *jerk* em um momento na história em que isto está finalmente se tornando uma clara vantagem competitiva. Isso me parece ser outra lição fundamental a ser extraída da transição que estamos passando, à medida que desaparece a trindade analógica e surge a trindade digital.

De certa forma, eu invejo as pessoas que começam como *jerks*; que ótima maneira de viver! Ocorre-me que suas vidas podem ser mais simples, mais fáceis e mais gratificantes que as dos analógicos, e isso me faz ter um pouco de inveja. Sem dúvida, muitas pessoas da era da terra sentiam o mesmo sobre os primeiros analógicos, e muitos da era da ferramenta sobre os da terra em meio a eles. Mas do outro lado deste argumento está o conforto que tenho em saber que obtive minha perspectiva do modo *jerk* de pensar da maneira mais difícil, tipo **Smith-Barney**[30]. Eu a mereci. Algo dado nunca tem tanto valor quanto algo merecido; outra lição que aprendi com meus pais e pelo que sou grato.

Viver melhor através da Física?

Talvez de forma surpreendente, há paralelos a essa discussão de nossas emoções no mundo da física. Quando a Revolução Industrial começou, nós deixamos de lado muitas das superstições que criamos sob a trindade da ferramenta, e formalizamos sob a trindade da terra, e passamos a adotar uma nova maneira de pensar: a **ciência**. Ao fazê-lo, assumimos algumas visões muito diferentes do nosso universo, algumas das quais não eram bem acolhidas pelos poderes da época. Naquele tempo, Isaac Newton era um radical, um sujeito esquisito, um *jerk*. Ele ousou afirmar que nosso universo era cognoscível e previsível, o que ia completamente contra o pensamento da época.

Demorou um tempo para obter aceitação, mas no final prevaleceu a visão de Newton sobre o universo, o que acelerou enormemente a transição de nossa sociedade centrada na terra para a nossa centrada no capital. Aqui ficamos por mais de um século, colhendo os frutos das ideias de Newton, à medida que passamos a entender, e depois a colocar em uso, as leis de como o universo funciona.

---

30 NT: A lendária corretora Smith-Barney, fundada em 1938, passou por uma série de fusões, chegando a pertencer ao Citigroup. Em 2009 foi adquirida pelo Morgan Stanley.

Figura 23.2: Isaac Newton. Um verdadeiro *jerk*.

Então, veio outro *jerk*, que virou o carrinho inteiro de maçãs de Newton. Esse *jerk*, Albert Einstein, encontrou ainda outra maneira de perceber o nosso universo. Ele viu que existe uma compreensão mais profunda lá fora, algo mais do que Newton havia visto. Einstein não disse que Newton estava errado. O velho Issac foi um sujeito bastante brilhante para alguém da era da terra. Na verdade, Einstein descobriu que havia mais no universo do que Isaac havia visto. As ideias de Einstein não substituíram as de Newton, elas as aprimoraram.

Figura 23.3: Albert Einstein. Talvez o maior *jerk* de todos os tempos.

Tal como aconteceu com Newton, levou algum tempo antes de a sociedade estar pronta para entender e adotar o que Einstein estava nos dizendo, e muitos de nós temos dificuldade até hoje para entender as ideias sobre a relatividade. As implicações de suas ideias são esquisitas, estranhas e não muito intuitivas, especialmente para aqueles que cresceram com a noção de um mundo bem ordenado e quantificável, no estilo de Newton.

Como a transição da terra para o capital e, em seguida, do capital para a informação, nossa evolução da superstição para a física newtoniana e para a relatividade trouxe tanto o bom quanto o ruim ao nosso modo de vida e nossa compreensão dele. A vida certamente parecia mais simples naquela época em que você lutava apenas para trabalhar duro e chegar ao fim do dia. Mas é provável que também fosse um pouco mais espiritualmente oca. Não havia tempo para pensamentos profundos quando você estava concentrado em seu estômago vazio e onde encontrar abrigo para a sua família passar a noite.

No mundo do capital, da Revolução Industrial e da física newtoniana, conseguimos nos libertar de muitas preocupações menores do dia e pudemos começar a aprofundar nossa humanidade, ao invés de perdê-la, como muitos parecem sugerir. Assim também, à medida que passamos para um mundo centrado na informação, da revolução digital e da relatividade, nos posicionamos para possivelmente ganhar ainda mais de nossa verdadeira humanidade – em toda a sua esplêndida, horripilante e entorpecedora glória que vemos no Facebook todos os dias.

Cauda superior, inferior e o que está no meio

Venho argumentando neste livro que estamos em transição de um mundo centrado no capital para um centrado na informação. Espero ter defendido bem esta ideia. Mas, da mesma forma que nos apegamos a muitas instituições, tradições e crenças das trindades anteriores, também manteremos muitas da trindade analógica à medida que avançamos mais. Depois de um século avaliando a relação entre as físicas de Newton e de Einstein, o melhor que podemos determinar é que ambas representam "a verdade". Descobrimos que sua "exatidão" depende do contexto (aí está ele de novo), e exatidão é apenas uma diferença na medição.

Em um contexto, o da escala humana, a física de Newton é em grande parte correta, e suas regras e leis prevalecem. Em outros contextos, Einstein está amplamente correto e a relatividade vem à tona. Ambos são para o contexto que atendem melhor. Enquanto a visão de mundo de Newton funciona melhor em nosso mundo médio, é nas caudas, superior e inferior, que a relatividade assume e se torna o melhor prognosticador "da verdade".

Quando buscamos entender o universo na escala das pessoas e do nosso mundo, Newton funciona muito bem. Na média, Newton estava certo: as leis do universo são fixas e cognoscíveis. Mas Einstein também estava certo – embora suas ideias funcionem melhor para áreas fora das médias, onde as condições tendem a ser mais extremas. Einstein estava certo ao perceber que, para o universo ser "normal", ele também tinha que ser um pouco estranho.

Na grande escala do universo, a cauda longa se você preferir, a relatividade é o melhor guia para nos dizer quando ele se formou, como vive e como acabará morrendo. Este é o reino da velocidade da luz, espaço-tempo, ondas gravitacionais e buracos negros. Estes são os aspectos desta ainda nova ciência da relatividade que estamos nos esforçando para entender.

$$\mathcal{L}_{GWS} = \sum_f (\bar{\Psi}_f(i\gamma^\mu \partial_\mu - m_f)\Psi_f - eQ_f \bar{\Psi}_f \gamma^\mu \Psi_f A_\mu) +$$

$$+ \frac{g}{\sqrt{2}} \sum_i (\bar{a}_L^i \gamma^\mu b_L^i W_\mu^+ + \bar{b}_L^i \gamma^\mu a_L^i W_\mu^-) + \frac{g}{2c_w} \sum_f \bar{\Psi}_f \gamma^\mu (I_f^3 - 2s_w^2 Q_f - I_f^3 \gamma_5)\Psi_f Z_\mu +$$

$$- \frac{1}{4}|\partial_\mu A_\nu - \partial_\nu A_\mu - ie(W_\mu^- W_\nu^+ - W_\mu^+ W_\nu^-)|^2 - \frac{1}{2}|\partial_\mu W_\nu^+ - \partial_\nu W_\mu^+ +$$

$$- ie(W_\mu^+ A_\nu - W_\nu^+ A_\mu) + ig'c_w(W_\mu^+ Z_\nu - W_\nu^+ Z_\mu)|^2 +$$

$$- \frac{1}{4}|\partial_\mu Z_\nu - \partial_\nu Z_\mu + ig'c_w(W_\mu^- W_\nu^+ - W_\mu^+ W_\nu^-)|^2 +$$

$$- \frac{1}{2}M_\eta^2 \eta^2 - \frac{gM_\eta^2}{8M_W}\eta^3 - \frac{g'^2 M_\eta^2}{32M_W}\eta^4 + |M_W W_\mu^+ + \frac{g}{2}\eta W_\mu^+|^2 +$$

$$+ \frac{1}{2}|\partial_\mu \eta + iM_Z Z_\mu + \frac{ig}{2c_w}\eta Z_\mu|^2 - \sum_f \frac{g}{2}\frac{m_f}{M_W}\bar{\Psi}_f \Psi_f \eta$$

Figura 23.3: As equações da grande teoria unificada (GUT) tentam unir a gravidade de Newton com a relatividade de Einstein. Isto não é para os fracos de coração.

Na escala do extremamente pequeno, a física newtoniana novamente dá lugar para a mecânica quântica, que faz um trabalho muito melhor para descrever a verdade do Universo na escala dos átomos, *quarks* e tudo aquilo que possa estar lá dentro da menor partícula que atualmente conhecemos. Esta é, sem dúvida, a cauda inferior do universo. Nesta cauda inferior, a relatividade novamente explica "a verdade", ditando as posições ligar e desligar dos elétrons à medida que eles aparecem e desaparecem das quatro dimensões que temos conhecimento, talvez em sua jornada pelas dimensões cinco a nove – sem dúvida, acompanhados por meu velho amigo astronauta Spiff.

De todo esse esforço coletivo investido pela nossa sociedade na compreensão e aplicação das ideias de Einstein, desde que ele teve sua revelação, nós temos confirmado com impressionante clareza que Einstein era um *jerk* da mais alta ordem. Sem querer tirar de Newton sua própria identidade como *jerk* da época.

Apesar disso, ainda não estamos completamente seguros de como chegamos até aqui ou, ainda mais importante, por que chegamos aqui. Daí a nossa fome maslowiana de encontrar essas respostas. Com sorte e perseverança, elas virão até nós no devido tempo.

O que isso tem a ver com negócios?

Eu percebo que tudo isso é uma discussão bastante etérea, especialmente quando você pode ter pensado que este era algum tipo de livro de negócios. Tudo bem, vamos passar um momento mais centrado e encontrar alguma aplicabilidade nisso tudo. Quando ouço "cientistas de dados" falando hoje em termos de absolutos, métricas e da certeza de mensurabilidade de negócios e clientes, sinto-me assaltado por esses mesmos pensamentos etéreos. Os analógicos cresceram em um fluxo constante de pensamento muito newtoniano, e adoramos quando todas as coisas ficam lineares. Isso significa que são mensuráveis, previsíveis e cognoscíveis, e isso leva a um melhor resultado final em termos de capital.

Certamente a análise de dados que aprendemos e aplicamos durante a era analógica nos mostraram fatos e números e nos permitiram tomar decisões melhores; isto foi fundamental para uma adequada gestão do capital. Esta abordagem também é relevante para o início de nossa transição para a era da informação, pois ainda não sabemos o que não sabemos.

O que alguns de nós no mundo das ciências de dados percebemos é que tipos de resultados realmente diferentes surgem ao se fazer perguntas diferentes. Isto, por sua vez, leva a respostas diferentes, e essas novas ideias geralmente vivem na cauda superior ou inferior das coisas. O pensamento médio leva a resultados médios.

Dado o nosso longo e fácil acesso ao mundo da média, eu apostaria sempre nas caudas.

Advogados, gestores e cientistas, meu Deus!

Depois de duas décadas atuando como engenheiro e homem de negócios, decidi me formar em direito. Esta foi uma decisão eminentemente excêntrica, com certeza. Os engenheiros são treinados para pensar digitalmente, e não necessariamente de uma boa maneira. Os engenheiros consideram as coisas como certas ou erradas, verdadeiras ou falsas, corretas ou incorretas, preto ou branco. Esta é uma parte fundamental da busca de um engenheiro pela verdade no universo, exatamente como Newton pretendia.

Figura 23.5: "Isso depende de qual seja a sua definição da palavra 'é'". O ex-presidente Clinton tinha a visão de mundo de um advogado.

Não é assim que os advogados são ensinados a pensar. Os advogados não veem o mundo como branco ou preto, mas como uma mancha acinzentada. A lei refere-se a argumentos, baseados nas evidências em mãos, e tentando imaginar a melhor interpretação do que aconteceu, no contexto. Para advogados, "... isso depende" não é apenas uma mentalidade, **é** a própria jornada.

Essa visão condicional e relativa da "verdade" é muito decepcionante para cientistas e engenheiros. Nos causa desconforto. Isso pode explicar por que levou tanto tempo para a relatividade ser descoberta por um *jerk* como Einstein. A relatividade é um pouco esponjosa demais para aqueles que foram criados na física newtoniana e a maioria dos advogados está muito envolvida na formulação de seu próximo argumento para permitir que a lógica do "sim" ou "não" fique em seu caminho.

Esse garoto não pode estar certo

Por mais que eu carregue uma dicotomia em função da mistura não natural dessas duas visões de mundo, eu meio que gosto disso também. Os engenheiros podem saber que você precisa ir para o norte e conseguem traçar a maneira mais eficiente de chegar lá. Os advogados podem pegar uma rota completamente diferente para seu destino, mas encontram a jornada mais interessante em seu caminho. Seguir para o norte verdadeiro ao mesmo tempo em que admiro a vista, me parece uma excelente posição estratégica para a viagem em que atualmente me encontro.

Para mim, o resultado mais valioso dos primeiros 46 anos de minha vida é que eu escolhi olhar para frente sem abandonar o meu passado. Eu procuro desfrutar as coisas que encontro ao longo do caminho, e discuto um pouco com elas também. Se conseguir fazer isso por mais 46 anos, eu serei a pessoa mais sortuda que conheço.

Como um advogado preparando os argumentos sobre um caso, eu escolho considerar ambos os aspectos da mudança, o bom e o mau, o positivo e o negativo. Em seguida, como um engenheiro, eu espero estabelecer o caminho que melhor se encaixe em quem eu quero ser, onde quero estar e como quero ser naquele momento no espaço-tempo – e fracassar não é uma opção. Gene Kranz era um gênio. Aspiro fazer o melhor que posso com os dados que tenho em mãos, permanecendo aberto a novas ideias à medida que elas passam zunindo com uma rapidez em torno da velocidade da informação.

Eu acho esta jornada fascinante, e espero o mesmo para você.

Meu tiro persa[31]

Se algum desses capítulos alcançou e encontrou eco em você, então sou grato pelo tempo que dedicou em lê-lo. Se algum dos pensamentos que eu compartilhei aqui serviu para você formular sua própria nova maneira de pensar ou questionar algumas das crenças que tem de seu mundo, então me sinto satisfeito. Isto significaria que eu não só alcancei o meu objetivo pessoal de obter um pouco de autorrealização na vida, como pode até significar que alcancei algum nível de transcendência. O engenheiro em mim ainda está tentando entender o que isso significa, mas ele tem certeza que a resposta está por aí, em algum lugar na décima, décima primeira ou décima segunda dimensões. Espero me deparar com Carl Sagan, outro de meus heróis, quando ele passar em sua espaçonave da imaginação.

Figura 23.6: Carl Sagan. Um herói para *jerks* do mundo todo.

---

31 NT: Os persas eram excelentes na utilização de cavalos em batalhas e inventaram a tática do "**tiro persa**", no qual o cavaleiro atirava para trás cavalgando de costas sobre o cavalo.

Seja você da era da ferramenta, da terra, um analógico ou um *jerk*, desejo-lhe tudo de bom ao tentar também entender tudo isso por si mesmo.

Figura 23.7: Ponte de comando da nave estelar *Enterprise*, do seriado de televisão *Jornada nas Estrelas*.

No início desta próxima fase de minha jornada, sinto-me um pouco como o capitão James Tiberius Kirk. Eu me vejo pegando a cadeira grande no meio da ponte de comando da minha vida e dizendo para a tripulação, "Baixar escudos, regular *phasers* em atordoar, acionar dobra espacial, *jerk* total à frente! Audaciosamente indo onde eu jamais estive antes...".

Resumo do capítulo:

1. A única constante no mundo é a **mudança**. Você pode tentar lutar contra isso, o que parece fútil. Ou pode tentar abraçá-la e direcioná-la para as coisas que você mais deseja.

2. Sua visão de mundo é um produto de sua história. O seu futuro é um produto de sua vontade de abraçar novas visões de mundo, que inevitavelmente surgem com a mudança.

SEÇÃO IV
O mundo *jerk*, 2025

Em meu primeiro livro, *Data Crush*, concluí com uma série de previsões sobre como a vida poderia ser em 2020, que na época sete anos no futuro. Apesar do *feedback* extremamente negativo de meus editores, as cinco vinhetas acabaram sendo uma das partes mais populares do *Data Crush*. Decidi que era importante ouvir este *feedback* e oferecer um final semelhante aqui em *jerk*.

Ao imaginar as histórias do mundo de 2020 em *Data Crush* tentei fazer uma projeção de como avançariam os aplicativos e o *smartphone* nos sete anos seguintes e que tipos de recursos apresentariam aos seus usuários. Passo muito tempo pensando e estudando o assunto, de modo que gosto de acreditar que consigo fazer previsões muito boas sobre para onde vai a tecnologia. Meu sustento depende disso.

No entanto, fiquei surpreso ao ver como o mundo está mudando rápido. Em 2016, pelo menos metade dos recursos que eu havia previsto nas vinhetas do *Data Crush* já tinha aparecido no mercado, e suspeito que o restante aparecerá um ano ou dois antes da minha estimativa de 2020.

Com isso em mente, estou ampliando a minha previsão para 2025. Sigo o meu próprio conselho sobre me colocar em posição desconfortável e ver além de meus próprios preconceitos e restrições, analisando o mundo a partir daqueles que têm mais a ganhar, ao invés daqueles que têm mais a perder.

Algumas dessas previsões podem estar longe. Outras podem vir anos antes de 2025. O objetivo deste exercício é o seguinte: projetar para o futuro nossos recursos atuais e tentar ver como necessidades ainda desconhecidas podem ser atendidas por meio de recursos ainda desconhecidos. Espero que você ache isso útil para iniciar sua própria reflexão sobre o que poderia ocorrer em nosso futuro não tão distante. Em vez de cinco histórias diferentes, desta vez escrevo sobre uma única pessoa, Rebecca, e como diferentes aspectos de sua vida são aprimorados e, por vezes, conduzidos, pelas mudanças técnicas e sociais ao nosso redor.

Capítulo 24
Sábado, 15 de fevereiro de 2015

Vida

Rebecca se mexeu um pouco enquanto o *homebase*[32] zumbia aos seus pés despertando-a depois de uma boa noite de sono. Passados alguns breves momentos, seu *homebase*, ou "*homie*"[33], tocou de novo, desta vez com mais insistência. *Homie* sabia muito bem que Beckie[34] gostava de dormir mais, mas ela precisava se aprontar para um encontro importante esta manhã.

Seu assistente digital continuou o ataque sensorial sobre o sono dela tocando uma música. De forma lenta, suave e distante no início. O ritmo fácil de seu *rap* favorito de *reggae* caribenho começou a tocar em seu ouvido. *Homie* deu mais dois minutos a Beckie e depois começou a vibrar com mais insistência, acompanhando a nova batida da canção francesa-sahrawi-soul-jazz, *Eau de Coeur*, uma de suas mais recentes favoritas. Becki acordou, sentou-se e levantou, preparando-se para o seu dia.

Ela ligou o pré-aquecedor do chuveiro, e foi até a pia para se olhar no espelho. Pegou a caixa branca, lisa e brilhante contendo as suas novas lentes de contato *eyePhone*, removendo-as do estojo de recarga e limpando-as do fluido com uma rápida sacudidela. Em segundos, colocou as lentes em cada olho e piscou algumas vezes, para assegurar que estivessem devidamente situados e para efetuar o processo de inicialização.

---

32 NT: Espécie de aparelho central, tipo assistente digital.

33 NT: Diminutivo de *homebase*.

34 NT: Diminutivo de Rebecca.

Ela estava contente com o fato de seus pais terem comprado *eyePhones* como presente de aniversário. O entusiasmo em relação a esse novo produto, o primeiro lançado pela Gapple, foi enorme e o processo de entrevista tinha sido intenso. Embora tivesse passado pelo processo de solicitação e avaliação com grande facilidade, Becki ainda precisou esperar seis meses para que sua companhia de seguros finalizasse o contrato de cobertura e a produção da Gapple finalmente produzisse o conjunto de lentes projetado para ela.

O produto *eyePhone* foi o ponto culminante de uma batalha de 20 anos entre a Apple e o Google para criar a maior interface de informação da história. Quando as duas empresas finalmente se fundiram em 2023, o mundo se perguntou se a fusão marcaria o fim de sua inovação, ou um novo começo. Como mostraram os números de vendas e o período de espera, a Gapple parecia ter encontrado o melhor equilíbrio da concorrência dentro de sua organização; o *eyePhone* foi um divisor de águas em todos os aspectos.

Enquanto as lentes terminavam a sequência de inicialização, Becki notou uma cintilação em seu campo de visão, e então a *interface* do usuário do *eyePhone* começou a aparecer. As lentes rapidamente confirmaram sua identidade com base em uma varredura da retina e, em seguida, pediram que ela fizesse o *login*, usando o movimento característico de piscar e mexer o olho que foi programado quando as utilizou pela primeira vez. Imediatamente após o *login*, as lentes sincronizaram com os fones de ouvido e seu *homie*, e então puxaram o resumo de sua situação biológica, incluindo o açúcar no sangue, peso, salinidade do olho, humor, eletrólitos e seu padrão de sono da noite anterior.

Após a sincronização, *homie* notou que Beckie ainda estava um pouco agitada. *Homie* rapidamente verificou as mensagens de entrada de Beckie e filtrou aquelas que provavelmente a perturbariam mais; ela não precisava ouvir sobre o segundo encontro virtual de Carol com aquele cara assustador, Gustav. Claramente ele obteve suas duas estrelas e meia em links.com, apesar de parecer "horroroso" em sua roupa colante de realidade virtual (RV) ou independentemente do quão divertido havia sido seu primeiro encontro RV com Carol. Mas Becki nunca foi uma grande fã do namoro mundial RV lançado pela empresa equatoriana FlashBang, SdH.

Homie decidiu que Becki poderia lidar com isso depois de elevar o açúcar no sangue com o café da manhã. *Homie* puxou os vídeos mais engraçadas dos *feeds* sociais noturnos e apresentou a Beckie um resumo dos "maiores sucessos" das seis horas anteriores. Ela riu muito durante o banho e o *homie* notou a melhoria bioquímica em seu humor, detectada em suas lágrimas pelas lentes *eyePhone*.

Após tomar banho e se secar Becki subiu em sua balança 3H (*holistic health helper*[35]) e esperou 15 segundos para fazer suas medições. O 3H relatou o resultado para o *homie* e Becki viu através das lentes *eyePhone* que ela ainda estava em excelente boa forma, apesar de não ter se exercitado no dia anterior. *Homie* observou que sua companhia de saúde, CNN Healthcare, cobrou US$1,53 por ela não ter feito sua caminhada habitual de sete quilômetros no dia anterior. "Terei que compensar a quilometragem hoje", Becki observou para si mesma de passagem.

Homie viu as ofertas de seguro de saúde que chegaram 30 segundos depois, vindas de quatro concorrentes da CNN. Norte-americanos saudáveis, empregados, com 23 anos de idade eram extremamente raros e valiosos para os provedores de planos de saúde, e clientes como Becki estavam em alta demanda, mesmo com ela se envolvendo em alguns comportamentos de risco, como namoros presenciais com pretendentes. *Homie* notou que a oferta da Volvo Health parecia bastante atraente e começou a negociar um bônus melhor de assinatura em nome de Becki. *Homie* notou que a médica panamenha de Becki, Maria Santiago, também dava um desconto pela Volvo e incluiu isso em sua contraoferta de cobertura.

Becki rapidamente escovou os dentes, com sua escova contando os movimentos e enviando a informação para a CNN. Ela sempre escovava durante pelo menos 70 segundos para pegar o bônus por escovar mais de um minuto de cada vez. *Homie* notou que sua escova de dente estava quase no final da vida útil e começou uma negociação para ter uma escova substituta na entrega do *drone* de segunda-feira.

Becki começou a se maquiar, de acordo com sua rotina habitual. Os sensores de proximidade Bluetooth do *homie* detectaram cada item

---

35 NT: auxiliar de saúde holística, em tradução livre.

utilizado, relatando a Bobbie Brown que hoje ela usou todos os produtos Bobbie. Seu dispositivo *eyePhones* tirou uma foto dela no espelho. O aplicativo da Bobbie Brown avaliou rapidamente a foto, sugeriu que Becki utilizasse um pouco mais de ruge na bochecha esquerda, para equilibrar melhor o visual, e então lhe deu uma aprovação "polegar para cima" por seu trabalho de maquiagem. Bobbi Brown postou um "obrigado Becki" no Facebook dela e creditou-lhe 10 pontos Bobbi por seu apoio naquele dia.

Becki passou para o *closet* e escaneou suas roupas, com os *eyePhones* exibindo os lances dados por cada marca em sua oferta pela chance de vesti-la hoje. Ela não quis autorizar que a Levis ou a Nordstrom fizessem anúncios por onde ela passasse, de modo que escolheu um de seus *jeans* sem marca *off-line* e uma camisa com um contrato de publicidade vencido que ela comprou no ExBay. Becki estava abrindo mão de cinco pontos de fidelidade de coirmãs da Bobbi por não usar roupas de marca, mas hoje ela não queria chamar a atenção.

Vestida, Becki entrou na cozinha, acompanhando a leitura que *Homie* fazia de seus principais *e-mails*. Abriu a geladeira e seus *eyePhones* destacaram os alimentos que estavam próximos do vencimento. *Homie* rapidamente escaneou esses itens e, então, apresentou três opções de como combiná-los em algo que ela gostasse de comer, e que lhe dariam o maior número de pontos de consumo e vida saudável. Ela selecionou três tipos diferentes de frutas produzidas localmente, o iogurte estilo grego antigo, sem hormônios de crescimento bovino, certificado como orgânico, fonte única, com herança genética, e a fruta *bacupari* colombiana que ela tanto amava.

Colocando tudo isso em um liquidificador, acrescentou um pouco de água e proteína de soja, e bateu sua vitamina do café da manhã. O liquidificador enviou a informação do peso e da condutividade da mistura para *Homie*, que anotou esta combinação e enviou as calorias e antioxidantes resultantes consumidos para a CNN e sua mercearia local. Becki sentou-se à sua pequena mesa de cozinha, tomando o café da manhã e examinando suas mensagens, apresentadas a ela através dos *eyePhones*.

Becki perdeu a noção de tempo e espaço enquanto consultava suas mensagens e *feeds* sociais. Logo, *homie* gentilmente lembrou-a do compromisso com sua mãe esta manhã. *Homie* confirmou que um carro Lyft estava nas proximidades e Becki aprovou a reserva de *homie* do carro com um rápido piscar duplo e um olhar para cima e para a esquerda. Rapidamente calçou um par de sapatos confortáveis, sem contrato, abriu a porta e então parou, pois *homie* lembrou-lhe de pegar sua bolsa antes de sair do apartamento.

Amor

Assim que saiu do edifício, *homie* informou-a que sua carona chegaria dali a dois minutos. Becki olhou ao redor e viu seu vizinho Tim descendo a rua em sua direção. Ele parecia cansado, irritado e frustrado. Ele apareceu tingido um pouco de amarelo nos *eyePhones*, que exibiu uma pontuação RV de "68", sombreada de amarelo para indicar que Tim não estava de muito bom humor. Becki olhou para seu saldo de pontos *iAfeto*, notou que tinha 1.503 pontos em sua conta, e decidiu ajudar Tim em seu dia aparentemente ruim.

O *iAfeto* era um dos novos recursos mais controversos do *eyePhone*, especialmente com o processo de violação de patente entre a Gapple e o Facebook-General Electric ainda em andamento. Isto e o recente roubo por *hackers* dos 47 milhões de pontos *iAfeto* do astro pop Kid Khaleem provocaram uma enorme inflação de preços no mercado de pontos *iAfeto*. Quarenta e sete milhões de "*likes*" não compram mais tanta felicidade como antes.

Quando Tim se aproximou dela, Becki ofereceu-lhe um "Oi Tim, por que tão sombrio?" e então piscou duas vezes para enviar-lhe 25 pontos *iAfeto* para ver se o gesto ajudaria. Tim olhou para ela e disse, "Oi Beck, como vai?".

As lentes do seu *eyePhone* notaram os pontos que Becki acabara de enviar e ele imediatamente se sentiu um pouco melhor. Os *eyePhones* de Becki notaram que a pontuação dele saltou para "74" e ela disse, "Vi seu *status* da noite passada. Brigando de novo com Maria?".

"Sim, parece que não importa o quanto eu tente, não consigo acertar com ela. É difícil entender a vida e o mundo dela quando vivemos a dez mil quilômetros de distância um do outro. Não importa quanto tempo passemos em RV, não é o mesmo que **estar** realmente em Manila com ela."

Becki demonstrou empatia: "Eu sei, ainda não entrei nessa moda toda de namoro por RV, especialmente nesse aluguel de roupa!".

"Ah! Sim, eu sei, um pouco vulgar, não é? Mas quem pode se dar ao luxo de comprar sua própria roupa?", respondeu Tim.

"Pessoas casadas", disse Becki, com um toque de cinismo. Nesse momento o seu Lyft chegou e ela foi interrompendo a conversa. "Bem, Tim, se Maria é tão importante para você, talvez você devesse voar para as Filipinas e encontrá-la pessoalmente." "Voar?!? Para conhecê-la pessoalmente?!? Becki não seja louca. Eu a amo, mas não sou **obcecado** por ela!".

Com isso, Becki entrou no carro e fechou a porta. Enquanto se afastava, ainda deu um olhar de despedida para Tim e notou que sua pontuação havia caído de novo para "71". "Espero não ter desperdiçado **todos** aqueles pontos", pensou consigo mesma.

Liberdade

Homie vibrou em seu ouvido, notificando Becki que ela tinha recebido uma mensagem importante. Ela piscou para abrir a mensagem e o aplicativo *iAmerican* abriu-se em seu campo de visão. O aplicativo observou que cinco projetos de lei diferentes tinham passado pela revisão de diferentes subcomissões da Câmara de Deputados dos EUA e cada um deles poderia causar um impacto razoável na vida dela. Ela rapidamente examinou o resumo de cada lei, sua história durante a tramitação no Congresso, os pontos de vista partidários dos quatro partidos políticos sobre os motivos para apoiarem ou rejeitarem cada projeto de lei, e o possível impacto específico de cada um na vida de Becki.

O *iAmerican* foi um dos resultados mais concretos da aprovação da 29ª Emenda à Constituição dos EUA. Esta emenda mudou todo o funcionamento da política no país. Alterou as eleições presidenciais de indiretas para diretas, estabeleceu limites de mandato para o Congresso e implantou a fiscalização dos cidadãos por plebiscito, através de um aplicativo chamado *iAmerican*.

Esta emenda foi um resultado direto das manifestações, protestos e desordem social que se seguiram à desastrosa eleição de 2020. Foi ainda uma vergonha a morte de mais de 10.000 norte-americanos e a destruição de mais de US$60 bilhões em propriedades nas mãos uns dos outros e da Guarda Nacional, mas a mudança é sempre onerosa e difícil.

Ao perceber que esta revolta popular dos últimos dez anos estava se transformando em uma revolução, os poderes estabelecidos finalmente se dispuseram a realmente seguir a vontade do povo, ainda que apenas para evitar um final como o de Luís XIV, Mussolini ou Muammar al-Gaddafi. O *iAmerican* começou como um esforço subversivo para minar o governo norte-americano e evoluiu para uma plataforma onde os americanos poderiam retomar o controle do país.

Enquanto o Lyft se dirigia sozinho para o compromisso com sua mãe, Becki analisava o texto de cada projeto de lei, os argumentos a favor e contra e os impactos projetados para o país e para o próprio perfil político de Becki. O *iAmerican* exibiu a postura de amigos e familiares de Becki sobre cada projeto de lei, e apresentou uma posição recomendada para ela assumir, com base nas crenças e princípios mantidos em seu próprio perfil no aplicativo.

Becki tinha 24 horas para decidir sobre cada projeto e o *iAmerican* forneceu-lhe vários cursos de ação para cada um. Para os três que ela decidiu apoiar, o *iAmerican* recomendou a melhor forma de apoio. Para o projeto de lei de tributação e registro de máquinas de venda de agulhas hipodérmicas, Becki gastou 25 *likes* do *iAfeto* em apoio ao projeto. Para o projeto de lei exigindo que hotéis, locatários e outros provedores de acomodações durante a noite permitissem a privacidade eletiva durante uma estadia, Becki doou 750 pontos do hotel Hilton e 250 pontos do Airbnb em apoio ao projeto. Finalmente, para o projeto de lei que revogaria mais de 5.000 elementos do registro Federal de Leis considerados "obsoletos", Becki pagou US$125 em dinheiro, pois era a única forma de pagamento permitida em apoio a esta lei específica.

Desejos

Becki concluiu seus deveres cívicos assim que o Lyft deixou-a no supercentro do Starbucks, onde sua mãe a aguardava. Becki saiu do carro, deu três passos longos e cumprimentou sua mãe com um abraço e um "Oi, mãe."

"Você está perdendo peso de novo?", perguntou sua mãe ao vê-la.

"Mãe, para com isso", retorquiu ela ao se aproximar para sentar-se à mesa ao ar livre que tinham reservado na noite anterior.

Ambas se sentaram e um garçom trouxe para cada uma delas seu café e doce favoritos. Homie observou o serviço rápido, pagou a conta e deu uma gorjeta ao garçom, e depois notificou a CNN de que Becki estava consumindo um pouco mais de sua cota diária permitida de cafeína e doces. A CNN cobrou dela US$0,37 em resposta.

Beckie não estava ansiosa por outra conversa sobre seu futuro, mas a sua mãe habilmente passou das gentilezas de praxe para a vida pessoal de Becki, como um ladrão na noite. "Eu não sei por que você tem tanto problema com a RV", começou sua mãe. "Não entendo. Outro dia minha amiga Sara encontrou um homem perfeito e maravilhoso no links.com. Ele é médico em Havana. Bonito, bem-sucedido, divertido, e...".

"Falso, mãe. Provavelmente falso", replicou Becki.

"Bem, talvez você esteja certa, Becki. Mas não somos todos falsos? Não somos todos falsos pelo menos um pouco? Se for para fingir, por que não fingir para valer?".

"Mãe, eu ainda não estou morta. Acabei de me formar na faculdade de medicina!", respondeu Becki exasperada. "Além disso, eu ouço mais histórias de horror sobre assediadores cibernéticos, *hackers* de afeto e agressões sexuais RV do que ouço falar de casamentos felizes em RV. Acho que sou um pouco antiquada."

"Bem, não espere para sempre, querida. O homem de seus sonhos pode estar a apenas um piscar de *eyePhone* de distância!". A mãe podia ser implacável nesse assunto de tempo passando.

Seu interlúdio continuou. Becki flutuava dentro e fora da conversa, às vezes ouvindo sua mãe, outras observando os acontecimentos ao redor. Ela via as pessoas caminhando na rua ao lado do Starbucks. Algumas tingidas de rosa e com uma pontuação de "42" ou "37" sobre seus corpos emburrados, outras tingidas de verde e avançando resolutas com sua pontuação de "87" ou "92". Como a maioria das pessoas, Becki enviava um pedido de amizade àqueles que considerava simpáticos, bonitos, com interesses em comum e com pontuações elevadas de *iAfeto*. Ela observou que em geral, quando uma pessoa "feliz" recebia um convite, sua pontuação aumentava um ponto ou dois: **causa e efeito**.

Perda

Quando não estava observando as pessoas ao seu redor, ou ouvindo a conversa de sua mãe sobre as últimas escapadelas das amigas em RV, Becki prestava atenção nos *drones* voando pelo céu. Agora estavam por toda parte, e ela ficava impressionada com o fato de não haver mais colisões aéreas do que a quantidade que já era considerada normal. Esse pensamento tinha acabado de passar por sua mente quando, de repente, 10 *drones* em seu campo de visão começaram a girar descontroladamente. Seus *eyePhones* realçaram cada um desses agora perigosos mísseis-robô com um alerta vermelho piscando, e a avisaram para se proteger.

Cada *drone* torcia e revirava, aparentemente fora de controle. E então, um por um, foram caindo em cima de carros, nas vitrines de lojas e diretamente sobre as pessoas na rua. Essas colisões resultaram em várias batidas de carros, três vitrines de lojas quebradas, cacos de vidro ferindo dezenas de fregueses e duas pessoas diretamente feridas pelos ataques suicidas desses *drones* malucos.

No caos das ruas, os *eyePhones* de Becki exibiram uma nova mensagem. Agachada sob a sua mesa no Starbucks, Becki viu a mensagem vinda do *iJihad*, que assumia a responsabilidade pelo ataque espontâneo dos *drones* que acabara de acontecer. Becki deu um suspiro profundo. Esses ataques se tornaram cada vez mais frequentes e cada vez mais ousados, à medida que o *iJihad* se infiltrava cada vez mais no mundo RV *online* e ficava cada vez mais sofisticado em sua capacidade de abalar o novo modo de vida das pessoas nos EUA.

Becki saiu de seu esconderijo, limpou o *jeans*, ajudou sua mãe a se levantar e começou a caminhar para dentro do Starbucks. Afinal, é melhor estar abrigado durante um ataque. Ao entrar no prédio, seus *eyePhones* registraram que a CNN diminuiu a "taxa de risco" de US$0,58 para US$0,27, com sua decisão de se proteger melhor. *Homie*, notando seu maior nível de ansiedade nos últimos 60 segundos, consultou o assistente médico virtual (VPA na sigla em inglês) de Becki na CNN Healthcare. Com a aprovação do VPA, *homie* instruiu o *pharmabot* de Becki implantado em seu estômago a liberar um pouco de *Ativan* em seu sistema.

Becki, mais calma agora, mentalmente deixou para trás o ataque de *drone* cada vez mais comum que acabara de testemunhar e voltou a fazer compras com sua mãe. Ela se perguntava como todos os seus saldos do *iCash* estariam no final do dia, enquanto sua mãe a incentivava a reservar uma roupa RV para o próximo fim de semana, no caso de conhecer alguém "legal". Enquanto passeava, o vídeo do ataque registrado por *homie* através dos *eyePhones* já estava sendo encaminhado para o departamento de polícia local, enquanto a filmagem era colocada no ExBay para receber ofertas das agências mundiais de notícias que estivessem interessadas em pagar pelo conteúdo.

Em seguida, Becki...

Continua

Agradecimentos

Ao escrever este livro, tentei seguir meus próprios conselhos o máximo que pude. Assim, ao chegar a hora de editar o manuscrito original, deixei de lado o típico processo editorial de revisão em série por editores com pouco ou nenhum conhecimento do conteúdo criado por mim. Este é o conceito tradicional de "cadeia de valor" editorial, profundamente arraigado no pensamento analógico dos últimos 200 anos. A ideia de que uma pessoa com 10, 20 ou 30 anos de experiência na área editorial tem alguma compreensão das questões enfrentadas por pessoas de **qualquer** outro setor, sempre me pareceu um pouco tola e caricatural.

Para editar adequadamente este livro eu criei uma "*Web* de valor". Procurei toda uma gama de pessoas, com especialização **real** e experiência no assunto em questão e lhes pedi para revisar e editar o material da forma que eu escrevi. Assim, *jerks* aprimoraram a precisão e qualidade do livro à medida que ele foi sendo escrito. Uma vez terminado, voltei ao início e reescrevi grande parte dos primeiros materiais com base nas melhorias que fizemos ao longo do caminho (no estilo **fazer e depois aprender**) e no final estava com um produto consideravelmente melhor.

E o processo todo durou cerca de três semanas, ao invés dos seis meses que eu tinha visto acontecer na forma analógica de fazer as coisas. Meus agradecimentos a esses especialistas que fizeram parte de minha *web* editorial, listados abaixo:

Editores principais

Bill Gillies   Walter Surdak Jr.

Editores colaboradores:

James Bacon	Richard Buchanan	Luda Bujoreanu
Zev Eigen	Jaime Espinoza	Bill Graff
Nathan Greenberg	Ed King	Douglas Laney
Wayne Matus	Stela Mocan	Robert O'Leary
Robert Owen	Jitendra Patel	Ali Qureshi
Dan Regard	Charles Snyder	Jason Stern

Programação da redação

Para o meu primeiro livro, *Data Crush*, estabeleci o objetivo de escrever o manuscrito inteiro em seis semanas, ou 42 dias. Meu editor na época me disse que era impossível e que isso nunca tinha sido feito antes. Terminei o livro em 41 dias.

Um dos princípios que discuto em *Data Crush* é a necessidade de cortar pela metade o tempo de cada um dos seus ciclos de processo de negócios, a cada 12 meses, a fim de permanecer relevante. Então, quando chegou a hora de escrever *jerk*, estabeleci o objetivo de concluir o livro em 21 dias.

Como em *Data Crush*, estabeleci uma meta diária e monitorei o meu progresso. Utilizei medições e gameficação para fazer "**o impossível**". Terminei o manuscrito não em 21 dias, mas em 20.

Notas finais

Seção I

1. http://www.scienceandjusticejournal.com/article/S1355-0306%2800%2971944-7/abstract. Consultado em 7 de junho de 2016.
2. https://jhss10cestoncarino.wordpress.com/2013/02/15/study-the-past-if-you-would-define-the-future-confucius/. Consultado em 7 de junho de 2016.
3. http://www.patheos.com/blogs/drishtikone/2013/01/amazingly-profound-quotes-from-calvin-and-hobbes/. Consultado em 7 de junho de 2016.

Capítulo 1

1. http://www.successories.com/iquote/author/11/mark-twain-quotes/1. Consultado em 2 de junho de 2016.
2. http://www.goodreads.com/quotes/73865-in-my-opinion-we-don-t-devote-nearly-enough-scientific-research. Consultado em 2 de junho de 2016.
3. Colaboradores daWikipedia. Lista de países por número de usuários da Internet. *Wikipedia, The Free Encyclopedia*, 1º de junho de 2016, 8:37 UTC. Disponível em: https://en.wikipedia.org/w/index.php?title=List_of_countries_by_number_of_Internet_users&oldid=723146129. Consultado em 2 de junho de 2016.

4. App Store (iOS). (27 de maio de 2016). Em *Wikipedia, The Free Encyclopedia*. Recuperado às 15:18 horas, em 2 de junho de 2016, de https://en.wikipedia.org/w/index.php?title=App_Store_(iOS)&oldid=722296787

Capítulo 2

1. http://www.hitc.com/en-gb/2013/04/08/famous-maggie-thatcher-quotes/. Consultado em 2 de junho de 2016.
2. http://www.successories.com/iquote/category/121/american-athlete-quotes/8. Consultado em 2 de junho de 2016.
3. *Ancient history*. (26 de maio 2016). Em *Wikipedia, The Free Encyclopedia*. Recuperado às 21:37 horas, em 7 de junho de 2016, de https://en.wikipedia.org/w/index.php?title=Ancient_history&oldid=722146814

Capítulo 3

1. https://www.quotes.as/quote/authors/sagan. Consultado em 7 de junho de 2016.
2. https://vacilandoblog.wordpress.com/2013/11/16/things-calvin-and-hobbes-said-better-than-anyone/. Consultado em 7 de junho de 2016.
3. *Economic history of Japan*. (3 de maio de 2016). Em *Wikipedia, The Free Encyclopedia*. Recuperado às 22h 26min, em 7 de junho de 2016, de https://en.wikipedia.org/w/index.php?title=Economic_history_of_Japan&oldid=718464649
4. http://info.localytics.com/blog/app-user-retention-improves-in-the-us. Consultado em 7 de junho de 2016.
5. http://www.who.int/whr/2001/media_centre/press_release/en/. Consultado em 7 de junho de 2016.
6. http://atwar.blogs.nytimes.com/2013/08/16/the-marines-secret-weapon-coffee/?_r=0. Consultado em 7 de junho de 2016.

Capítulo 4

1. http://www.blackpast.org/1857-frederick-douglass-if-there-no-struggle-there-no-progress. Consultado em 7 de junho de 2016.
2. Bill Watterson. (10 de março de 2016). *Wikiquote*. Recuperado às 22:46 horas, em 7 de junho de 2016 de https://en.wikiquote.org/w/index.php?title=Bill_Watterson&oldid=2098421.

Capítulo 5

1. http://www.brainyquote.com/quotes/quotes/d/davidkorte283717.html. Consultado em 7 de junho de 2016.
2. http://www.quoteauthors.com/ralph-waldo-emerson-quotes/. Consultado em 7 de junho de 2016.
3. Elon Musk. (6 de junho de 2016). Em *Wikipedia, The Free Encyclopedia*. Recuperado às 1h 9min, em 8 de junho de 2016, de https://en.wikipedia.org/w/index.php?title=Elon_Musk&oldid=724026974

Capítulo 6

1. http://www.brainyquote.com/quotes/quotes/c/carlsagan105003.html. Consultado em 7 de junho de 2016.
2. Bill Watterson. (10 de março de 2016). *Wikiquote*. Recuperado às 1h 13min, em 8 de junho de 2016 de https://en.wikiquote.org/w/index.php?title=Bill_Watterson&oldid=2098421.

Capítulo 7

1. https://books.google.com/books?id=wDr8uQ_vITQC&pg=PA44&lpg=PA44&dq=Space+and+time+not+only+affect,+but+are+also+affected+by,+everything+that+happens+in+the+universe.&source=bl&ots=9RRl-UiA-D&sig=K_gBEEyplJ2oTulkM9U5sVL0Fuw&hl=en&sa=X&ved=0ahUKEwjbp6yRo5fNAhUDKh4KHUilAVoQ6AEIIzAB#v=onepage&q=Space%20and%20time%20not

%20only%20affect%2C%20but%20are%20also%20affected%20by%2C%20everything%20that%20happens%20in%20the%20universe.&f=false. Consultado em 7 de junho de 2016.

2. http://www.brainyquote.com/quotes/quotes/w/williamsha139153.html. Consultado em 7 de junho de 2016.

Capítulo 8

1. http://www.brainyquote.com/quotes/quotes/r/ralphwaldo122767.html. Consultado em 7 de junho de 2016.
2. http://www.brainyquote.com/quotes/quotes/e/eecummin176712.html. Consultado em 7 de junho de 2016.
3. Clipper. (9 de maio de2016). Em *Wikipedia, The Free Encyclopedia*. Recuperado às 1h 36min, em 8 de junho de 2016, de https://en.wikipedia.org/w/index.php?title=Clipper&oldid=719463920
4. *Flying Cloud (clipper)*. (30 de maio de 2016). Em *Wikipedia, The Free Encyclopedia*. Recuperado às 1h 38min horas, em 8 de junho de 2016, de https://en.wikipedia.org/w/index.php?title=Flying_Cloud_(clipper)&oldid=722926501
5. *Pony Express*. (7 de junho de 2016). Em *Wikipedia, The Free Encyclopedia*. Recuperado às 1h 41min horas, em 8 de junho de 2016, de https://en.wikipedia.org/w/index.php?title=Pony_Express&oldid=724088193.

Capítulo 9

1. http://www.brainyquote.com/quotes/quotes/c/carlsagan130525.html. Consultado em 7 de junho de 2016.
2. http://www.brainyquote.com/quotes/quotes/n/nelsonmand178787.html. Consultado em 7 de junho de 2016.
3. *Intermodal container*. (5 de junho de 2016). Em *Wikipedia, The Free Encyclopedia*. Recuperado às 1h 51min horas, em 8 de junho de 2016, de https://en.wikipedia.org/w/index.php?title=Intermodal_container&oldid=723770365

Capítulo 10

1. http://www.brainyquote.com/quotes/quotes/e/eecummin397775.html. Consultado em 7 de junho de 2016.
2. http://www.brainyquote.com/quotes/quotes/m/marktwain122378.html. Consultado em 7 de junho de 2016.
3. Abraham Maslow. (6 de junho de 2016). Em *Wikipedia, The Free Encyclopedia*. Recuperado às 1h 59min, em 8 de junho de 2016, de https://en.wikipedia.org/w/index.php?title=Abraham_Maslow&oldid=723995504

Capítulo 11

1. http://www.brainyquote.com/quotes/quotes/m/mayaangelo120197.html. Consultado em 7 de junho de 2016.
2. http://www.goodreads.com/quotes/63089-the-world-is-full-of-willing-people-some-willing-to. Consultado em 7 de junho de 2016.
3. S&H Green Stamps. (28 de abril de 2016). Em *Wikipedia, The Free Encyclopedia*. Recuperado às 2h 06min, em 8 de junho de 2016, de https://en.wikipedia.org/w/index.php?title=S%26H_Green_Stamps&oldid=717626095

Capítulo 12

1. http://nelsonmandelas.com/nelson-mandela-quotes/. Consultado em 7 de junho de 2016.
2. http://www.brainyquote.com/quotes/quotes/m/marktwain397078.html. Consultado em 7 de junho de 2016.
3. *Ancient Greek coinage*. (17 de abril de 2016). Em *Wikipedia, The Free Encyclopedia*. Recuperado às 2h 15min, em 8 de junho de 2016, de https://en.wikipedia.org/w/index.php?title=Ancient_Greek_coinage&oldid=715780250
4. History of money. (5 de junho de 2016). Em *Wikipedia, The Free Encyclopedia*. Recuperado às 2h 17min, em 8 de junho de

2016, de https://en.wikipedia.org/w/index.php?title=History_of_money&oldid=723840131

Capítulo 13

1. https://en.wikiquote.org/wiki/Talk:Douglas_MacArthur. Consultado em 7 de junho de 2016.
2. Steve Jobs. (22 de maio de 2016). *Wikiquote*. Recuperado às 2h 22min, em 8 de junho de 2016, de https://en.wikiquote.org/w/index.php?title=Steve_Jobs&oldid=2129611.
3. *FanDuel*. (4 de junho de 2016). Em *Wikipedia, The Free Encyclopedia*. Recuperado às 2h 25min, em 8 de junho de 2016, de https://en.wikipedia.org/w/index.php?title=FanDuel&oldid=723675573

Capítulo 14

1. http://www.brainyquote.com/quotes/quotes/r/ralphwaldo380544.html. Consultado em 7 de junho de 2016.
2. http://bookriot.com/2012/02/06/sixteen-things-calvin-and-hobbes-said-better-than-anyone-else/. Consultado em 7 de junho de 2016.
3. *The Bell Curve*. (6 de junho de 2016). Em *Wikipedia, The Free Encyclopedia*. Recuperado às 2h 40min, em 8 de junho de 2016, de https://en.wikipedia.org/w/index.php?title=The_Bell_Curve&oldid=723929749
4. http://ec.europa.eu/justice/data-protection/files/factsheets/factsheet_data_protection_en.pdf. Consultado em 7 de junho de 2016.
5. http://curia.europa.eu/jcms/upload/docs/application/pdf/2015-10/cp150117en.pdf. Consultado em 7 de junho de 2016.

Capítulo 15

1. http://www.azquotes.com/quote/235190. Consultado em 7 de junho de 2016.

2. Yogi Berra. (29 de abril de 2016). *Wikiquote*. Recuperado às 2h 49min, em 8 de junho de 2016, de https://en.wikiquote.org/w/index.php?title=Yogi_Berra&oldid=2121917.
3. http://www.twainquotes.com/Education.html. Consultado em 7 de junho de 2016.
4. Space Pen. (25 de maio de 2016). Em *Wikipedia, The Free Encyclopedia*. Recuperado às 2h 56min, em 8 de junho de 2016, de https://en.wikipedia.org/w/index.php?title=Space_Pen&oldid=722014636

Capítulo 16

1. http://www.brainyquote.com/quotes/quotes/d/dalailama446740.html. Consultado em 7 de junho de 2016.
2. http://www.brainyquote.com/quotes/quotes/r/ralphwaldo166470.html. Consultado em 7 de junho de 2016.
3. http://www.twainquotes.com/Optimist.html. Consultado em 7 de junho de 2016.
4. *General relativity*. (27 de maio de 2016). Em *Wikipedia, The Free Encyclopedia*. Recuperado às 3h 05min, em 8 de junho de 2016, de https://en.wikipedia.org/w/index.php?title=General_relativity&oldid=722392517

Seção III

1. Dashpot. (12 de fevereiro de 2016). Em *Wikipedia, The Free Encyclopedia*. Recuperado às 3h 07min, em 8 de junho de 2016, de https://en.wikipedia.org/w/index.php?title=Dashpot&oldid=704617865

Capítulo 17

1. http://www.wisdomtoinspire.com/t/henry-ford/E1TDRr3v/if-I-had-asked-people. Consultado em 7 de junho de 2016.

2. http://www.brainyquote.com/quotes/quotes/m/marktwain109624.html. Consultado em 7 de junho de 2016.

Capítulo 18

1. http://www.brainyquote.com/quotes/quotes/g/georgespa126032.html. Consultado em 7 de junho de 2016.
2. Yogi Berra. (29 de abril de 2016). *Wikiquote*. Recuperado às 3h 18min, em 8 de junho de 2016, de https://en.wikiquote.org/w/index.php?title=Yogi_Berra&oldid=2121917.
3. Archimedes. (3 de maio de 2016). *Wikiquote*. Recuperado às 3h 20min, em 8 de junho de 2016, de https://en.wikiquote.org/w/index.php?title=Archimedes&oldid=2123249.

Capítulo 19

1. http://www.jfklibrary.org/Research/Research-Aids/Ready-Reference/JFK-Quotations.aspx. Consultado em 7 de junho de 2016.
2. http://www.brainyquote.com/quotes/quotes/y/yogiberra145878.html. Consultado em 7 de junho de 2016.
3. Bart Simpson. (7 de junho de 2016). Em *Wikipedia, The Free Encyclopedia*. Recuperado às 3h 27min, em 8 de junho de 2016, de https://en.wikipedia.org/w/index.php?title=Bart_Simpson&oldid=724213629

Capítulo 20

1. http://www.quotes.net/quote/11056. Consultado em 7 de junho de 2016.
2. http://www.brainyquote.com/quotes/quotes/m/mayaangelo120862.html. Consultado em 7 de junho de 2016.
3. http://www.brainyquote.com/quotes/quotes/p/paulgoodma135472.html. Consultado em 7 de junho de 2016.

4. *Fortune 500;* lista das maiores empresas em 2000 que estavam fora da lista em 2010???
5. *The Cask of Amontillado.* (2 de junho de 2016). Em *Wikipedia, The Free Encyclopedia.* Recuperado às 3h 42min, em 8 de junho de 2016, de https://en.wikipedia.org/w/index.php?title=The_Cask_of_Amontillado&oldid=723274490

Capítulo 21

1. https://en.wikiquote.org/wiki/Talk:Samuel_Goldwyn. Consultado em 7 de junho de 2016.
2. http://www.brainyquote.com/quotes/quotes/a/alberteins109012.html. Consultado em 7 de junho de 2016.
3. Bill Watterson. (10 de março de 2016). *Wikiquote.* Recuperado às 3h 48min, em 8 de junho de 2016, de https://en.wikiquote.org/w/index.php?title=Bill_Watterson&oldid=2098421.
4. Gene Kranz. (30 de maio de 2016). Em *Wikipedia, The Free Encyclopedia.* Recuperado às 3h 51min, em 8 de junho de 2016, de https://en.wikipedia.org/w/index.php?title=Gene_Kranz&oldid=722904763

Capítulo 22

1. http://www.brainyquote.com/quotes/quotes/w/waynedyer384143.html. Consultado em 7 de junho de 2016.
2. Yogi Berra. (29 de abril de 2016). *Wikiquote.* Recuperado às 3h 56min, em 8 de junho de 2016, de https://en.wikiquote.org/w/index.php?title=Yogi_Berra&oldid=2121917.
3. Sun Tzu. (5 de junho de 2016). Em *Wikipedia, The Free Encyclopedia.* Recuperado às 3h 59min, em 8 de junho de 2016, de https://en.wikipedia.org/w/index.php?title=Sun_Tzu&oldid=723888800

Capítulo 23

1. http://www.brainyquote.com/quotes/quotes/c/carlsagan657452.html. Consultado em 7 de junho de 2016.
2. Bill Watterson. (10 de março de 2016). *Wikiquote*. Recuperado às 4h 3min, em 8 de junho de 2016, de https://en.wikiquote.org/w/index.php?title=Bill_Watterson&oldid=2098421.
3. *May you live in interesting times*. (2 de junho de 2016). Em *Wikipedia, The Free Encyclopedia*. Recuperado às 4h 4min, em 8 de junho de 2016, de https://en.wikipedia.org/w/index.php?title=May_you_live_in_interesting_times&oldid=723412269.

www.dvseditora.com.br